THE FIRST STEP!

手形小切手のことならこの1冊

弁護士・研究者17名
［共著］

自由国民社

巻頭① 電子記録債権法の概要

巻頭② 手形小切手に関する基礎知識

第1章 手形の要件と振出しに必要な法律知識

第2章 手形の裏書方法と裏書の効果・手形保証

第3章 手形の満期と支払いをめぐる問題

第5章　手形の偽造・変造・盗難・紛失と対策

本書は左の筆者の共同執筆でつくられました…

弁護士　有吉春代
弁護士　安西　勉
弁護士　安斉　勉
弁護士　石原　輝
弁護士　石原俊也
弁護士　小河原　泉
弁護士　香川一雄
弁護士　佐藤圭吾
弁護士　佐藤裕人
弁護士　鈴木善治
法政大学講師　鈴木正和
中央大学教授　高窪利一
弁護士　高瀬武通
弁護士　竹原茂雄
弁護士　平山信一
弁護士　真室光春
弁護士　山崎郁雄

〔50音順〕

※肩書きは執筆当時のものです。

巻頭①

電子記録債権法の概要

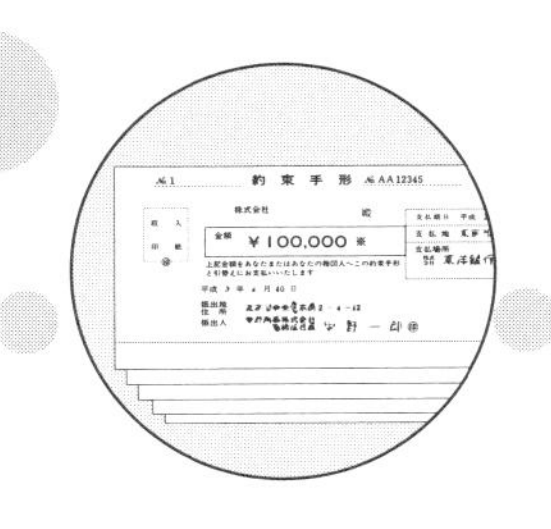

- 平成20年から施行された電子記録債権法とはどういうものか
- 電子記録債権と手形債権とではどのような違いがあるのか

巻頭①電子記録債権法の概要

電子記録債権法とはどのようなものか

弁護士　竹原茂雄

電子記録債権法の成立

電子記録債権法という新しい法律が平成一九年六月二〇日に成立し、平成二〇年一二月一日から施行されました（その後、平成二六年六月及び平成二八年六月に改正）。

これは、ＩＴ化社会における従来からの取引の変化に対応するために成立したものですが、その目的は「金銭債権について、その取引の安全を確保することによって、事業者の資金調達の円滑化を図り、電子債権記録機関が調整する記録原簿への電子記録を、その発生、譲渡等の要件とする電子記録債権について定め、さらに電子債権記録機関の業務や監督について必要な事項を定めて、電子記録制度を創設する」ということです。

電子記録債権法とは

電子記録債権法でいう「電子記録債権」とは、同法では、その発生又は譲渡について電子記録債権法の規定による電子記録を要件とする金銭債権をいうと規定し（第二条）、電子記録債権の発生・譲渡等については、電子記録は、電子債権記録機関が記録原簿に記録事項を記録することによって行う（第三条）とし、特別な場合を除き、一般的には、電子記録債権は一定の事項を記録原簿に発生記録をすることによって生じます（第一五条、第一六条）。

また、電子記録債権を譲渡するには、記録原簿に譲渡記録をしなければ、その効力は生じないことになっております（第一七条）。

電子記録債権と手形債権との違いは

このように、電子記録債権は、電子記録債権法に定める用件に該当したときに発生し、譲渡されるという点では、手形法に定める手形行為によって発生し、譲渡される手形債権と似ており、売買等によって発生する原因債権とは別個の金銭債権であって、原因債権の存否には全く関係がなく存在することになっております。

これについて、電子記録債権法は、「電子記録名義人に対してした電子記録債権についての支払いは、当該電子記録名義人がその支払いを受ける権利を有しない場合であっても、その支払いをした者に悪意又は重大な過失がないかぎり、その支払いの効力を有する」と規定しております（第二一条）。

手形債権と電子記録債権とは、その内容が似ている点はかなりありますが、手形債権は、当事者間で手形の振出行為があれば発生しますが、電子記録債権は、当事者間の取引行為のほかに電子債権記録機関への請求と同機関の記録原簿に記録事項が記録されなければ効力が生じないということに大きな違いがあります。

電子記録債権の請求

それでは、電子債権記録機関に対し

［表１］電子記録債権と手形債権の主な異同

	電子記録債権	手形債権
債権の発生原因	①電子記録の請求（当事者の取引行為） ②電子債権記録機関による記録	手形行為
原因債権との関係	無因（原因債権の存否の影響を受けない）	無因（原因債権の存否の影響を受けない）
紛失・滅失・盗難等のリスク	なし	あり
作成・交付・保管コスト	軽い	重い
印紙税	かからない	かかる
分割譲渡	可能	不可能
債権の成立要件と譲渡を定める法律	電子記録債権法	手形法

てどのように電子記録を請求すればよいのかということですが、当事者間で売買契約をした場合、売買代金債権が発生します。この支払いについて電子記録債権を利用するには、電子記録権利者及び電子記録義務者の双方でしなければならないとされておりますが、双方が同時にする必要はなく、時間をへて双方の請求があった時に、電子記録の効力が発生することになっております（第五条一項、三項）。但し、電子記録権利者又は電子記録義務者（これらの者について相続その他の一般承継があったときは、その相続人その他の一般承継人）に電子記録を命ずる確定判決による電子記録は、一方だけで請求できます（同条二項）。

　この請求には、請求者の氏名又は名称及び住所その他の電子記録の請求に必要な情報として政令で定めるものを電子債権記録に提供しなければなりません（第六条）。

電子債権記録の記載方法

当事者の発生記録の請求を受けた電子債権記録機関は、磁気ディスク（これに準ずる方法により一定の事項を確実に記録できるものとして主務省令で定めるものも含む）に電子債権記録を記録しなければなりませんが、電子記録債権法では、必要的記録事項（第一六条一項）と任意的記録事項（第一六条二項）を定め、特に、次の六項目の記載がない場合には電子記録債権は発生しないとされております。

1、債務者が一定の金額を支払う旨
2、支払期日（確定日に限るものとし、分割払の方法により債務を支払う場合にあっては、各支払期日）
3、債権者の氏名又は名称及び住所
4、債権者が二人以上ある場合において、その債権が不可分債権であるときはその旨、可分債権であるときは、債権者ごとの債権の金額
5、債務者の氏名又は名称及び住所
6、債務者が二人以上ある場合において、その債務が不可分債務又は連帯債務であるときはその旨、可分債務であるときは、債務者ごとの債務の金額（第一六条三項）

　電子債権記録機関に記録された事項は、当該電子記録債権の内容となって、電子記録名義人は、電子記録に係る電子記録債権についての権利を適法に有するものと推定されますし、（第九条）電子記録債権を譲渡した場合には、譲渡記録をしなければ効力は生じませんが、（第一七条）譲渡記録がされることによって、手形と同じように善意取得の効果が認められますし（第一九条）、抗弁の切断も認められております（第二〇条）。

電子記録債権の第三者への対抗力

また、電子記録債権法では、取引の安全ということが重要視されておりますので、電子記録の請求における相手方に対する意思表示については、民法

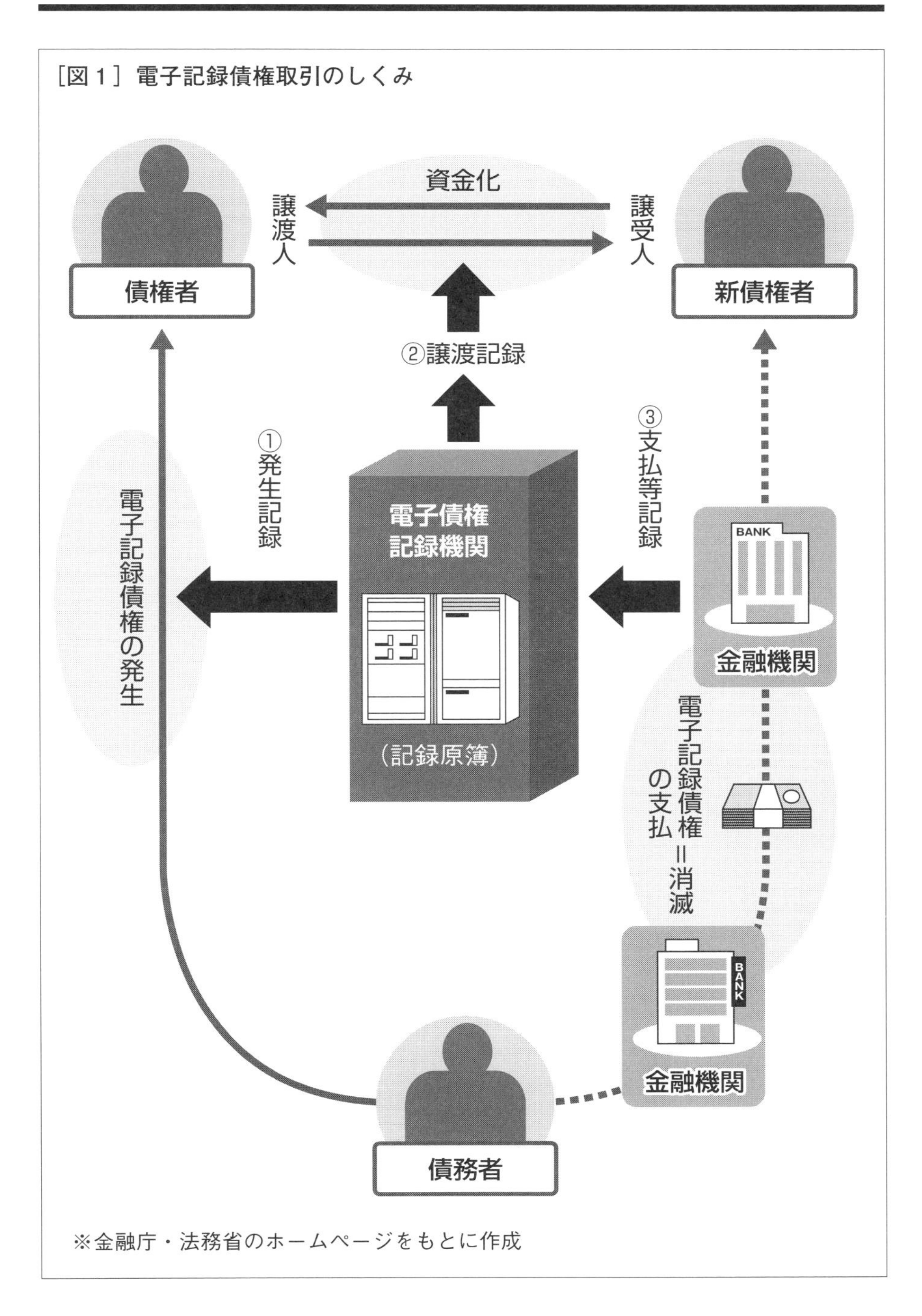
[図１] 電子記録債権取引のしくみ
資金化
譲渡人
譲受人
債権者
新債権者
②譲渡記録
①発生記録
③支払等記録
電子記録債権の発生
電子債権記録機関
（記録原簿）
BANK
金融機関
電子記録債権の支払＝消滅
BANK
金融機関
債務者
※金融庁・法務省のホームページをもとに作成

の意思表示の無効又は取消しについて、一部の例外を除いて善意でかつ重大な過失がない第三者には対抗することが出来ないと規定しております（第一二条）。

しかし、取引の安全とは別に、債権支払期日後の電子記録債権の取引については取引の安全を計る必要性がないことを前提にして、電子記録債権法では、支払期日を経過した電子記録債権の譲渡については、善意取得や抗弁の切断については認めておりません（第一九条二項二号、第二〇条二項二号）。従って、支払期日経過後の電子記録債権の譲渡記録は、民法の債権譲渡の効力と同じ効力しかなく、これは、手形債権の期限後裏書（手形法第二〇条）の効力と同じです。

［図２］電子記録のイメージ

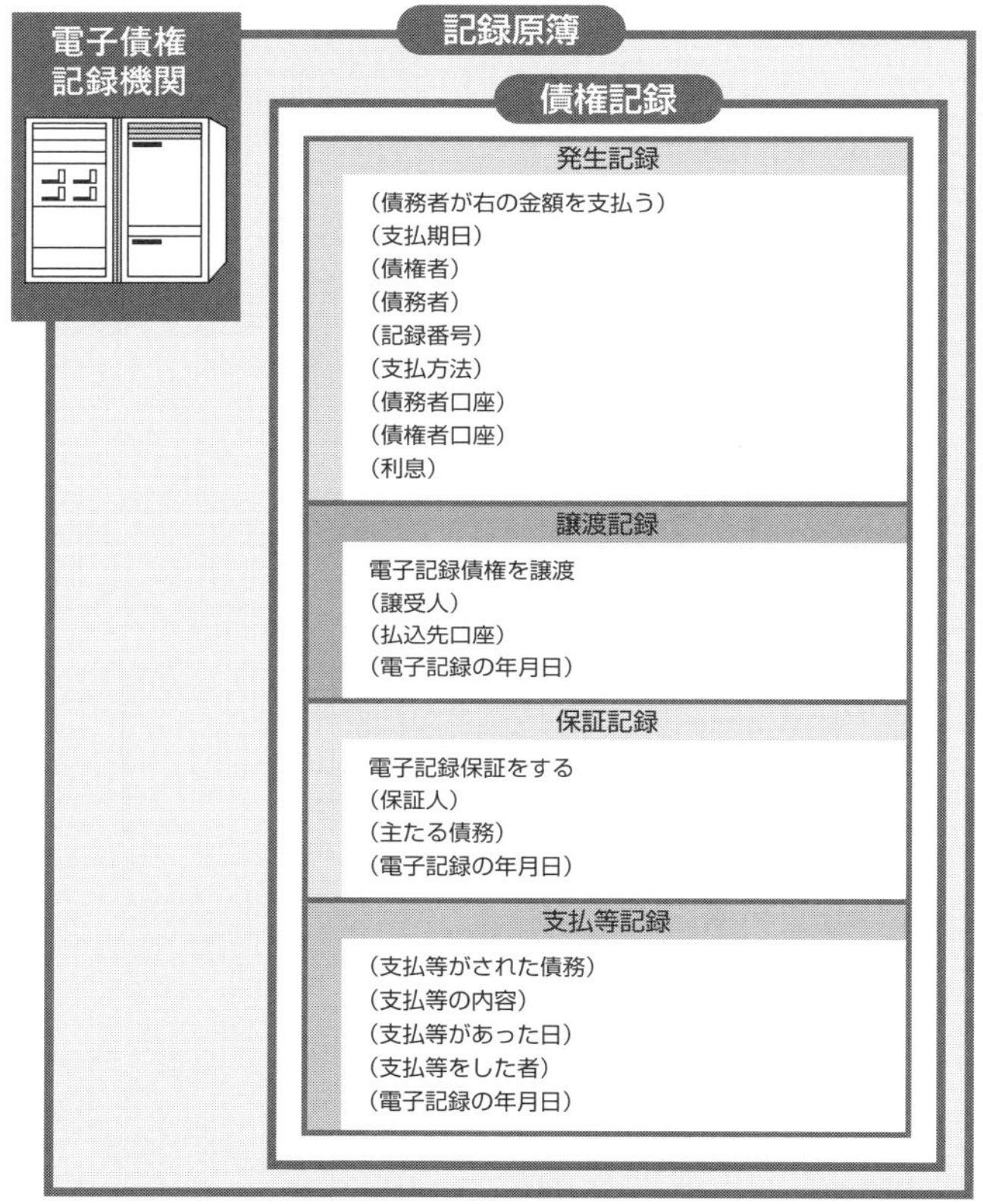

電子債権記録機関

記録原簿

債権記録

発生記録
（債務者が右の金額を支払う）
（支払期日）
（債権者）
（債務者）
（記録番号）
（支払方法）
（債務者口座）
（債権者口座）
（利息）

譲渡記録
電子記録債権を譲渡
（譲受人）
（払込先口座）
（電子記録の年月日）

保証記録
電子記録保証をする
（保証人）
（主たる債務）
（電子記録の年月日）

支払等記録
（支払等がされた債務）
（支払等の内容）
（支払等があった日）
（支払等をした者）
（電子記録の年月日）

電子記録債権法において注意すべき点は、個人（個人事業者である旨を記載されている者は除く）が電子記録債権の譲渡人や債務者である場合には、電子記録債権法に規定する善意取得や抗弁の切断は認められておらず、個人（個人事業者を除く）の安全ではなく、取引の安全を保護しようとする趣旨が明らかになっています（第一九条二項三号、第二〇条二項三号）。

電子債権記録の訂正

電子債権の発生や譲渡については、これまで説明してきたように電子債権記録に記録されることが要件ですが、電子債権記録機関がこの記録を間違って行なってしまったということもありえます。この場合には、電子債権記録機関は、直ちに電子記録の訂正をしなければなりませんが（第一〇条）、訂正をするについて電子記録上の利害関係を有する第三者がある場合には、その第三者の承諾が必要です（第一〇条但書）。

また、電子債権記録機関は、一定の期間記録を保存する義務がありますが、期間内に電子記録が消去されたときは、回復する義務があります。

電子債権記録機関の業務と責任

最後に、電子債権記録機関について説明しますが、電子記録債権法では、一定の規模と組織をもった株式会社が電子債権記録業を営むことを申請し、主務大臣が指定することによって電子債権記録機関になることができます（第五一条）。

電子債権記録機関は、電子記録債権法及び業務規程の定めるところにより、電子記録債権にかかる電子記録に関する業務を行うことになり、業務規程において、電子記録の実施の方法や口座間送金決済に関する契約及び債務者又は債権者及び銀行等と電子記録債権にかかる債務の債権者口座に対する払込みによる支払いに関する契約について定めなければなりません（第五六条、第五九条、第六二条、第六四条）。

電子債権記録機関には重い責任が課されており、一定の場合には損害賠償責任があることを認めております（第一一条、第一四条）。

［図３］主務官庁による電子債権記録機関の監督

主務官庁

監　督

・主務大臣による指定
・主務大臣による認可
・報告、立入検査
・業務改善命令、指定の取消、業務移転命令等

電子債権記録機関

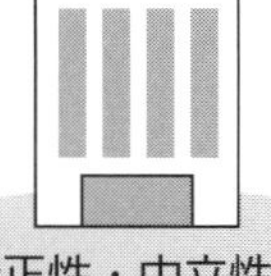

公正性・中立性、
業務の適正性、
財産的基盤等の確保

●電子記録債権法（抜粋）

最終改正：平成28年6月3日

（趣旨）

第1条　この法律は、電子記録債権の発生、譲渡等について定めるとともに、電子記録債権に係る電子記録を行う電子債権記録機関の業務、監督等について必要な事項を定めるものとする。

（定義）

第2条　この法律において「電子記録債権」とは、その発生又は譲渡についてこの法律の規定による電子記録（以下単に「電子記録」という。）を要件とする金銭債権をいう。

2　この法律において「電子債権記録機関」とは、第51条第1項の規定により主務大臣の指定を受けた株式会社をいう。

3　この法律において「記録原簿」とは、債権記録が記録される帳簿であって、磁気ディスク（これに準ずる方法により一定の事項を確実に記録することができる物として主務省令で定めるものを含む。）をもって電子債権記録機関が調製するものをいう。

4　この法律において「債権記録」とは、発生記録により発生する電子記録債権又は電子記録債権から第43条第1項に規定する分割をする電子記録債権ごとに作成される電磁的記録（電子的方式、磁気的方式その他人の知覚によっては認識することができない方式で作られる記録であって、電子計算機による情報処理の用に供されるものをいう。以下同じ。）をいう。

5　この法律において「記録事項」とは、この法律の規定に基づき債権記録に記録すべき事項をいう。

6　この法律において「電子記録名義人」とは、債権記録に電子記録債権の債権者又は質権者として記録されている者をいう。

7　この法律において「電子記録権利者」とは、電子記録をすることにより、電子記録上、直接に利益を受ける者をいい、間接に利益を受ける者を除く。

8　この法律において「電子記録義務者」とは、電子記録をすることにより、電子記録上、直接に不利益を受ける者をいい、間接に不利益を受ける者を除く。

9　この法律において「電子記録保証」とは、電子記録債権に係る債務を主たる債務とする保証であって、保証記録をしたものをいう。

（電子記録の方法）

第3条　電子記録は、電子債権記録機関が記録原簿に記録事項を記録することによって行う。

（請求の当事者）

第5条　電子記録の請求は、法令に別段の定めがある場合を除き、電子記録権利者及び電子記録義務者（これらの者について相続その他の一般承継があったときは、その相続人その他の一般承継人。第三項において同じ。）双方がしなければならない。

2　電子記録権利者又は電子記録義務者（これらの者について相続その他の一般承継があったときは、その相続人その他の一般承継人。以下この項において同じ。）に電子記録の請求をすべきことを命ずる確定判決による電子記録は、当該請求をしなければならない他の電子記録権利者又は電子記録義務者だけで請求することができる。

3　電子記録権利者及び電子記録義務者が電子記録の請求を共同してしない場合における電

子記録の請求は、これらの者のすべてが電子記録の請求をした時に、その効力を生ずる。

（請求の方法）

第６条　電子記録の請求は、請求者の氏名又は名称及び住所その他の電子記録の請求に必要な情報として政令で定めるものを電子債権記録機関に提供してしなければならない。

（電子記録の効力）

第９条　電子記録債権の内容は、債権記録の記録により定まるものとする。

２　電子記録名義人は、電子記録に係る電子記録債権についての権利を適法に有するものと推定する。

（電子記録の訂正等）

第10条　電子債権記録機関は、次に掲げる場合には、電子記録の訂正をしなければならない。ただし、電子記録上の利害関係を有する第三者がある場合にあっては、当該第三者の承諾があるときに限る。

①　電子記録の請求に当たって電子債権記録機関に提供された情報の内容と異なる内容の記録がされている場合

②　請求がなければすることができない電子記録が、請求がないのにされている場合

③　電子債権記録機関が自らの権限により記録すべき記録事項について、記録すべき内容と異なる内容の記録がされている場合

④　電子債権記録機関が自らの権限により記録すべき記録事項について、その記録がされていない場合（一の電子記録の記録事項の全部が記録されていないときを除く。）

（権限がない者の請求による電子記録についての電子債権記録機関の責任）

第14条　電子債権記録機関は、次に掲げる者の請求により電子記録をした場合には、これによって第三者に生じた損害を賠償する責任を負う。ただし、電子債権記録機関の代表者及び使用人その他の従業者がその職務を行うについて注意を怠らなかったことを証明したときは、この限りでない。

①　代理権を有しない者

②　他人になりすました者

（電子記録債権の発生）

第15条　電子記録債権（保証記録に係るもの及び電子記録保証をした者（以下「電子記録保証人」という。）が第35条第１項（同条第２項及び第３項において準用する場合を含む。）の規定により取得する電子記録債権（以下「特別求償権」という。）を除く。次条において同じ。）は、発生記録をすることによって生ずる。

第17条　電子記録債権の譲渡は、譲渡記録をしなければ、その効力を生じない。

（善意取得）

第19条　譲渡記録の請求により電子記録債権の譲受人として記録された者は、当該電子記録債権を取得する。ただし、その者に悪意又は重大な過失があるときは、この限りでない。

２　前項の規定は、次に掲げる場合には、適用しない。

①　第16条第２項第８号に掲げる事項が記録されている場合

（抗弁の切断）

第20条　発生記録における債務者又は電子記録保証人（以下「電子記録債務者」という。）は、電子記録債権の債権者に当該電子記録債権を譲渡した者に対する人的関係に基づく抗弁をもって当該債権者に対抗することができない。ただし、当該債権者が、当該電子記録債務者を害することを知って当該電子記録債権を取得したときは、この限りでない。

（電子債権記録業を営む者の指定）

第51条　主務大臣は、次に掲げる要件を備える者を、その申請により、第56条に規定する業務（以下「電子債権記録業」という。）を営む者として、指定することができる。

①　次に掲げる機関を置く株式会社であること。

　イ　取締役会

　ロ　監査役会、監査等委員会又は指名委員会等（会社法（平成17年法律第86号）第２条第12号に規定する指名委員会等をいう。）

　ハ　会計監査人

②　第75条第１項の規定によりこの項の指定を取り消された日から５年を経過しない者でないこと。

③　この法律又はこれに相当する外国の法令の規定に違反し、罰金の刑（これに相当する外国の法令による刑を含む。）に処せられ、その刑の執行を終わり、又はその刑の執行を受けることがなくなった日から５年を経過しない者でないこと。

④　取締役、会計参与、監査役又は執行役のうちに次のいずれかに該当する者がないこと。

　イ　成年被後見人もしくは被保佐人又は外国の法令上これらに相当する者

　ロ　破産手続開始の決定を受けて復権を得ない者又は外国の法令上これに相当する者

　ハ　禁錮以上の刑（これに相当する外国の法令による刑を含む。）に処せられ、その刑の執行を終わり、又はその刑の執行を受けることがなくなった日から５年を経過しない者

　ニ　第75条第１項の規定によりこの項の指定を取り消された場合又はこの法律に相当する外国の法令の規定により当該外国において受けているこの項の指定に類する行政処分を取り消された場合において、その取消しの日前30日以内にその会社の取締役、会計参与、監査役又は執行役（外国会社における外国の法令上これらに相当する者を含む。ホにおいて同じ。）であった者でその取消しの日から５年を経過しない者

　ホ　第75条第１項の規定又はこの法律に相当する外国の法令の規定により解任を命ぜられた取締役、会計参与、監査役又は執行役でその処分を受けた日から５年を経過しない者

　へ　この法律、会社法若しくはこれらに相当する外国の法令の規定に違反し、又は刑法（明治40年法律第45号）第204条、第206条、第208条、第208条の２、第222条若しくは第247条の罪、暴力行為等処罰に関する法律（大正15年法律第60号）の罪若しくは暴力団員による不当な行為の防止等に関する法律（平成３年法律第77号）第46条から第49条まで、第50条（第１号に係る部分に限る。）若しくは第51条の罪を犯し、罰金の刑（これに相当する外国の法令による刑を含む。）に処せられ、その刑の執行を終わり、又はその刑の執行を受けることがなくなった日から５年を経過しない者

⑤　定款及び電子債権記録業の実施に関する規程（以下「業務規程」という。）が、法令に適合し、かつ、この法律の定めるところにより電子債権記録業を適正かつ確実に遂行するために十分であると認められること。

⑥　電子債権記録業を健全に遂行するに足りる財産的基礎を有し、かつ、電子債権記録業に係る収支の見込みが良好であると認められること。

⑦　その人的構成に照らして、電子債権記録業を適正かつ確実に遂行することができる知識及び経験を有し、かつ、十分な社会的信用を有すると認められること。

２　主務大臣は、前項の指定をしたときは、その指定した電子債権記録機関の商号及び本店の所在地を官報で公示しなければならない。

巻頭②

手形小切手に関する基礎知識

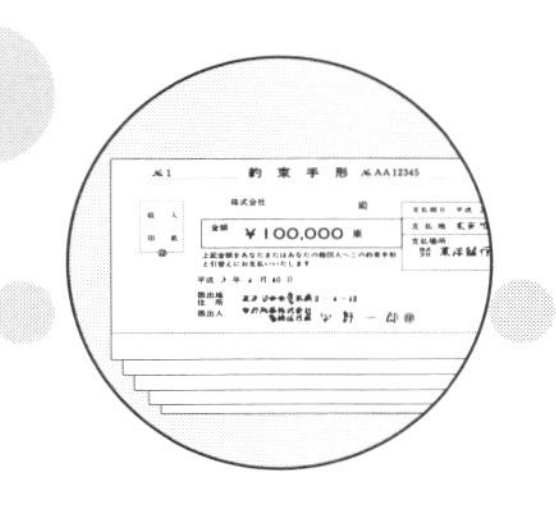

●手形や小切手はどんな経済的機能を持っているのか

●手形や小切手は実務ではどう使われているのか

巻頭②手形小切手の基礎知識

手形や小切手はどんな経済的機能を持っているのか

元中央大学教授　髙窪利一

手形や小切手によって現金代わりに支払いを受けることができ、とくに手形は中小企業にとって重要な金融手段である

支払決済の機能

支払決済の機能手形は、中小企業が大部分を占める企業にとって代金の延べ払いの手段として広く利用されてきた。

企業は、ふつう商品先渡しで代金を信用決済し、相手方も、満期未到来手形を換金して、それぞれ効果的に資本を増殖するのである。現在では、交換規則による不渡処分の心理強制を利用するため、銀行を支払場所とする手形のみが通用しており、振出人は、当座取引のある銀行店舗から必要枚数の統一手形用紙の交付を受けて、当該の店舗を支払場所とする約束手形を振り出し、銀行は満期に呈示された手形を交換決済する。

最近では、大企業（とくに流通企業）が、多数の商品仕入先に対する毎月の買掛金を決済するため、一種の「集合証券」（たとえば、「一括手形」による決済制度）を利用してきた。

数千社にものぼる仕入先に対する代金の決済のために、毎月数千枚の約束手形を発行することは、不当な流通や不良信用の危機を伴うし、また印紙税コストの節減という見地からも不合理である。そこで支払いをする企業から、決済銀行がその月の総決済額に相当する金額を手形金額とし「○○会社仕入先連合会」を受取人とする、一枚の約束手形の振出しを直接受け、全仕入先の代理人として、その取立の委任を受けるというシステムである。

手形は、支払いをする企業から受取人への振出交付、受取人から決済銀行への裏書交付を一切省略して、直接に決済銀行に保管されるから、盗難、紛失等の事故を完全に予防できる。決済は、手形交換を通さずに、決済銀行が各仕入先の口座に直接振替入金し、仮に売買契約の解約等のトラブルが生じても、買掛先は一切人的抗弁を対抗できず、事後的な求償で解決する…という契約になっているので、代金決済に関する限りきわめて合理的な処理が可能である。さらに、仕入先にバラバラに手形を発行するのと比べ、印紙税の節税その他企業コストの節約という意味でも、大きな効用がある。さらに、仕入先が満期前に融資を希望する場合には、各仕入先の持分の範囲で融資に応ずることになっている。このような集合証券の利用が普及し、「証券なき決済」「証券なき信用」の時代への架け橋となり、「ＥＦＴ」「電子マネー」の時代を迎えた。

手形と異なり、小切手は、もともと現金決済に代わる簡便な支払決済の道具として育った。呈示の時に支払銀行に支払資金のあることを条件として（小切手法三条本文）、支払銀行に支払決済を委託する一覧払証券であり（小切手法二八条一項）、振出日の翌日から（小切手法六一条）一〇日間内（小切手法二九条一項）という短期の支払呈示期間中の決済を予定する。信用証券性を本質的にきらい（小切手法四条）、線引制度（小切手法三七条、三八条）でその静的安全を守ろうとしている。

信用利用の機能

手形で支払決済を受けた受取人は、満期未到来の手形を金融機関に譲渡し、「手形割引」や「商業手形担保貸付」により、金融を受けて、企業資金を調達することができる。

手形が通貨を異にする商人間の送金・取立ての手段として利用された初期の時代においては、対価の授受を裏付けとして発行された手形が、振出人や裏書人の署名信用を背景として、偶発的に信用供与の手段として利用されたが、銀行券の発行による銀行信用の確立とともに、手形の信用利用も、銀行等金融機関による与信取引に一本化され、きわめて定型化された手形による短期金融が行なわれるようになった。

手形の信用利用は、本来は、対価の授受の裏付けのある商業手形について行なわれるべきであるが（銀行法施行細則附属業務報告書雛型）、次第に、対価の授受のない融通手形（好意手形）を発行し、被融通者の資金提供能力を引当てとして、銀行等の金融機関から金融を得せしめる融手割引が発達した。また、融通手形を相互に交換する書合手形（馴合手形）も利用されてきた。

これらの信用利用は、融資依頼人の信用に依拠しており、ことに、書合手形には、資金準備のない空手形が多い。さらに、請負契約の前渡金手形も、事業資金の金融を受けることを目的としており、一種の融通手形に属するといえる。

また、格付機関で優良な企業としての格付けを得ると、何も原因取引がなくとも、受取人白地で指図禁止の約束手形を振り出し（これをコマーシャル・ペーパー、ＣＰという）、これをＣＰ市場で特定の機関投資家に低利で売却して事業資金を調達することができる。

CPは要するに、優良企業が発行する融通手形であり、次第に市場が拡大しつつある。

送金・取立ての機能

約束手形は、通貨の異なる商業都市の間の交易で、両替商が相手方地の通貨による支払いを約束する公正証書を発行したのが起源で、この支払約束証書に添付した支払地に居る第三者に宛てた支払委託書が独立して、為替手形となった。

このように、手形は、沿革的に、遠隔地間の送金・取立ての手段として利用されてきたが、今日でも、国際的な貿易貸借の取立てや送金には、為替手形（外国為替）が重要な役割を担い、同時に通貨の差異を克服する機能を果たしている。

担保の機能

手形は、金融取引で貸金債権を確保するために授受され、一種の担保的機能を営んできた。

しかし、現在では、融資銀行が貸付手形や商業手形担保貸付で、裏書譲渡された手形を取り立てて貸金を回収することはなく、むしろ、差引計算の担保的機能が優先しており、手形は実際上借用証代わりに授受されている。支払承諾契約等で将来生ずべき求償債権を担保するため、金額・満期白地の根担保手形を徴する慣行があったが、現在は利用されていない。

銀行の与信取引では、割引依頼人が、支払停止・破産・民事再生・会社更生開始決定等無資力化したとき、取引停止処分を受けたとき、その他、銀行取引約定書（ひな型五条一項）で定める当然期限利益喪失事由の一つを生じた場合に、割引ずみのすべての満期未到来手形を、券面額で買い戻す義務を負うものとされている（同六条一項）。実際上は、すべての貸金債務や買戻債務と、預金債務や、不渡異議申立預託金返還債務とを、期限到来の前後を問わず、対等額で一括相殺することができ（同七条）、差押債権者に対しても相殺の効力を主張できることとされており、この強い担保的相殺の制度が、手形に代わる担保的機能を営んでいる。

まず、知っておかなければならない手形行為・小切手行為の種類とその特徴

約束手形行為

▼約束手形行為の意義

約束手形行為とは、要するに、約束手形であることを認識して証券上に署名することである。法文上、「署名」または「署名者」（手形法七七条一項・二項、七条、六九条、八九条、九〇条）「署名シタルトキハ」（手形法七七条二

項、八条）「署名ヲ為シ」（手形法八八条）「手形上ノ行為」（手形法八九条）等の文言は手形行為を意味する。

約束手形行為のすべてに共通の効力は結果的に、原則として手形に記載されたとおりの内容の手形債務を負担することにあり、具体的な手形債務の内容は個々の約束手形行為について法定される（手形法七八条一項、一五条一項、三二条）。

手形たることを認識して署名した以上は、債務負担の具体的な意思がなくとも、当然に法定の効果として記載文言を内容とした手形債務を負担し、手形の譲渡（権利の移転）は、証券の交付により行なわれる。

▼約束手形行為の種類

振出し・裏書・保証の三種類が法定されている。「振出し」は約束手形要件（手形法七五条一～六号）を記載して（実際上は、統一約束手形用紙に、金額・満期・受取人・振出日・住所を記入して）振出人が署名する行為である。「裏書」は、約束手形またはその補箋に裏書文句を記載して（実際上は、統一約束手形用紙の裏書欄に）、裏書人が署名する行為である（手形法七七条一項一号、一三条一項）。「保証」は、約束手形またはその補箋に保証文句を記載して、保証人が署名する行為である（手形法七七条三項、三一条一項・二項）。

保証目的で裏書や振出しがなされた場合も、文言性により、あくまで、裏書、振出しとしての効力をもつとされる。判例には、保証の趣旨の裏書につき民事保証の併存を推認したものも多いが、最高裁判例は、一般的な推認を否定し、限られた条件の範囲でこれを肯定した。また、どの種類の手形行為であるか記載上不分明である場合については、解釈規定がおかれている（手形法七七条一項・三項、一三条二項後段、三一条三項・四項）。

約束手形の表面（または補箋）の単なる署名は振出人のための保証とみなされ（手形法七七条三項、三一条三項・四項）、裏面（または補箋）になされた単なる署名は簡略白地式裏書とみなされる（手形法一三条二項後段）。しかし、統一手形用紙の表面には「振出人」の印刷文言があるので、余白部分以外の下辺部分の単なる署名はすべて振出しとみなされ、保証文句を記載した署名のみが保証と解される。

為替手形行為

▼為替手形行為の意義

為替手形行為も、為替手形であることを認識して証券上に署名する行為であり、原則的に手形債務の負担を伴う（手形法九条、一五条一項、三二条一項）。とくに為替手形の振出しについては、ドイツ法の支払指図に当たる、二面的な授権を効果意思内容とする行為と解する説が有力であったが、授権の関係は手形外の資金関係とみるべきであり、振出しそのものは、債務負担を伴う形式的行為と解すべきである。

▼為替手形行為の種類

振出し・引受け・裏書・保証・参加

引受けの五種類が法定されている。

「振出し」は、為替手形要件（手形法一条一号～七号）を記載して（実際上は統一為替手形用紙に、金額・満期・受取人・支払人・振出日を記入して）、振出人が、署名する行為である。「引受け」は、引受呈示に対して（実務上は、振出しに先立って、あらかじめ）、為替手形に引受文句を記載して（実際上は、統一為替手形用紙の右辺の引受欄に）、支払人が署名する行為である（手形法二一条、二五条）。「裏書」は、為替手形またはその補箋に裏書文句を記載して（実際上は統一為替手形用紙の裏書欄に）、裏書人が署名する行為である（手形法一三条一項）。

「保証」は、為替手形またはその補箋に保証文句を記載して、保証人が署名する行為である（手形法三一条一項・二項）。

趣旨不分明な署名の解釈については、約束手形について触れた規定（手形法一三条二項後段、一三条三項・四項）以外に、為替手形の表面に為したる支払人の単なる署名は引受けとみなされる（手形法二五条一項後段）。

国内の手形取引では、約束手形を常用している関係で、為替手形を利用する場合も、金額等を記載した為替手形用紙にあらかじめ引受署名をして発行し、相手方が自己指図（手形法三条一項）で振出署名をする方法が常用されており、したがって、支払人を記載して引受予定者を確定する機能は失われている。

また、白地引受手形の発行の場合も、印紙税の納税義務者となる「文書の作成者」（印紙税法三条一項）は、振出人でなく、引受人である（なお金額白地の場合については印紙税法四条一項）。

小切手行為

▼小切手行為の意義

小切手であることを認識して署名する行為で、原則として小切手に記載されたとおりの内容の小切手債務の負担を伴う。小切手の支払人の支払権限は、小切手外の小切手契約（小切手法三条）によって授与されるものであり、振出しの効力ではない。具体的な小切手債務の内容は、個々の小切手行為について法定される（小切手法一二条、一八条、二七条一項、五五条一項）。

▼小切手行為の種類

振出し・裏書・保証・支払保証の四種類が法定されている。「振出し」は小切手要件（小切手法一条一～五号）を記載して（実際上は支払銀行の交付する小切手用紙に、金額・振出日を記入して）振出人が署名する行為である。「裏書」は小切手またはその補箋に裏書文句を記載して、裏書人が署名する行為である（小切手法一六条）。

小切手では、持参人払式（無記名式）が認められ（小切手法五条一項三号・同条二項・三項）、取引の実際では、送金小切手等を除いて、無記名式が常用されており、裏書は不要である（無記名式小切手には裏書欄もない）。無記名式小切手に裏書人として署名したり、その裏面に単なる署名（小切手法一六条二項後段）をなした場合は、裏書人は手形責任（小切手法一八条一項、四三条一項）を負うが小切手が指図式に変わるわけではない（小切手法二〇条）。

なお、支払銀行への裏書は受取証書としての効力のみを有する（小切手法一五条五項）。「保証」は小切手またはその補箋に保証文句を記載して、保証人が署名する行為である（小切手法二六条一項・二項）。「支払保証」は、小切手の表面に支払保証文句（支払ヲ為ス旨ノ文字）を表示して、支払銀行が署名する行為である（小切手法五三条）。

なお、趣旨不分明な署名の解釈については解釈規定がおかれている（小切手法一六条二項後段、二六条三項・四項）。

図解◉手形と小切手の比較・早わかり

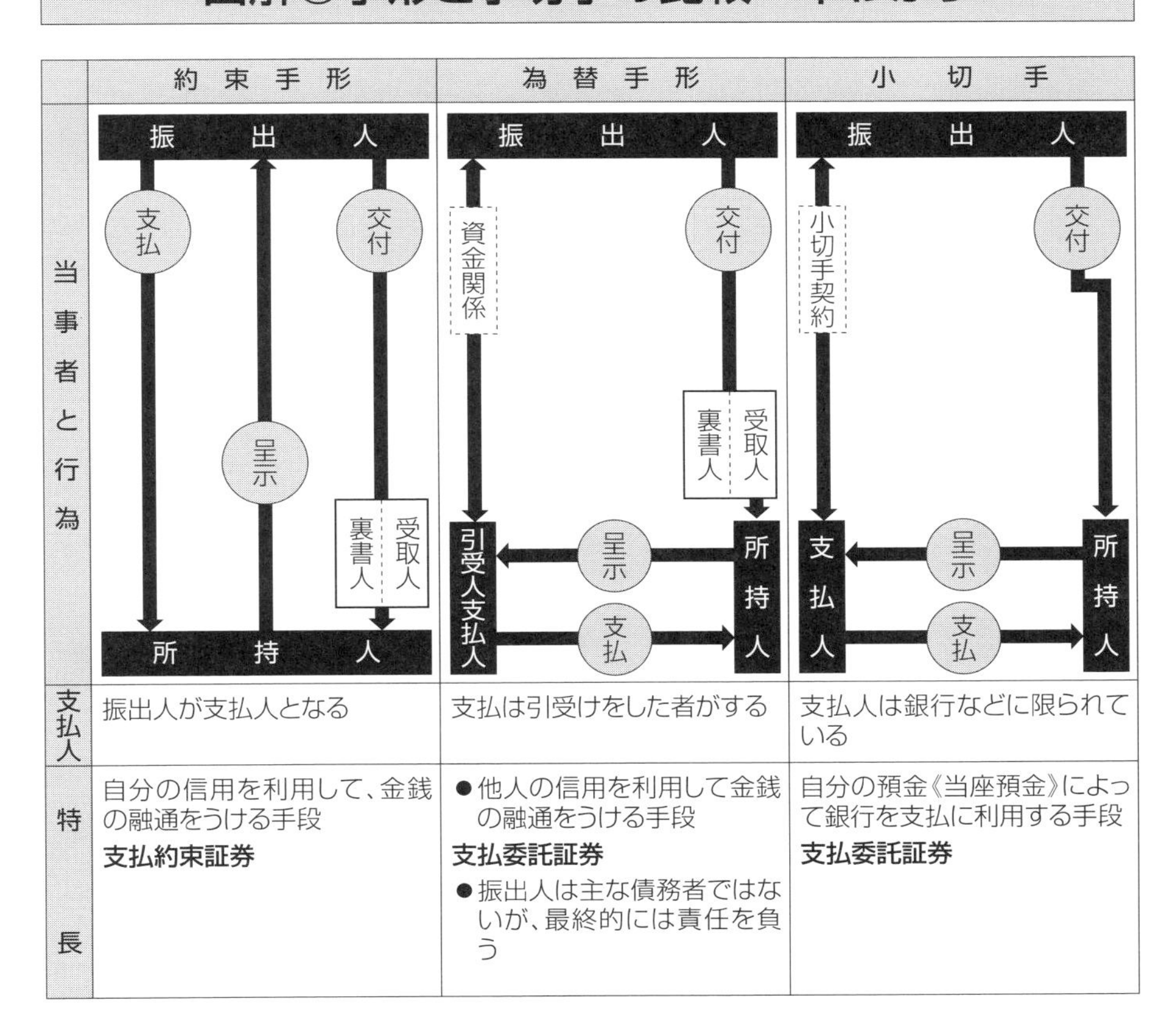

	約束手形	為替手形	小切手
支払人	振出人が支払人となる	支払は引受けをした者がする	支払人は銀行などに限られている
特長	自分の信用を利用して、金銭の融通をうける手段 **支払約束証券**	●他人の信用を利用して金銭の融通をうける手段 **支払委託証券** ●振出人は主な債務者ではないが、最終的には責任を負う	自分の預金《当座預金》によって銀行を支払に利用する手段 **支払委託証券**

巻頭②手形小切手の基礎知識

手形や小切手は実務ではどう使われているのか

弁護士 安斉 勉 元法政大学講師 鈴木正和

実際に、手形や小切手はどう使われているのか

手形や小切手は、主に商取引によって生じた債権、債務の決済の手段として、現金の授受の代わりに使われているのですが、それが多額の現金を持ち歩く危険を防止できることのほか、裏書譲渡することによって簡単に第三者に譲渡できる便利さもあり、実務的には次のように各種の目的にも利用されているのです。

商品代金の支払いのために

商人間において商品や原材料等の仕入れをしたり、工事などの発注をしたような場合に、その代金は本来は現金で支払うべきなのですが、その現金というものは正確に数えることが面倒であるばかりでなく、途中で落としたり、盗まれたりする危険があります。ところが、それを小切手で支払いをすることにすればその面倒もなく、たとえ落としたり、盗難にあっても、すぐ支払銀行に届け出ればその損害の予防ができて大変便利なので、一般によくこれが使われているのです。

しかもその支払を数か月後払いにしたり、分割払いにする場合には、支払う方も受け取る方にも便利な約束手形を一般に利用しています。資金繰りの都合などでそれが短期間ですと先日付の小切手もよく利用されています。

高額の現金の支払いに代えて

不動産の売買などで、極めて高額の現金取引をする必要がある場合にも現金を授受する代わりに小切手が使われることがありますが、この場合には多少でも不渡りになる危険がある普通の小切手（当座小切手という）では受け取る方が心配しますから、そのようなときは一般に銀行が振り出した小切手（預手という）が使われているのです。

遠隔地に現金を送金するとき

遠隔地への送金でも振り込みがよく使われているので、小切手を利用する送金は利用度が減少していますが、それでも送金する先に取引銀行が無かったり、取引銀行が分からないときには、この振り込みは使えません。

そのとき自分の取引銀行にいって、先方にある特定の銀行で誰でも受け取れる「送金小切手」というものを作ってもらうと、現金を持っていかなくても、この小切手と引替えに何時でもその銀行で現金が受け取れることになるのです。

借用証書の代わりをする

お金を借りるときは、通常の場合ですと借主は貸主に「借用証書」を差し入れ、それと引替えにお金を受け取ることになります。この証書は、債務者が期日に債務の履行をしなかったとき、債権者が債務者にその履行を請求する際の証拠にするために作成されているのです。

◉約束手形の記入と振出しかた

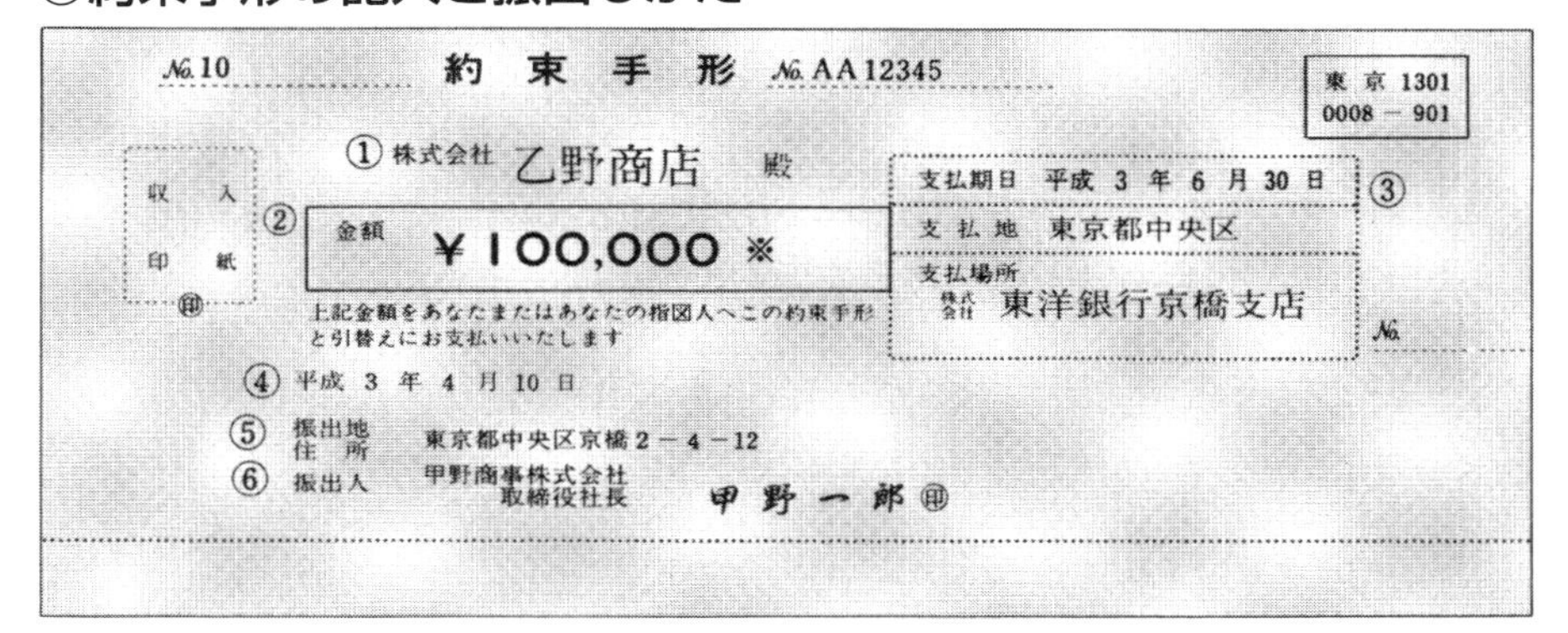

▶手形の振り出しかた

手形を振り出すには、通常はまず、銀行に当座預金口座を作り、銀行で統一手形用紙をもらい、この用紙の空欄をうめて、受取人に渡す（振出し）ということになる。

統一手形用紙への記入事項は、①受取人の名前、②金額（チェックライターで打つか漢数字）、③支払期日、④振出日、⑥振出地または振出人の住所地、⑥署名・押印、⑦収入印紙を貼る、⑧割印を押す、である。

▶統一手形用紙の記載例

ところが、この「借用証書」の代わりに、債務金額を手形金額、弁済する日を満期日とする債権者宛ての「約束手形」を債務者が振り出すことが、よく便利に利用されているのです。

これですと、期日に債権者が債務者のところに請求に行かなくても、自分の取引銀行に持っていけば銀行で取り立ててくれますし、債務者も手形を二回不渡りにしますと、銀行との「取引停止処分」という処分を受けることになりますから無理をしてでもその手形の決済をすることになるという、債権者に便利もあるのです。

月賦の支払をするため自動車代金等の月賦の支払とか、機械機具の毎月のリース料の支払というものは、債権者が毎月その集金をするのは人件費もかかり大変でしょうし、債務者も毎月その準備をしておかなければならず、その日は留守にも出来ず大変面倒になってしまいます。

ところがそれの契約当初に、毎月の支払金額を手形金額とする約束手形

◉小切手の記入と振出しかた

AI 115628　　小　切　手

支払地

株式会社　銀行　支店

金額

上記の金額をこの小切手と引替えに
持参人へお支払いください

拒絶証書不要

令和　年　月　日

振出人　㊞

⑆1301⑈0003⑆007⑈1　15165⑈　07000

▶小切手の振出しかた

小切手を振り出す場合も、振出人は銀行に当座預金口座をつくり、小切手用紙（小切手帳）をもらい、空欄をうめて受取人に渡す。空欄に記載する事項は、①金額、②振出日、③署名・押印、である。小切手の表面（例えば左上）に二本の平行線を引いておくのが、線引小切手といわれるもので、不正な方法で小切手を入手した者への支払いを防げるというメリットがある。

▶統一小切手用紙の記載例

を、各支払日ごとに、支払回数だけの枚数を振り出し、債権者に渡しておくと、債権者の方としてはこれを全部銀行に預けておけば、以後は全てその銀行で毎月取立て預金に入金しておいてくれることになり、債務者の方も自分の銀行に毎月その資金を準備しておけば、銀行で確実に支払をしておいてくれるので便利なのです。

手形の割引をしてもらえる

債権者は、前記の商品代金、借用証書、月賦支払などの関係で債務者から受けとった手形は、その手形を自分の取引銀行に持っていくと、手形期日が来ていなくても、手形振出人の信用さえあれば手形割引とか、商手担保の手形貸付の方法で簡単にその現金化をしてもらう方法があります。

ところが、それが単に売掛債権・月賦代金債権・貸金債権等になっているだけで手形になっていないと、その債権を期日前に銀行で資金化することは、銀行もあまり簡単にはしてくれませんし、期日前の資金化は非常に難しいのが普通です。ただ、このことに便乗して「融通手形」というのが一部で利用されているのも事実です。

この「融通手形」というのは、現実には手形を振り出さなければならない商取引などもないのに、資金に困った人が相手から手形を借りてきて、それをあたかも商取引によって手形を受けとったように偽って、銀行で割引いてもらい、資金化するのです。

これですと相手の融通手形振出人も現金がなくても簡単にその人の面倒を見ることができるのですが、そのような人が振出した手形は不渡りになる可能性が高く、危険な手形といえます。

代金の取立てに使う

手形には為替手形というものがあり、これは例えば商品代金などの債権者が、その代金の債務者宛てに、「この手形所持人に手形金額を支払って下さい」といって振り出す手形があります。

この手形の呈示を受けた債務者（手形支払人）が、手形所持人に支払えば、それによって商品代金の支払を受けたことになるので、代金の取立てもできることになるのです。

このような為替手形の利用は、手形支払人がその手形の支払を引受けてくれなければ、手形所持人は手形の支払が受けられませんから、現在では日本国内の取引にはあまり使われておらず、外国との貿易取引で、輸出業者が外国の輸入業者宛てに、輸出代金を手形金額としてこの為替手形を振り出し、信用状、船荷証券等と共に取引銀行に持ち込み、それによって資金化することによく利用されています。

手形、小切手から電子化へ

しかし、これからは電子記録債権やエレクトロニックバンキングによる振込みに進んでいくものと見込まれます。

図解◉でんさいネット（「㈱全銀電子債権ネットワーク」）

全国銀行協会が設立した「㈱全銀電子債権ネットワーク」、通称「でんさいネット」が電子債権記録機関の一つとして2013年２月からサービスが開始されました。でんさいネットは、１．手形的利用、２．全銀行参加型、３．間接アクセス方式の３点を特長としています。

●でんさいネットを利用した電子債権取引のイメージ

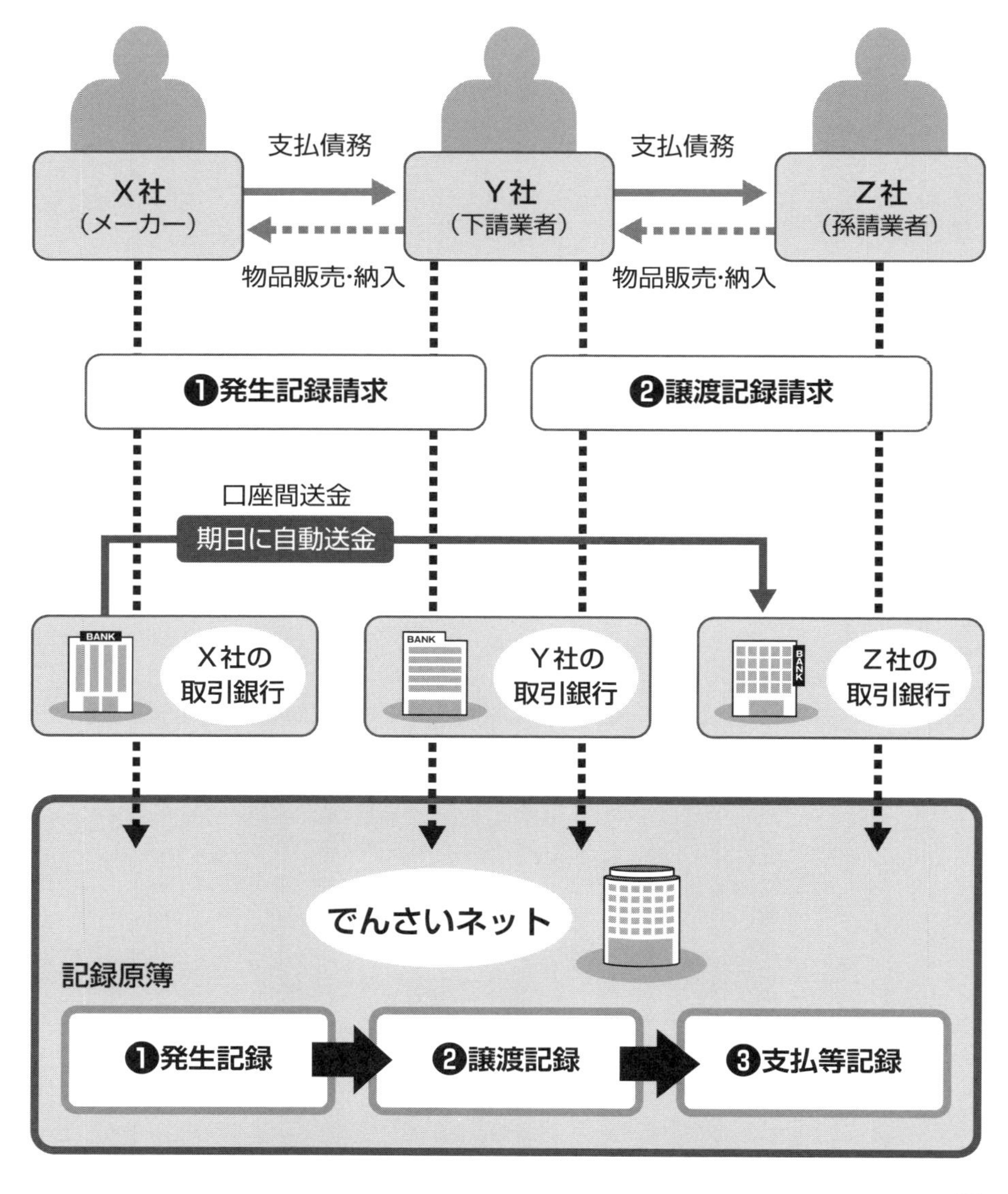

第1章

手形の要件と振出しに必要な法律知識

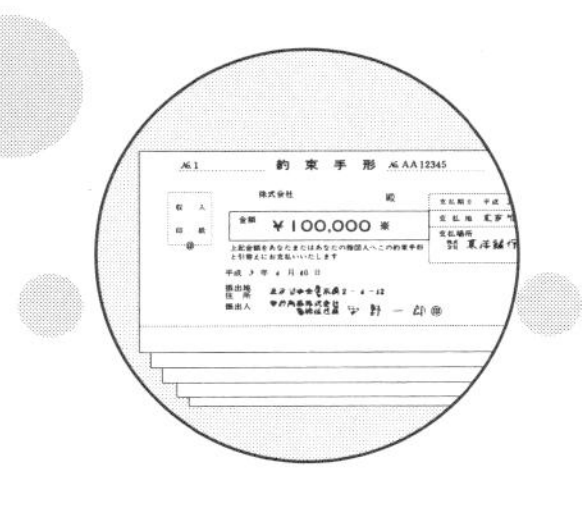

- 基本ポイント—振出前に必要な知識
- 手形要件と手形用紙への記載の仕方
- 振出原因となった債権と手形の関係
- 手形要件が空白の手形とその補充権

基本ポイント1

振出前に必要な知識

弁護士　鈴木善治

手形には利点と共に危険性もある

・手形の利点にはなにがあるか

手形は、つぎのような大きな利点を有しています。

① 手形は支払期日を三か月先とか六か月先にすれば、その間に購入した商品を転売して資金繰りをすればよく、信用があれば現在現金がなくても取引を行なえる利点があります。

② 手形を受け取った者にとっても、わざわざ集金にまわらなくても銀行に取立てを依頼できるため、集金に要する労力が省ける利点があります。

③ 手形は支払期日前でも手形を買い取ってもらったり（手形割引）、手形を担保にしてお金を借りること（手形貸付け）という方法で、すぐに現金化することができます。

④ 手形を振り出した者は、もしその支払期日にその手形を落とせなかったときは、手形交換所規則によって、銀行取引停止処分という厳しい制裁を受けることになります。そうなると、向こう二年間、手形交換所に加盟しているすべての銀行と、当座取引や、貸付取引などができなくなります。

これは、商売をしている者にとっては死刑の宣告にも匹敵することですから、何をおいても手形を落とすよう努力します。そのことが、支払いの確実性をいっそう強める効果をもちます。

⑤ 手形は、ＡからＢを経てＣに譲渡されてしまうと、ＡがＢに対しては主張できたことがＣに対しては主張できなくなるという性質をもっています（手形法一七条）。したがって、手形を譲り受ける者は、どのような原因にもとづいて振り出された手形であるかを、いちいち調査しなくても、確実な手形上の権利を取得する利点があります。

⑥ 万一、相手が手形金の支払いを怠っているような場合にも、その手形一枚を証拠とするだけで、判決をもらうことができます。これは、手形訴訟制度という簡易・迅速な手続きを利用できるからです。

・手形のもつ危険性とはなにか

手形には前述のような大きな利点があります。しかし、その反面で、つぎのような危険性も内在しているわけですから、その扱いには十分な注意が必要です。

①　手形については、どのような文言をどう記載しなければならないかということが法律で厳格にきめられています。したがって、決められた事項が書かれていなかったり、よけいなことが書いてあったりすると手形が無効になってしまいます。

②　手形は、手形に書かれた事柄だけで債務の内容がきまります。万一、一〇〇万円と書くべきところを一〇〇〇万円と書いたら大変です。

③　手形は、前述したように抗弁が切断されることがあるので危険です。

④　手形をなくすと、手形金の請求ができないだけでなく、第三者が手形上の権利を取得するなどして、手形上の権利を失う危険があります。

⑤　手形はその呈示の手続きもむずかしく、また一定の期間を遵守しないと、取り返しのつかない場合があります。

有効な手形とはどういうものか

・統一手形用紙制度と銀行の利用

法律上、手形はどのような用紙に書いてもかまいません。また手形が有効であるためには、手形法七五条に定められた事項を記載すればよいことになっています。

しかし、昭和四〇年一二月一日から、銀行を支払場所として振り出される手形は「統一手形用紙」―全国銀行協会連合会で一定した規格・様式で作成され、かつ、その銀行が直接取引先に交付した用紙―を用いて振り出した手形でなければ、銀行はいっさい、その支払いに応じないことを協定しました。

・手形に記載しなければならない事項―必要的記載事項

約束手形には、必ずつぎの手形要件を記載しなければなりません（手形法七五条）。これらのうちどれか一つでも欠けていれば、その手形は完全な手形ではありません。

①「約束手形」という文字、②一定の金額、③支払約束の文句、④満期（支払期日）、⑤受取人、⑥支払地、⑦振出日、⑧振出地、⑨振出人の署名。

・手形要件以外の記載事項―有益的記載事項

手形要件は、それを書かなければ手形は効力を有しないものです。その意味では手形としての効力を生ずるために必要な最小限度の事項です。

しかし、それ以外にも、手形法上、手形に記載すれば手形上の効力を生ずると定められた事項があります。これを有益的記載事項といい、振出人の肩書地（手形法七五条四号）、利息文句（手形法五条）、第三者方払文句（手形法四条）、裏書禁止文句（手形法一一条二項）などがあります。

・手形要件以外の事項―無益的記載事項・有害的記載事項

手形法が手形に記載することを認めた事項以外の事項は

手形に記載しても手形上の効力を生じません。したがって、支払遅滞による損害賠償額の予定や「支払呈示免除」等を手形に記載しても、手形上の効力は認められません。その意味で無益的記載事項となります。

手形には、その記載によっては、その記載が無効なだけでなく、手形自体を無効にしてしまう有害的記載事項がありますから、十分な注意が必要です。「売買代金の弁済として支払われたし」とか「商品受領のうえ支払われたし」というように、手形の効力を原因関係にかからせたり、支払いに条件をつけたりするような記載がこれにあたります。

手形の振出しとその原因関係は

・原因関係とはどういうものか

手形の振出人が受取人に対して手形振出しなどの手形行為を行なうのは、当事者間になんらかの手形授受の原因となる実質的な法律関係があるからです。この実質的な法律関係を一般に原因関係と呼んでいます。たとえば、売買契約、金銭消費貸借契約にもとづいて手形が授受される場合には、それぞれ、売買、金銭消費貸借関係が手形授受の原因関係となるわけです。

もっとも一般的なのが、売買代金債務の支払いのために買主が売主に手形を振り出す場合です。このような手形が一般に商業手形と呼ばれるものです。

つぎに金銭消費貸借契約にもとづいて借主が弁済のために貸主に手形を振り出す場合があります。このような方法を一般に手形貸付けと呼んでいます。また、既存の手形債務の支払いを延期するために、手形の書替えとして新手形を振り出す場合もあります。このような手形が延期手形と呼ばれるものです。しかし、一方では、手形の割引の場合のように当事者間に既存債務がないのに手形が授受され、手形が売買される形態もあります。

さらに、現実の商取引にもとづく商業手形と異なり、単に振出人が自分の信用によって受取人に金銭の融通をうけさせることを目的として、好意的に手形を振り出す場合があります。このような手形が融通手形と呼ばれるものです。

また、同じような手形として、流通に置く意思はなく、単に他人に対する信用授与のために手形を振り出すこともあります。これが見せ手形と呼ばれるものです。このように、手形は、いろいろな目的で振り出されますが、融通手形とか見せ手形のように、対価関係はなく、単に他人の信用授与のために、振り出される手形は、一歩間違うとたいへんなことになります。このような目的で振り出したものであることを第三者には主張できないからです。そこで融通手形や見せ手形は、よほど信用のおける人に対してでなければ振り出してはなりません。

・手形関係が原因関係に及ぼす影響はあるのか

手形は、振出人と受取人との間のいろいろな原因関係を背景として振り出されますが、手形の振出しによって原因関係がどのような影響をうけるかということが問題となります。

手形の授受によって既存債務が消滅しない場合　手形が既存債務の「支払いのために」（支払いの方法として）授受された場合には、手形債権と既存の債権とは併存します。そして、当事者間に既存債務を消滅させる意思が明白でない場合には、手形の授受は、原則として「支払いのために」なされたものと推定すると考えられます（判例・通説）。

手形を受け取ったからといって、必ずその支払いがなされるという保証はなく、それはあくまでも支払いのための手段にすぎないからです。また既存債権に担保権がついているような場合に、手形を受け取るとその担保権が消滅してしまうというのは債権者の意思に反するからです。手形の授受が既存債務の「支払いを担保するために」なされた場合も、その手形授受の趣旨から考えて手形債権と既存債権は併存します。

手形の授受によって既存債務が消滅する場合　当事者の特別の合意によって、既存債務の「支払いに代えて」手形が授受された場合には、手形の授受によって既存債務は消滅します。しかし、このような効果は、当事者の明確な意思をもとに判断すべきです。なぜなら、支払いに代えて手形が授受されたと認められると、たとえその後に手形が不渡りになっても既存債務は復活しないわけですから、このようなことを十分知ったうえで「支払いに代えて」手形を授受するという場合でなければならないからです。

・**原因関係が手形関係に及ぼす影響はあるのか**

手形は前述したように、原因関係にもとづいて、振り出されます。しかし法律的には手形関係と原因関係は、切り離された別個独立のものとされています。そこで、原因関係が無効あるいは、取消し・解除となっても、それによって手形関係はなんらの影響もうけません。このように、手形関係が原因関係から切り離されて無関係のものとなっていることを手形の無因性といいます。手形のこのような性質のため、手形を取得する第三者は、自分の関知しない原因関係にわずらわされることなく安心して手形を取得できるわけです。そのため手形の流通性はいっそう増大することになります。

しかし、手形のこのような性質も原因関係上の直接の当事者間では、大きな修正を受けます。すなわち売買契約にもとづき、代金の支払いのために手形が振り出されたときに、もしその売買された商品に欠陥があったような場合には、売主からの代金請求に対し、商品の欠陥を修理しなければ支払わないというのは当然のことです。このように、原因関係の直接の当事者間に手形がまだ残っているときには、原因関係にもとづく抗弁も主張できるのです。これが人的抗弁事由と呼ばれるものです。

なぜ白地手形が認められるのか

・白地手形とはどういうものか

手形行為をしようとする者が、原因関係上の債務の内容が未だ定まっていないとか、金融を求める相手方が未だ確定していないとか、その他いろいろの事情から、手形に記載すべき手形金額や満期・受取人その他の要件を記載せずに白地のままとした証券に署名をし、その白地の補充をその証券の取得者にゆだねてこれを流通させることがあります。このような証券を白地手形といいます。白地手形は完成された手形ではありませんが、正当な権限をもった者により、その白地部分が補充されると完成された手形になります。

そのため、白地手形は、それ自体法的保護に値するだけでなく、実際取引上、このような白地手形がその白地補充前でも流通されることが多いのです。そのため、まず商慣習法上白地手形が認められることになり、現在では成文法によって、完成手形と同様に保護されています（手形法一〇条、七七条二項）。

・白地手形と無効手形の区別はどうするか

白地手形は、その客観的外形は同じでも、手形要件を欠く不完全手形である無効手形とは異なります。白地手形と無効手形との差異は、将来補充を予定しているか否かのちがいですが、その判別を署名者の意思にもとめる主観説と、外観を重視して、補充が予定されている手形と認められるか否かによって判断しようとする客観説との対立があります。しかし具体的事例においては、当事者の意思の合理的解釈によって決するよりほかありません。このように考えると通常問題となる統一手形用紙の上に、手形要件の一部を白地のまま署名してこれを振り出したような場合には、特別の事情がないかぎり、補充権を付与したもの、したがって白地手形と推定するのが合理的でしょう。

・白地手形が不当に補充されるとどうなるか

白地手形の白地を補充し、これを手形として完成させせうる権利を補充権といいます。補充権は白地手形行為者とその相手方との間でなされる明示または黙示の合意によって与えられるのが普通です。したがって、白地手形の所持人がこの合意に反し、または取引上通常考えられる範囲を超えて補充権を行使したときは不当補充となります。このような場合には、本来白地手形の署名者は不当に補充された記載による責任は負わないはずですが、法は、取引の安全性を重視する観点から、第三者の保護をはかっています（手形法一〇条）。すなわち、白地手形に不当補充がなされた場合でも、悪意または重過失なくしてこれを取得した者に対しては、その違反を主張できないとして、署名者に記載どおりの責任を負わせています。

図解◉約束手形の役割と流れ

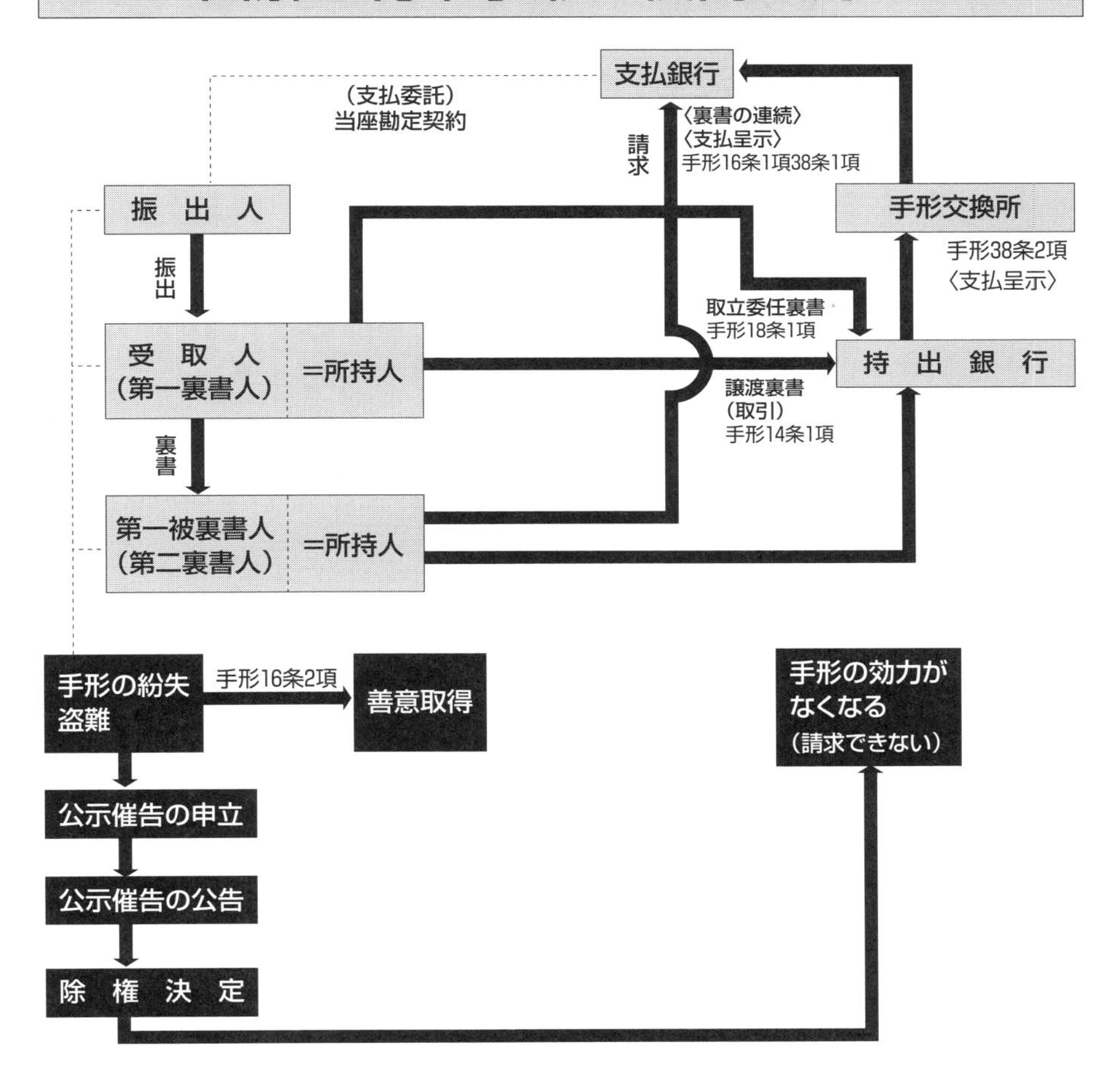

約束手形のポイント

▶当座勘定契約

約束手形を振り出す場合、振出人はその手形について自分で支払うこともできるが、通常は銀行に当座勘定口座を設けて、銀行が手形金支払の窓口となる。

▶裏書による譲渡

手形の所持人は、裏書き（手形の裏面に一定の事項を記載）によって、その手形を他の人へ譲渡できる。裏書譲渡は、①所持人が自己の債務（借金）の支払いのために裏書譲渡する、②満期日前に銀行で現金化するために裏書譲渡する、③取引銀行へ手形金を取立てるために取立委任裏書をする、などの場合に利用されている。

▶手形交換所による決済

支払銀行が同じ手形交換所に参加している場合は、手形の決済はすべて手形交換所でなされる。

手形の要件と振出しに必要な法律知識

手形要件と手形用紙への記載の仕方

弁護士　鈴木善治

統一手形用紙を利用するにはどうするか

▼銀行に当座預金口座を開設

統一手形用紙というのがあるそうですが、どのようにしたら、統一手形用紙を利用できるのですか。また、統一手形用紙ではない自製の用紙を用いて、振り出した手形は無効なのでしょうか。

統一手形用紙制度　手形要件を書くときの用語や用具については法律上格別の制限はされていません。用紙についても同様で、市販のものでも、自製のものでも本来自由です。そのためわが国でも従来は、市販の印刷された手形用紙を使用し、印刷文字の下の空白部分に要件事項を記入して作成するのが通常でした。

ところが、手形が広く利用されるようになったのにともない、金融機関は多量の手形を取り扱い、手形交換所を通じて交換決済するようになりました。そうなると、不統一な市販の用紙では整理のうえで大変不便です。

ことに電子計算機の導入によって従来のようなまちまちの用紙ではとうてい処理できなくなってしまいました。そのうち昭和四〇年頃になると、経済界の不況から不良手形が乱発され、信用取引が乱れるという事態が発生しました。これらの事態に対処するため、昭和四一年から実施されたのが統一手形用紙制度です。統一手形用紙制度というのは、銀行を支払場所として振り出す手形については、全国銀行協会連合会の制定した統一された規格様式の横書手形用紙（これを統一手形用紙という）を使用しなければならないとする制度です。

そして統一手形用紙を使用していない手形については、銀行はいっさい支払いをせず、このような手形は、必ず不渡りとなるわけです。

このように、銀行と当座取引のない者が、統一手形用紙によらない手形を勝手に振り出しても、それを受け取る者はなくなることから、自然とそのような手形は流通しなくなるわけです。その結果、少なくとも、それまで不渡手形の大半を占めていた正常な銀行取引にもとづかない手形が姿を消すことになりました。この意味で、統一手形用紙制度の実施が不渡手形の発生を防止し、手形取引の正常化をはかるうえで大きな意義があったといえます。

統一手形用紙を入手する方法　この統一手形用紙は、銀行に当座預金口座を開設しなければ入手することができません。ですから、銀行を支払場所とする手形を振り出すためには、まず、取引を希望する銀行に行き、当座預金口座を開設してもらう必要があります。そして、その銀行から手形用紙の交付を受ければ、その銀行を支払場所とする手形を振り出すことができるのです。

統一手形用紙以外の手形の効力　前述しましたように、法律上、手形はどんな用紙に書かなければならないといった規定はまったくありません。したがって、手形法七五条で定めてある手形要件が記載されているかぎり、どのような用紙に書かれていても手形としては有効です。

ですから、このような手形でも、手形訴訟による救済が可能であって、迅速に権利実現がはかれる利点があります。

しかし、手形が真に手形としての機能を果たすのは、信用の用具として他へ転々譲渡が可能な点にあるのですが、統一手形用紙によらない手形は、他へ転々流通することなど事実上困難であり、手形としての機能を果たしえないといっても過言ではありません。

統一手形用紙を他人に貸すとどうなるか

▼当座取引の解約もある

私は、個人商店を経営していますが、取引上で知り合ったAから、手形用紙の持ち合わせがないので、手形用紙を一枚貸してほしいとの申し出を受けました。貸してもよいものでしょうか。

手形用紙を他人に貸した場合、どのような危険があるのでしょうか。

簡単にできぬ当座取引開設　銀行は当座取引の開設については厳しく調査し、取引先あるいは取引銀行店舗等の紹介者を要求するのが一般です。その他資産・信用状態等を調査しますが、これらの調査が十分できないときには、普通預金取引を開始して取引状態を観察した後でないと、当座預金取引に応じてくれません。

このように銀行が当座預金口座開設に神経を使うのは、当座取引を開始した後に、当人（銀行の取引先）が手形を乱発して不渡りにするようなことがあると、その銀行自体の信用にもかかわるからです。

統一手形用紙の信用性　このように、銀行で決済のできる統一手形用紙を入手することは容易なことではありません。したがって、逆に、一流銀行の手形用紙をもっていると、それだけで、ある程度の信用ができるわけです。

そのため、当座取引を自ら開設できない者が、当座取引を開設している者から手形用紙を借り、あるいは、解約後の手残り用紙を悪用するケースが多数存在します。

悪用の危険性　もし、あなたが手形用紙を貸したAが、その手形用紙を悪用して詐欺をはたらいたような場合、あなたも手形用紙を安易に貸したということで第三者から責任を追及されることもないとはいいきれません。

たとえ責任を追及されなくても、そのような詐欺事件にあなたの手形用紙が使われたというだけで、取引上は大いにマイナスです。

当座勘定契約違反　さらに手形用紙の流用は、銀行との関係においても問題が生じます。統一手形用紙制度は、金融機関と当座取引のない者が、手形を振り出すことを防止しようとするものですから、銀行としては、用紙が他へ流用されることにも神経を使っています。

そこで当座勘定約定書では、手形用紙の譲渡を禁止しています。したがって、他へ手形用紙を流用すると、手形用紙の違反として、銀行から当座取引を解約される危険性もあります。

約束手形にはどのようなことを記載するのか

▼九つの手形要件がある

手形には必ず書かなければならないことがあると聞きますが、どんなことでしょうか。

また、反対に書くと手形が無効になってしまう事項もあると聞きますが、どんなことでしょうか。

約束手形に書かねばならない事項　手形に関する権利関係は、その手形が振り出された原因関係からは、いちおう切り離して独自に判断されることになっています。

そのため、その手形がどのような権利を表章しているかは、その手形の記載のみによって決まることになります。そこで、手形法は、手形要件を厳格に規定して、そのうちの一つでも、記載されていないものがあれば、その手形は完全な手形とはなりません。

手形法七五条が約束手形に必ず記載しなければならないとしたのは、つぎの九つの事項です(次ページのサンプル参照)。

① 約束手形という文字、② 一定の金額、③ 支払約束の文句、④ 満期(支払期日)、⑤ 受取人、⑥ 支払地、⑦ 振出日、⑧ 振出地、⑨ 振出人の署名

以上の手形要件はどれ一つ欠いても完全な手形とはなりません。

ただ、この記載の仕方については、統一手形用紙を使用するかぎり、印刷された各記載欄に従って、順に記載していけばよいため、それほどむずかしいことではありません(ただ二、三の事項については、特に注意すべき点があるので、これらについては別項目にして説明していますので、そちらを参照してください)。

① 「約束手形」という文字

これは、一見して約束手形であることがだれにでもわかるようにするためです。

統一手形用紙ではすでに印刷されていますので特に記載する必要はありません。

② 一定の金額

これが手形金額とよばれるもので、手形のなかでもっとも重要な記載事項です。これについては次項「手形金額の書き方と間違いの訂正の仕方は」を参照してください。

③ 支払約束の文句

これは、振出人が受取人その他の手形所持人に対して手形金額の支払いを約束する旨の表示であって、約束手形の本質をあらわす重要な記載です。ただ通常は、「上記金額をあなたまたはあなたの指図人へこの約束手形と引換えにお支払いいたします」と印刷文字で記載されているので特に問題はありません。

ところが、これに、「商品と引き換えにお支払いいたします」とか、「上記金額を三回に分割してお支払いいたします」といった記載をしますとその手形は無効になってしまいます。

手形の支払約束は単純、すなわち無条件のものでなければならないとされてい

■完全な約束手形の振出しかた

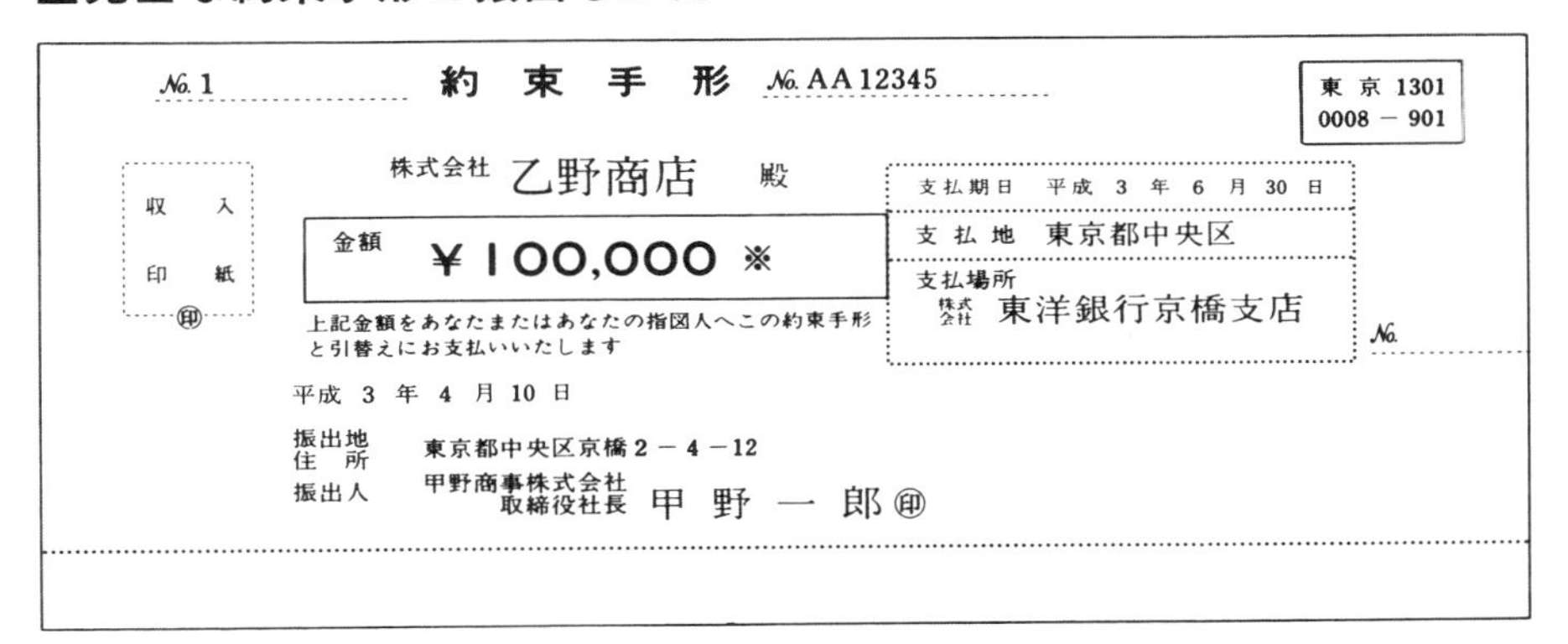

№ 1　約　束　手　形　№ AA 12345

東 京 1301
0008 − 901

株式会社 乙野商店　殿

収入印紙 ㊞

金額　¥100,000 ※

上記金額をあなたまたはあなたの指図人へこの約束手形と引替えにお支払いいたします

平成 3 年 4 月 10 日

振出地
住　所　東京都中央区京橋 2 − 4 −12

振出人　甲野商事株式会社
取締役社長　甲　野　一　郎 ㊞

支払期日　平成 3 年 6 月 30 日

支払地　東京都中央区

支払場所
株式会社 東洋銀行京橋支店

№

① 手形交換所を通し「支払場所」である銀行で決済を受けるためには、その銀行から交付を受けた統一手形用紙を使用しなければならない。

② 市販の手形用紙や自製のものを使っても約束手形としての要件を備えていれば有効であるが、銀行での決済は受けられない。

③ 統一手形用紙を使用して、上のサンプルのように、受取人、金額、振出日、支払期日、振出地、振出人（約束手形文句、支払地、支払場所は統一手形用紙であれば印刷してある）を記入し、銀行に届け出ている記名捺印をする。

④ 会社が振り出す場合は、会社の商号を書き、会社の代表者がその資格を表示（会長・社長、専務取締役、常務取締役、支配人など）して署名または記名捺印をする。

⑤ 印は必ずしも実印でなくてもよいが、銀行に届出のない印や届出のない者の氏名では、銀行では支払ってもらえない。また、栂印や社判はダメ。

⑥ 収入印紙は振出人である署名者が手形金額に応じて貼付し消印する。

るからです。

④ 満期（支払期日）

満期とは手形金額が支払われる予定の日として手形に記載された日のことです（満期については、三六ページ「手形の支払期日の書き方にはどんな方法があるか」の項でくわしく解説しておきましたので、そちらを参照してください）。

⑤ 受取人

受取人とは手形の支払いを受ける者として手形に記載されている者のことです。

受取人が個人の場合には、氏名だけ「甲野一郎殿」と書けばよく、住所まで書く必要はありません。

受取人が会社の場合には、「株式会社甲野商事殿」という商号だけを書けばよく、本店所在地や代表取締役の氏名などは書く必要はありません。

また、手形が有効であるためには、形式的に受取人の記載があればよいのですから、架空の名前が書かれていてもかまいません（東京高判・昭和二九・一〇・二二）。ましてや、実在の人や会社をその通称で書いてもさしつかえありません（大判・明治四二・五・一〇）。

⑥ 支払地

支払地とは手形金額の支払いがなされるべき地域のことです。統一手形用紙では支払地の下に支払場所の記載があり、しかもその両者は、取引銀行で自行を印刷したものを交付するため、通常記載する必要はありません。

⑦ 振出日

振出日とは、手形が振り出された日として手形に記載された日のことです。振出日の記載は、本当に振出しのなされた日と一致する必要はありません。

⑧ 振出地

振出地とは、手形の振出しがなされた地として手形に記載された地域のことです。

通常は、支払地と同じく、最小独立行政区画を書いていますが、法律上は単に日本と書いてあってもよく、東京都というのももちろん有効です（東京地判・昭和三二・二・一一）。

なぜなら、振出地は、国際間を動く手形について、その振出行為の効力をどこの国の法律によってきめるかという、いわゆる準拠法決定のいちおうの基準であって、そのためには国の名前が書いてあればよいからです。

⑨ 振出人の署名

振出人とは、手形の第一次的義務者として責任を負う者です。手形が有効に成立するためには、振出人の署名が必要です（振出人の署名には多くの問題点がありますが、「手形への署名や記名捺印はどうするか」等でくわしく解説していますので、そちらを参照してください）。

有害的記載事項とは　支払約束の文句のところでふれましたが、「商品と引き換えにお支払いします」といった手形の効力を原因関係にかからせたり、支払いに条件をつけたりするような記載は、手形の本質に反します。

そこでこのようなことを記載したときは、その記載事項が無効になるだけでなく、手形自体が無効になってしまいます。このような記載を有害的記載事項といいます。

手形金額の書き方と間違いの訂正の仕方は

▼手形用法に従い改ざんを防止

手形金額の書き方にはなにかきまりがあるのでしょうか。間違って記載してしまった場合の訂正の仕方についても教えてください。

また、一枚の手形に、手形金額が二か所に書いてある手形を見かけることがありますが、もし二か所の金額が異なっていたときには、どちらが手形金額になるのでしょうか。

手形金額の記載方法　手形金額は、手形要件のなかでも、もっとも重要な要件の一つです。金額を書き間違ったり、他人に改ざんされたらたいへんです。そこで金額欄の記載には特に細心の注意が要求されます（サンプル参照）。

金額欄をアラビア数字で書くときは、チェックライターを使用し、金額の頭には「¥」を、その終わりには「※」「★」などの終止符を印字すべきです。また、手書きするときには、アラビア数字ではなく、漢字で書き、文字の間をつめ、かつ一、二、三、十は、壱、弐、参、拾という特殊の漢字で書かなければなりません。そしてこの場合には、金額の頭には「金」を、その終わりには「円」を必ずつけましょう。

これは、法律に規定があるわけではありませんから、これと異なる方法をとっても金額が特定できれば法的には有効です。

しかし、このような方法に従うことが、誤記や改ざんを防止するもっともよい方法です。

また、銀行では、このような方法によらない手形を「金額欄記載方法相違」を理由に不渡りにすることもありますから注意が必要です。

金額の記載の訂正方法　金額欄の記載を訂正することは、改ざんなどの原因となることですから、すべきではありません。

銀行によっては、金額を訂正した手形

■金額欄の正しい書き方

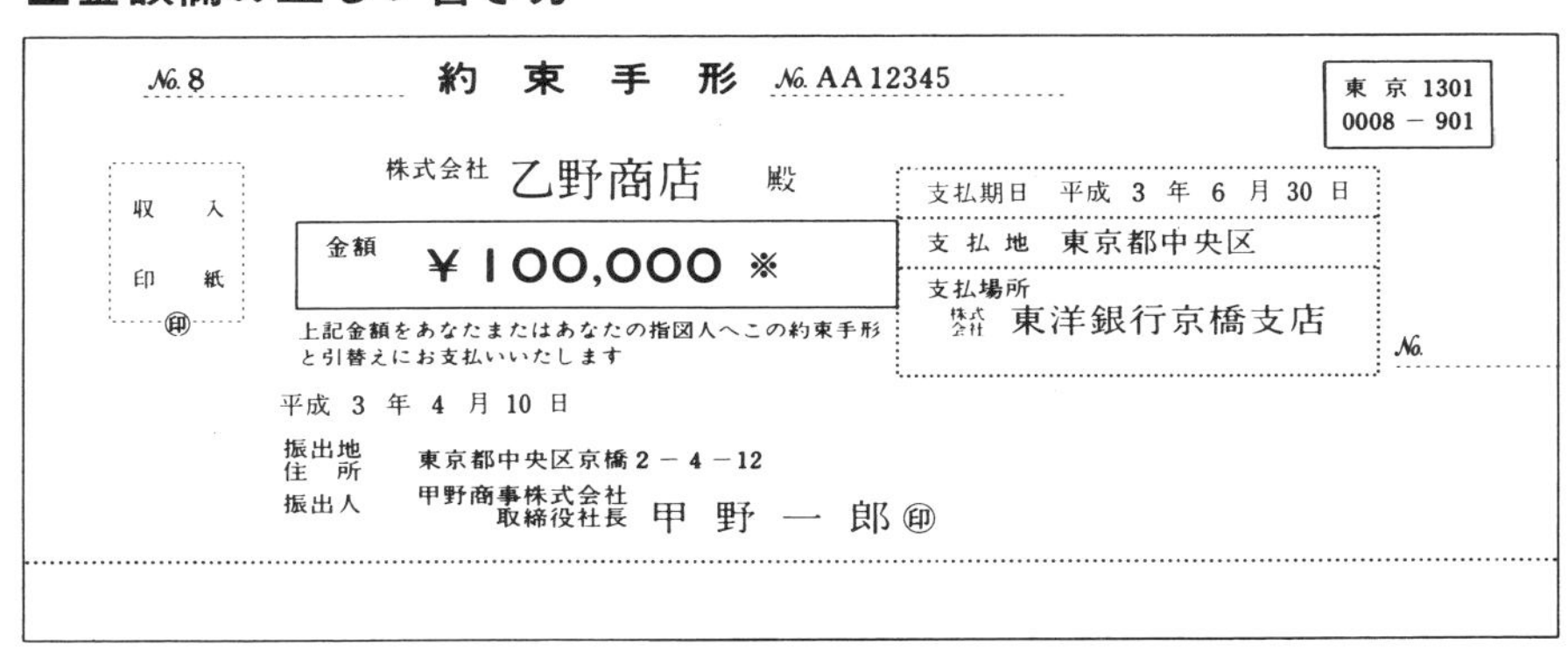
№ 8　約束手形　№ AA12345
東京 1301
0008 − 901
株式会社 乙野商店 殿
収入印紙 ㊞
金額 ¥100,000※
上記金額をあなたまたはあなたの指図人へこの約束手形と引替えにお支払いいたします
支払期日 平成 3 年 6 月 30 日
支払地 東京都中央区
支払場所 株式会社 東洋銀行京橋支店
№
平成 3 年 4 月 10 日
振出地 住所 東京都中央区京橋 2 − 4 − 12
振出人 甲野商事株式会社 取締役社長 甲野一郎 ㊞

を不渡りにすることがあるほどですから、金額欄を書き間違ったときには、新しい手形用紙に書き直すべきです。

どうしてもその手形用紙しかない場合には、書き間違った箇所を横線で消したうえで、訂正箇所に届印で捺印すべきです。

手形金額が複記されている場合　一枚の手形面上に、手形金額が二か所以上に書かれていることがあります。

このような場合には、万一複数の手形金額の記載が異なっていた場合にどうするかにつき、手形法は明記しています。それによりますと、

① 複記された手形金額のうち、文字による記載と数字による記載のものとがあるときには、文字で書かれたものを手形金額とする。

② つぎに複記された手形金額が、いずれも文字あるいは、いずれも数字のときは、その記載された金額のうち、もっとも小額の記載をその手形の手形金額とする、と規定されています（手形法七七条二項、六条）。

ところが、銀行の当座勘定規定では、このような場合には、文字によると数字によるとを問わず、所定の金額記載欄に記載された金額をもって手形金額として取り扱うことにしています。

したがって、所持人は手形法上振出人に対しては文字で書かれた金額を請求できますが、支払場所として指定された銀行は客の振り出したこのような手形については、その客との契約によって所定金額欄に書かれている数字による金額を支払えばよいことになっています。

このように、手形金額を複記すると思わぬトラブルのもとになりますから、複記することはやめるべきです。

手形の支払期日の書き方にはどんな方法があるか

▼手形法は四つの方法を予定

手形の支払期日の書き方にはどのような方法があるのでしょう。ふだん確定日払いのものしかみたことがありませんが、その他の方法があれば、その書き方も教えてください。

また、満期の記載方法で注意すべき点があれば、あわせて教えてください。

支払期日の種類　支払期日というのは、手形金額の支払われる日として手形上に書かれた日のことで、ふつう、手形の満期と呼ばれています。

この満期の決め方について法律は四つの方法を規定しており、これ以外のものとすると手形は無効になってしまいます（手形法三三条）。

① **一覧払い**

支払いのため呈示された日を支払期日とするもので、通常、「一覧次第お支払いします」とか「請求次第お支払いします」と表示されます。

② **一覧後定期払い**

一覧のため手形が呈示された日から手形に記載された期間が経過した日を支払期日とするものです。

通常、「一覧後一〇日」というような記載方法がとられます。

③ **日付後定期払い**

手形に記載された振出しの日付から手形に記載された期日を経過した日を支払期日とするものです。

通常、「日付より二か月後」というような記載方法が一般にとられています。

④ 確定日払い

「昭和六四年一月一日」というように、特定の日を支払期日とするものです。ほとんどの手形が、この確定日払いの方法がとられています。

満期日の記載のない場合　手形法は、満期の記載のない約束手形を一覧払いのものとみなすことにしています(手形法七六条二項)。

ところが、他方、手形法は白地手形の存在も認めていますから、振出人が満期日を白地のままで振り出し、後日、手形の所持人に補充させるつもりである場合もあるわけです。

そこで、実際、振出人の意思が明確でなく、手形用紙に印刷された支払期日の欄の「○年○月○日」を空白のまま交付された手形をどう解するか問題となります。

このような場合、一般には白地手形で

■確定日払いの手形

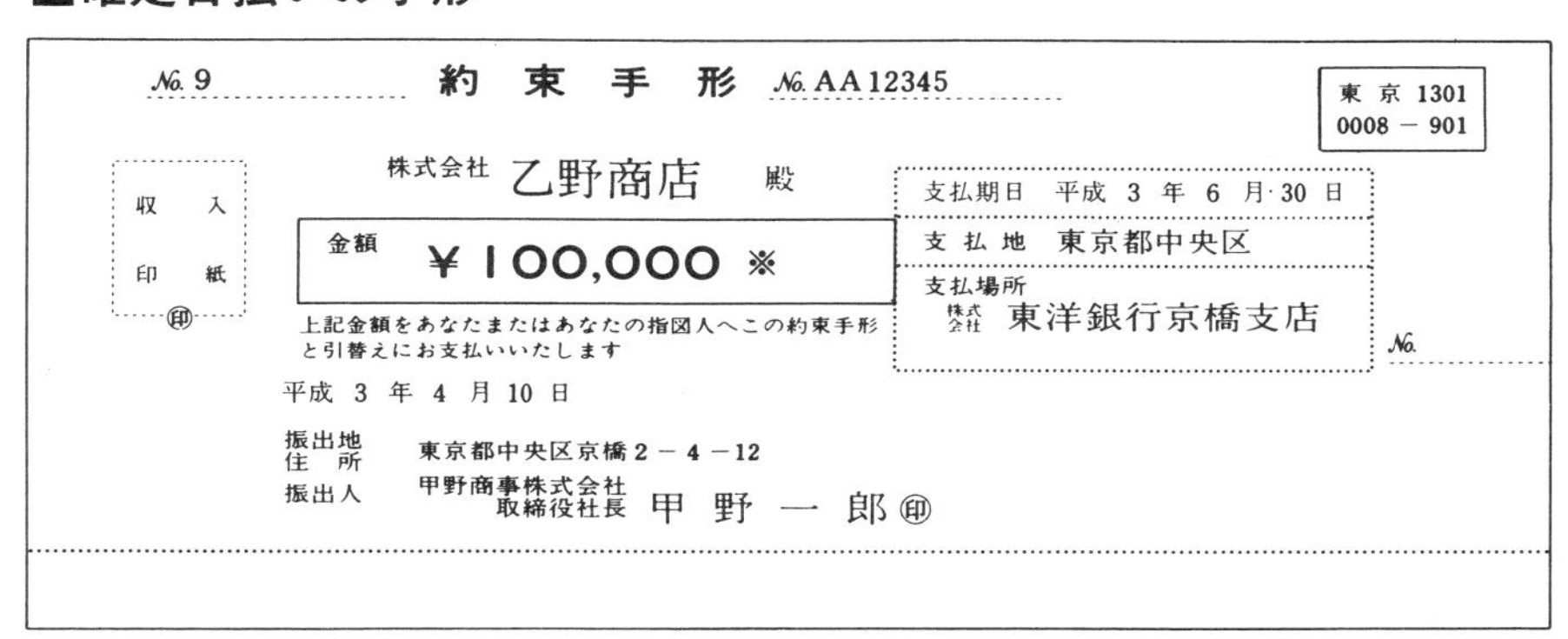

■一覧払いの手形

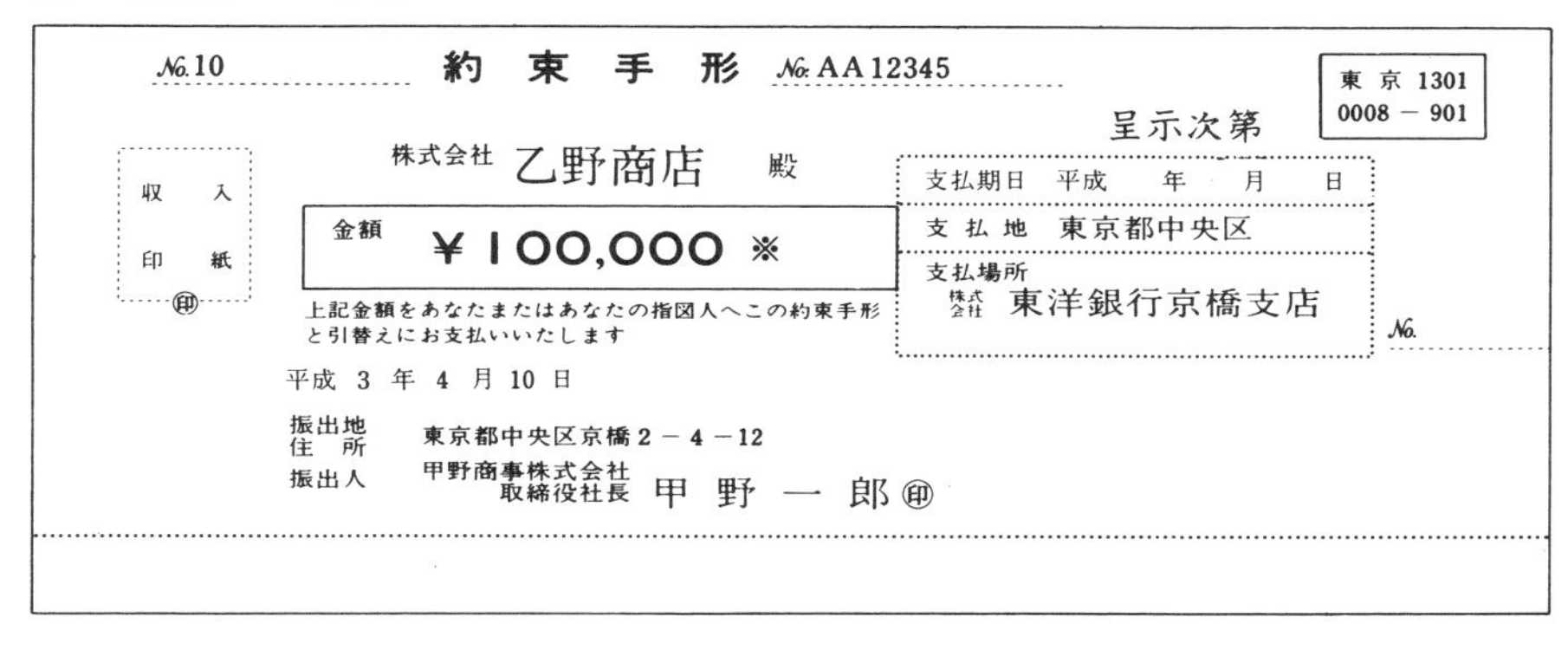

あると解されています。これが当事者の意思にもっとも合致することであって妥当でしょう。

満期日の記載上の注意点　① 支払期日が、日曜日、祝祭日等の法定休日にならないようよく調べて記載すべきです。

もっとも、間違って法定休日を支払期日とするような記載をしても、その記載は無効にはなりません。

支払期日が法定の休日に当たると、その日に請求されても債務者は支払わなくてもよく、これに次ぐ取引日が「支払いをなすべき日」となります（手形法七七条一項三号・四号、三八条一項、四四条三項）。

② 暦にある日を書くように注意すべきですが、暦にない日、たとえば、うるう年以外の二月二九日や一一月三一日などといった記載をしても無効にはなりません。

二月二九日の記載は「二月末日」、一一月三一日は「一一月末日」として取り扱われます。

手形への署名や記名捺印はどうするか

▼自署でも届出印の捺印が必要

出先で急に手形を振り出す必要が生じたのですが、届出印を持ち合せていないので、署名だけで振り出しても、かまわないでしょうか。

また、捺印が必要な場合、認印でもよいのでしょうか。もし、認印もないときは拇印を代用することはできないでしょうか。

署名の意義　署名とは、狭い意味では自署、すなわち行為者が自分の名称を手書きすることをいいます。わが国では古くから自署以外に、記名捺印の方法が広く利用されてきました。

そのため手形法でも、わが国の慣例を尊重して、同法にいわゆる署名には自署のほか記名捺印を含むことにしています（手形法八二条）。

法律上は、振出人がみずから自己の名

■手書きで署名した手形

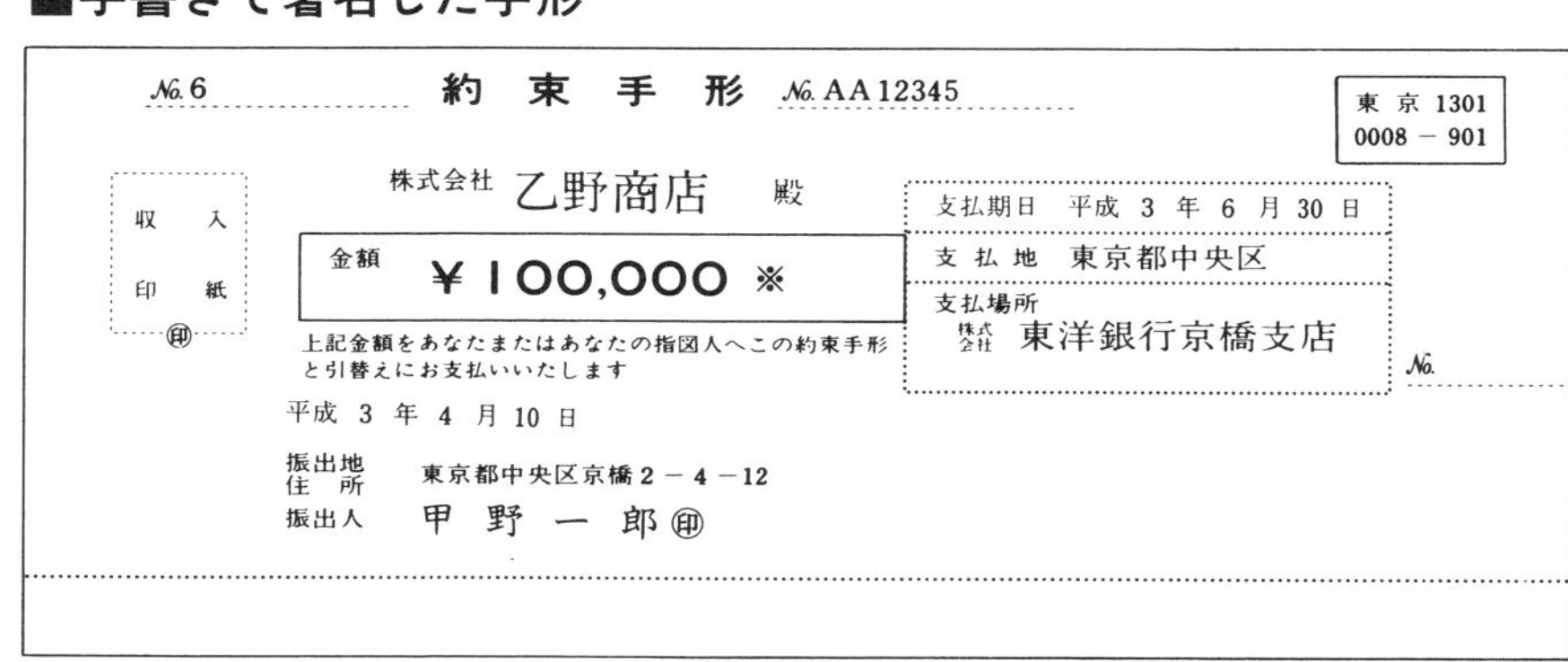

称を手書きする署名の場合には、署名だけで有効です。したがって、印鑑の持ち合せがなくても、手形としては有効に振り出すことができます。

もっとも、銀行と当座勘定を結んで行なわれる実際の手形取引では、あらかじめ銀行に印鑑を届け出る制度がとられています。

そのため、手形振出人が署名をして、手形法上は有効なものであっても、届出印鑑が押されていないと支払銀行は手形の支払いをいたしません。

したがって、銀行で支払決済してもらえる手形を作成するためには、届出印を押すことは不可欠です。

どのような印鑑を押すか

手形法上有効な手形という観点から考えれば、前述しましたように、署名だけで有効なものとなります。

しかし、実際には、記名捺印の場合だけでなく、署名した場合にも、捺印するのがほとんどです。

その際、捺印する印鑑については、手形法上特別の制限はありません。したがって、銀行に届け出てある印鑑でなくてもいいし、印鑑証明のとれる実印でなくてもかまいません。日常使っているものである必要もありませんから、今回使用するために新たに購入した認印でもかまいません。しかし、銀行決済の場合は前述の制限があります。

拇印で代用できるか

わが国では、契約書などの記名捺印についても、印鑑の持ち合せがない場合などの拇印で印鑑の代用をするケースがあります。

そこで、手形の場合にも、このような拇印で代用できるか問題となります。

これについては異なる見解もありますが、拇印の場合には、その鑑別が肉眼ではできず、特別の技能を要することから、転々と流通することを使命とする手形・小切手においては拇印で印鑑の代わりにすることはできないというのが判例です。

したがって、手形に拇印を押さないようにする必要がありますし、また、拇印の押してある手形は受け取らないようにする必要があります。

会社振出しの手形の署名と捺印の仕方は

▼届出署名者と届出印の捺印

会社が手形を振り出すときの署名はどのように書いたらよいでしょう。「甲株式会社」と記名し、その下に社印を押した場合、このような記名捺印でも有効でしょうか。

会社名と名印だけの署名

会社の署名の方法について、その記載方法につき具体的規定がないため、どのように記載したらよいのか問題となります。

問題となった記載方法として、「甲株式会社」と記名したうえ、会社印と「甲株式会社社長之印」という職名印が押されただけの手形があります。これについて判例はこのような署名を無効としています（最判・昭和四一・九・一三）。

したがって、判例の見解に従えば、単に会社名を記名したほか会社印を押しただけの署名では無効となります。

■会社名だけで捺印した手形

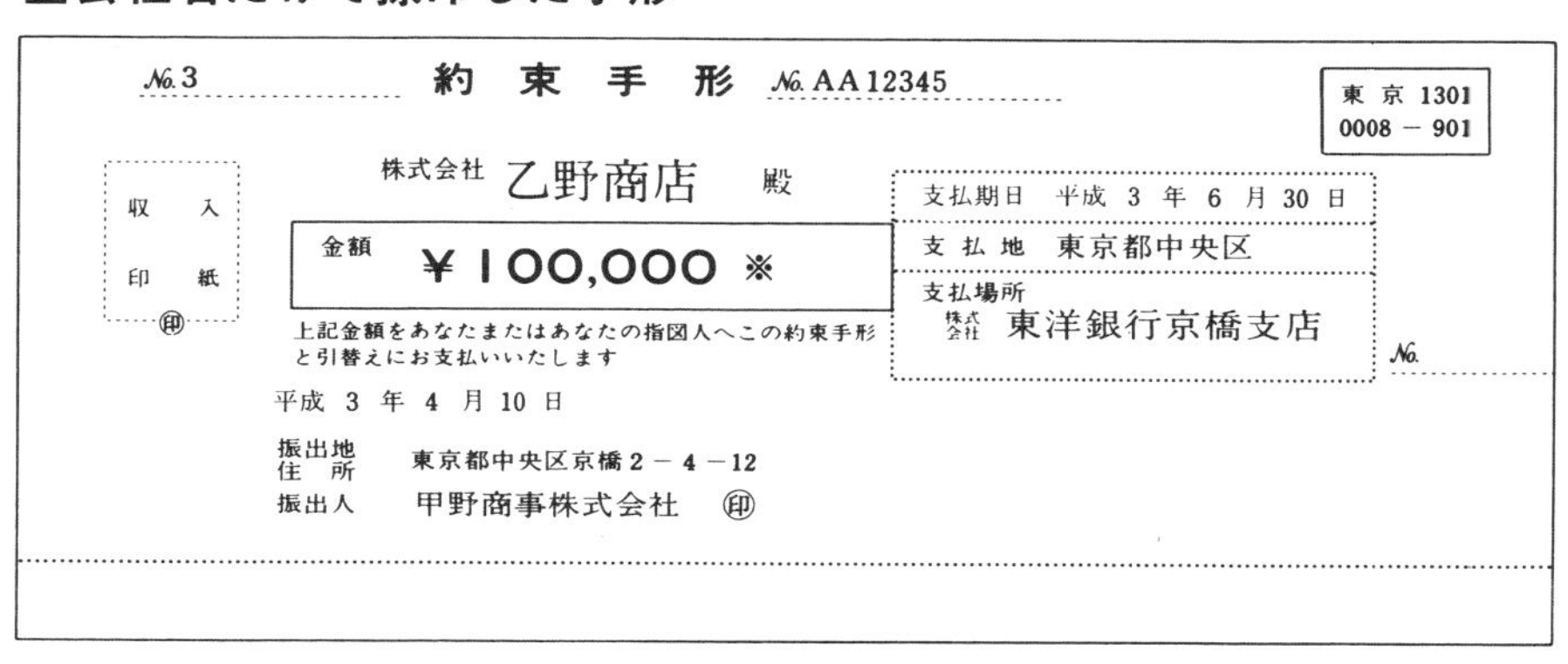
№3　約束手形　№AA12345

東京 1301
0008 − 901

株式会社 乙野商店 殿

収入印紙 ㊞

金額 ￥100,000※

上記金額をあなたまたはあなたの指図人へこの約束手形と引替えにお支払いいたします

平成 3 年 4 月 10 日

振出地
住所　東京都中央区京橋２－４－12

振出人　甲野商事株式会社 ㊞

支払期日　平成 3 年 6 月 30 日

支払地　東京都中央区

支払場所
株式会社 東洋銀行京橋支店

№

会社の署名の方法

それでは、会社の署名はどのようにしたらよいのでしょう。会社などの法人が手形行為をする場合の方式としては、その代表者が法人のためにすることを明らかにして、代表者自身が署名しなければなりません。

判例がこのような形式を要求するのは、法人の代表関係も、法律のうえでは代理の関係と同じに取り扱われるものであるし、実際も法人の場合に代表者が法人名と法人印だけで代表署名をすることを認める必要はないからとされています。

したがって、会社の署名においては、つぎのことが記載されることが必要です。

第一に、会社名の記載が必要です。これが記載されていないと、会社のために署名したつもりであっても、代表者個人が振出人としての責任を負うことになってしまいます。

第二に、会社を代表して署名するものであることをはっきりさせるために、代表者の肩書として、その職名や地位を書かなければなりません。

通常は「代表取締役」とか「取締役社長」という肩書を使用しますが、「経理部長」という記載も可能です。

第三に、代表者個人の署名、つまり代表者の記名捺印または自署が必要です。

署名者の届出

会社が当座預金口座を開設するときには、会社のために手形を振り出すことのできる代表者をだれにするかを定めたうえ、銀行に届け出ることが必要です。

そして銀行は、会社から届出のあった者の氏名と届出印で捺印されているか否かを照合し、間違いがなければ免責されることになります。

経理担当者に振出しをまかせるときの署名は

▼代理と代行の二方法がある

私は個人会社を経営していますが、手形の振出し等について経理担当者にいっさいまかせたいと思います。この場合、手形の署名はどのようにしたらよいでしょうか。

また、この経理担当者が、会社に無

■代理人が振り出す手形

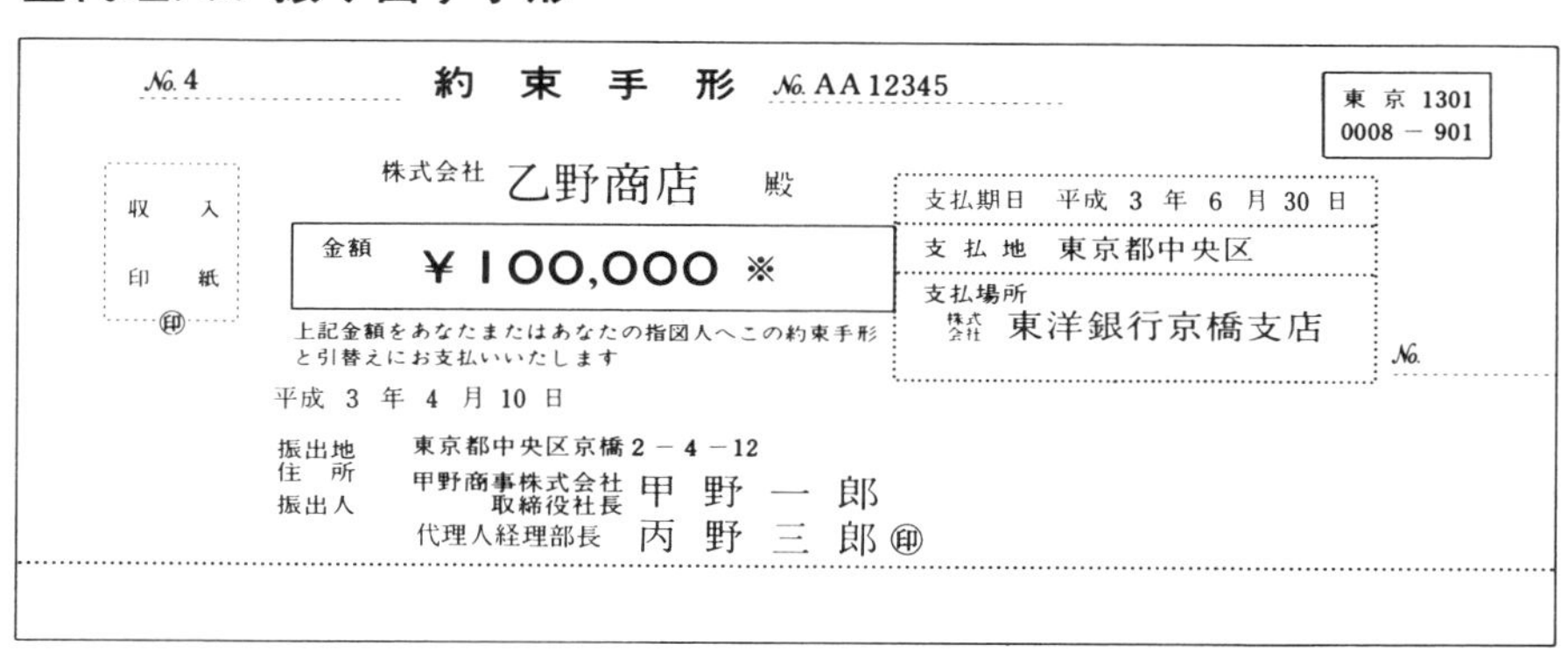
No.4　約 束 手 形　No.AA12345

東京 1301
0008 − 901

収入印紙 ㊞

株式会社 乙野商店 殿

金額 ¥100,000※

上記金額をあなたまたはあなたの指図人へこの約束手形と引替えにお支払いいたします

平成 3 年 4 月 10 日

振出地 住所　東京都中央区京橋 2 − 4 − 12

振出人　甲野商事株式会社 取締役社長 甲 野 一 郎
代理人経理部長 丙 野 三 郎 ㊞

支払期日 平成 3 年 6 月 30 日
支払地 東京都中央区
支払場所 株式会社 東洋銀行京橋支店

No.

断で手形を乱発したような場合、会社はその手形についても責任を負わなければならないのでしょうか。

手形作成を代理・代行させる必要性　会社組織の場合、代表権限を有する者の名称で行なったものでないと、会社に効力を帰属させることはできません。

そこで、会社が当事者となる場合、契約内容の交渉の段階では社員が行なっても、いざ契約の調印の段階になると、会社の代表者の記名押印が必要となります。しかし、すべての契約につき、代表者が自ら直接署名あるいは記名押印することは事実上不可能です。そこで一般には、代表者の記名押印を担当者に代行させているのが実情です。

手形の振出しについても、まったく同じことがいえるわけです。手形の作成の場合、他人に手形行為をさせる方法として二つの方法があります。

代理の方式による場合　第一の方法は、手形上に本人のためにすることを示して、代理人自身の署名・記名捺印をする方法です。

この方法は、サンプルのように、会社名と代表者名を表示し、ついで代理人の肩書を記入して署名捺印しなければなりません。このように、代理の方法による場合には、本人の表示、代理文句、代理人の署名の三つの要素を必ず記載しなければなりません。

また、銀行と当座預金口座を開設するときには、だれを代理人にするかをあらかじめ、届け出ておくことが必要です。

もし、この届出をしないで、このような代理方式で手形を振り出すと、その手形は不渡りとなってしまいますので十分な注意が必要です。

このような代理の方式による方法は、実際にだれが手形を作成したかが、手形面上からもはっきりする利点がありますが、反面、他人が作成したことがはっきり表に現われるだけに、その者に権限があるか否かが、問題となります。そこで、手形の流通に際して、代理権限を証明する書類の添付を要求されたりして、かえって面倒です。

機関方式による場合　そこで第二の方法として、機関方式による方法があります。この方法は、本人がその記名判および印鑑を代理人に預けておき、手形を振り出す場合には、代理人が直接に本人の記名判および印鑑を押して手形を振り出す方法です。

この方法によりますと、他人が手形を作成したことがまったく外形には現われません。実際には、この方法が広く行なわれています。

無断振出しの手形に対する責任　他人に手形の振出しをさせた場合、本来、本人が手形上の責任を負うのは、その代理人に振出しを依頼したものについてだけ責任を負うというのが原則です。

しかし、反面このような手形が、権限の範囲内でなされたものか、無断でなされたものかは、手形を取得する第三者には容易にわかりません。そこで法は、このような手形を有効なものと信頼した第三者を保護するために、表見代理等の規定を設けています。

これによると、① 本人がある人に代理権を与えたといいながら実はまだ与えなかった場合（民法一〇九条）、② ある人に代理権が与えられ、その代理権の範囲を超えて行なわれた場合（民法一一〇条）、③ 以前に代理権が与えられていたが、代理権が消滅した場合（民法一一二条）には、善意の第三者は、保護されます。したがって本人は、善意の第三者に対しては、振出人として責任を負わなければなりません。

問題は、機関方式のように、他人に作成させたことが現われない場合にも、同様に考えられるからです。

これについて最近の判例は、無権限者が、機関方式により手形を振り出して本人名義の手形を偽造した場合にも、民法の表見代理の規定を類推適用するとしていますので、この場合にも同様の扱いとなります（最判・昭和四三・一二・二四）。

したがって、経理担当者が、無断で手形を乱発した場合にも、会社としては、責任を負わされることになるので、平素からの監督が必要です。

代表取締役会長が振り出した手形を

▼会社に対し請求できる

当社は、甲商事の取締役会長という肩書のついた名刺をもったAから、当社商品の注文を受けました。そして、Aは、右代金の支払いのため、振出人欄の甲商事代表取締役B㊞と記載のある手形を振り出しました。満期になって、支払いのため呈示したところ、甲商事では、Aは代表権のない平取締役にすぎず、Aが勝手に振り出したものだから会社としては、支払いには応じられないとの返事でした。当社としては、甲商事に手形金を請求できないでしょうか。

表見代表取締役　会社法三五四条は、「株式会社は、代表取締役以外の取締役に社長、副社長その他株式会社を代表する権限を有するものと認められる名称を付した場合には、当該取締役がした行為について、善意の第三者に対してその責任を負う。」と定めています。

これが表見代表取締役に関する規定です。これは、真実は代表権限を与えていないにもかかわらず、代表権限を有するかのごとき肩書を与えていたような場合、そのことによって、その者が代表権を有するものと信頼し、その者の取引をした第三者を保護しようとする制度です。

問題は、このケースのように取締役会長という名称が、社長等の名称と同様に表見代表取締役に含まれるかどうかです。

これについては見解の対立がありますが、判例は、取締役会長も表見代表取締役にあたるとの見解をとっています（東京地判・昭和四八・四・二五）。

したがって、Aが甲商事取締役会長A㊞と記載して振り出したのであれば、この規定により、甲商事に手形金の請求ができることになります。

ところがこのケースにおいて、もう一つやっかいな問題は、表見代表取締役が自らの名称で手形を作成したのではなく、直接代表取締役の名称を使って手形を振り出した点です。このような方法をとった場合にも、表見代表取締役の規定が適用されるでしょうか。これと同様のケースにおいて判例は、表見代表取締役の規定の適用を認めています（最判・昭和四〇・四・九）。

したがって、ご質問のケースにおいては、甲商事は、Aのなした行為につき責任を負わなければなりませんから、あなたの会社は甲商事に対して手形金を請求することができます。

会社が役員個人に振り出す手形の取締役会の承認

▼実務では手形面上に表示する

私は、甲会社の代表取締役をしていますが、甲会社とは別に、個人でも商品の販売業を行なっています。ところが、今回私個人と甲会社との間で、ある商品の売買契約をすることになりました。このような場合、代金の支払いのため振り出す手形につき、甲会社ではなにか手続きが必要でしょうか。

取締役と会社との取引　取締役と会社とが取引を行なう場合、取締役は会社の利益と自己の利益を調節することができる立場にいるため、いきおい会社の利益を犠牲にして自己または第三者の利益をはかってしまうおそれがあります。そこで、そのような行為を防止するために、取締役会設置会社では、取締役が会社と取引をするには、取締役会の承認を必要とすることを定めたわけです（会社法三五六・三六五条）。

そこで、手形の振出し・裏書なども、取締役会の承認を要する取引にあたるか否か問題となります。これについて判例は、株式会社が、その取締役にあてて約束手形を振り出す行為は、原則として本条一項二号にいう取引にあたるとしています（最判・昭和四六・一〇・一三）。

したがって、原因関係としての売買契約はもとより、会社が代金の支払いのために手形を振り出すときには、その手形振出自体についても取締役会の承認が必要となります。

本ケースにおいて会社が個人から商品を購入して、支払いのために手形を振り出すときには、甲会社では取締役会を召集して、その承認を受けなければなりません。

一方、会社が個人に商品を販売し、個人が甲会社に対し代金の支払いのために、手形を振り出す場合はどうでしょう。

この場合には、手形を受け取ること自体会社にとって不利益を与えることはありません。したがって、このような場合には、甲会社では取締役会の承認を受ける必要はありません。

取締役会の承認を受ける手続き　取締役会の承認を得るためには、取締役会を開催し、その出席取締役の過半数の同意による承認が必要です。

なお、その決議の際は、当該行為の当事者である取締役は、その議案については利害関係人ですから議決権はありません。

そして、その決議のあったことが取締役会議事録に記載されます。この取締役会議事録によって、取締役会の承認を受けたことを証明できますが、手形は転々流通するものですから、その承認のあったことの証明として通常別の方法がとられています。

一つの方法は、「取締役会において本手形の承認のあったことを証する。甲会社代表取締役甲野太郎㊞」という付せんを手形につけて契印する方法です。

もう一つの方法は、手形面に「取締役会承認済㊞」と表示する方法です。この方法の方が簡易なためと手形の機械処理による銀行実務から一般に利用されています。

取締役会の承認を得ない場合　つぎに、会社法の規定に違反して取締役会の承認を得ないで、手形が実際に振り出されてしまった場合、その手形の効力が問題となります。

これについては、以前の判例は、このような手形は無効であるとしていました。

しかし、その後判例は、会社が本条に違反して振り出した約束手形を裏書により取得した第三者に対しては、その手形が会社からその取締役にあてて振り出さ

■会社が会社の役員個人あてに振り出す手形

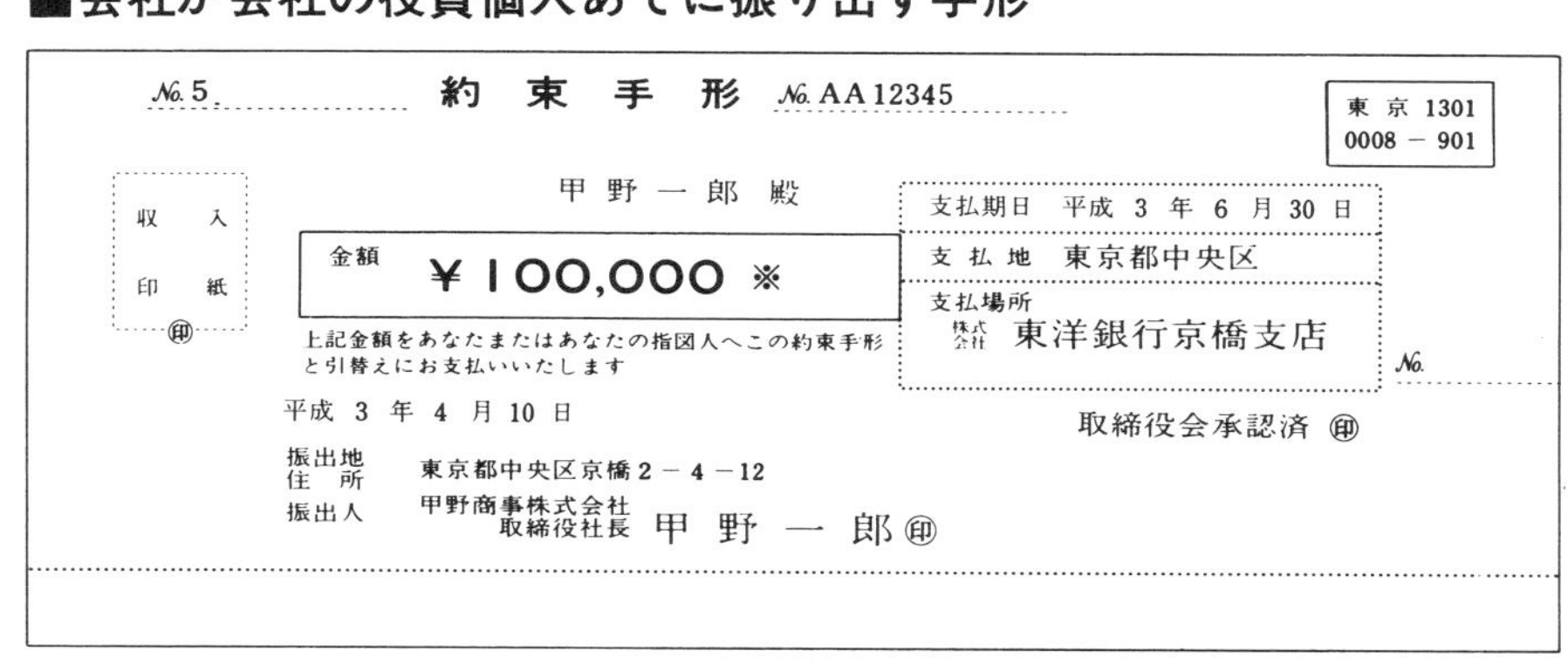

れ、かつその振出しにつき取締役会の承認がなかったことについて、その第三者が悪意であったことを主張・立証しないかぎり、会社は振出人としての責任を免れないとしています（最判・昭和四六・一〇・一三）。

したがって、取締役会の承認を得ていなくても、会社は責任を免れることはできません。

収入印紙を貼っていない手形はどうなるか

▼手形の効力には影響ない

手形には収入印紙を貼ることになっているそうですが、いくらの印紙を貼ればいいのでしょう。また、収入印紙はだれが貼る義務があるのでしょうか。もし、収入印紙を貼らなかった場合、その手形は無効になってしまうのでしょうか。

印紙貼用の必要性　印紙税法によれば、手形には（約束手形でも為替手形でも）原則として印紙を貼らなければならないことになっています（印紙税法二条、別表第一第三号）。印紙税は、手形の作成者が印紙を手形に貼りつけて、消印することによって納付することになっています（同法八条）。

① **納税義務者**

約束手形の場合、通常振出人が納税義務者になりますから、振出人が、印紙を貼りつけ消印します。

しかし、もし裏書人や保証人などが手形用紙に署名して受取人に渡し、後から振出人が署名するような場合、そのような白地手形を作成交付した裏書人や保証人が納税義務者となります（印紙税法基本通達七五条の二）。

また、金額白地の手形を振り出したときは、振出人ではなくて、金額を補充した者が補充したときに納税義務を負うことになります（同法四条一項）。

② **印紙税額**

印紙税額については、次ページの表のように決められています。

印紙と手形の効力　前述のように手形をおいては、印紙税に相当する金額の印紙を貼って消印しなければなりませんが、これに違反したとしても手形の効力には影響はありません。

ただし、印紙税法によって、過怠税（不納付の場合は印紙税額の三倍相当額、不消印の場合は印紙税相当額）を徴収されることになります（印紙税法二〇条）。

そのほかに、場合によっては、懲役・罰金などの厳しい刑事罰も規定されていますので、手形振出しに当たって十分注意する必要があります。

●**印紙税法**

（印紙による納付等）

第八条　課税文書の作成者は、次条から第十二条までの規定の適用を受ける場合を除き、当該課税文書に課されるべき印紙税に相当する金額の印紙（以下「相当印紙」という。）を、当該課税文書の作成の時までに、当該課税文書にはり付ける方法により、印紙税を納付しなければならない。

手形金額	印紙税額
1．普通の手形	
10万円未満	非課税
100万円以下のもの	200円
100万円を超え200万円以下のもの	400円
200万円　〃　300万円　〃	600円
300万円　〃　500万円　〃	1,000円
500万円　〃　1,000万円　〃	2,000円
1,000万円　〃　2,000万円　〃	4,000円
2,000万円　〃　3,000万円　〃	6,000円
3,000万円　〃　5,000万円　〃	1万円
5,000万円　〃　1億円　〃	2万円
1億円　〃　2億円　〃	4万円
2億円　〃　3億円　〃	6万円
3億円　〃　5億円　〃	10万円
5億円　〃　10億円　〃	15万円
10億円を超えるもの	20万円
2．特別の手形	
①　一覧払いの手形	記載された手形金額が
②　金融機関を振出人および受取人とする手形	10万円未満　非課税
③　外国通貨表示手形	10万円以上　200円
④　非居住者円表示の手形	
⑤　円建銀行引受手形表示の手形	

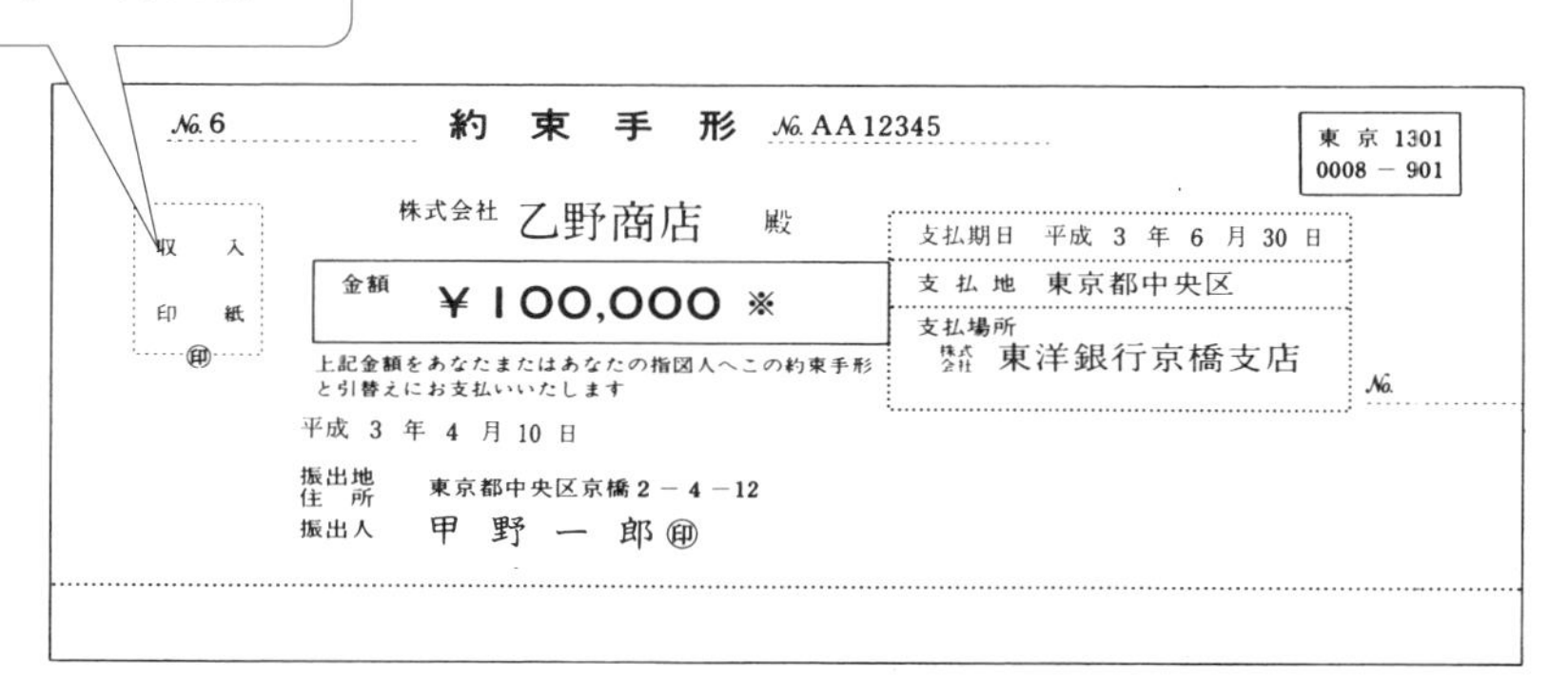

第1章 手形の要件と振出しに必要な法律知識

振出し原因となった債権と手形の関係

弁護士 平山信一
弁護士 竹原茂雄

売買契約の解除で振出手形はどうなるか

▼善意の第三者には対抗できぬ

売買代金支払いのために手形を振り出しました。都合により売買契約を解除したいのですが、手形を切ってしまったときはどうなりますか。契約と手形の関係はどういうものでしょうか。

手形は原因関係を離れて流通　売買代金支払いのために手形を振り出すことは、もっとも典型的なケースです。手形を振り出したり、裏書したりするには、なんらかのそれ相当の理由なり原因があるはずです。代金支払いのためだけでなく、資金を得させるため、貸金担保のため、手形買取り―割引のためなど、いろいろあります。このように手形を授受する原因となった法律関係を「**原因関係**」といいます。原因債権・原因債務ともいえます。

一方、手形が振り出されたり、裏書されたりすると、振出人や裏書人は手形法上の債務を負担し、手形所持人は手形上の権利が保証されます。こうした手形上の法律関係を「**手形関係**」といいます。手形債権・手形債務ともいえます。

当事者の感覚からすると、売買契約があってその決済手段として手形がやりとりされたにすぎず、経済取引としては一つの現象で、法律関係が二つ存在するということはピンとこないかもしれませんが、手形取引の基本的な問題点ですからよく理解しておく必要があります。

すでに手形要件と振出しの基本知識でおわかりのように、振出しという基本的な手形行為から生じた手形は、独立して、原因関係から切り離されて社会に流通します。代金支払いのためとか、貸金返済としてなど原因関係を表示することはそもそも禁止（記載すると手形は無効になる）されていることからみても、手形関係と原因関係は別物だということがわかるでしょう。
二つは別の法律関係としても、運命共同体あるいは主従関係にあるのではないかと思われるかもしれませんが、そのような関係でもなく、原因関係であるといえるだけで、たとえば売買契約に無効・取消・解除などの理由があって、契約が解除されたとしても、手形関係はそれによって影響を受けません。

手形行為に解除などありませんし、契約が錯誤で無効だから手形振出しも無効であるということもできません。これを手形の「**無因性**」といいます。

また手形が振り出されたり、あるいは裏書譲渡されたからといって、原因関係がただちに、あるいは当然に消滅するものでもありません。これが消滅する場合もあるのか、消滅しないときは両者の関係はどうなるかについては、次問でさらにくわしく説明します。

当事者間では対抗できる　このことは手形授受の当事者間についてもあてはまります。もちろん、売買契約を解除すると代金支払義務もなくなりますから、手形受取人（売主）が手形を取立てにまわしてくれれば、契約解除を理由に手形金の支払いを拒否できます。

しかしこれは、契約解除にともない手形上の権利が消滅したことによるのではなくて、手形上の権利はなお存在しているけれども、手形授受の当事者間では原因関係消滅という抗弁（支払拒絶を主張すること）が認められるからで、この手形が善意の第三者に譲渡されますと、第三者からの請求に対しては、振出しの原因関係が消滅したからお支払いできません、とはいえないのです。

このように特定の人に対してだけ、つまり個別的な当事者間においてのみ認められる抗弁を**人的抗弁**（主観的抗弁、相対的抗弁ともいう）といいます。原因関係は人的抗弁として手形関係に影響するといえましょう。

したがって、売買契約を解除したときは、手形が第三者の手に渡ることのないよう、必ず回収して破棄するようにしなければなりません。

借用証代わりに手形を持ってきたときは

▼手形債務と原因債務が両立

知人に融資を頼まれたので都合してやりました。借用証を公正証書にしようと思いましたが、手形で間違いなく返済するといって約束手形を持ってきました。手形を受け取ると貸金債権はどうなりますか。

三通りの型が考えられる　金を貸す場合に、公正証書で貸すのと手形で貸すのとどちらが有利かというと、それぞれ一長一短がありますが、ここでは手形の受取りが原因関係である貸金債権にどう影響するか、という点にしぼって説明します。

原因債務の履行に関して手形が授受されたとき、手形債務との関係は、三通りの型があるというのが一般的な見解です。

① 原因債務は消滅して手形債務だけが残る。

原因債務の支払いに代えて（あるいは支払いとして）手形が授受された場合です。明治の昔の判例は手形の授受により更改（旧民法五一三条二項）によって原因債務は消滅するとしていました。今日では代物弁済（民法四八二条）で消滅するというのが通説・判例です。債権者は手形上の権利しか行使できません。

② 原因債務と手形債務が両立し、どちらを請求するかは債権者の自由である。

原因債務の支払いを担保（判例は支払確保という）するために手形が授受された場合です。借用証をもとに貸金の返還を求めることも債権者しだいです。

③ 原因債務と手形債務が両立するが、債権者は先に手形債務を請求しなければならない。

原因債務の支払いの方法（支払いのために、取立てのために）として手形が授受された場合です。この場合は借用証で請求しても、債務者はまず手形を取立てにまわしてほしい、手形を持ってきてくれ、と主張することができます。

三つの型に分ける基準　具体的な場合において、右三通りのいずれの型かを分ける基準は、㋑まず手形を授受した当事者間の意思しだい、㋺意思がはっきりしないときは（つまり①であることを当事者が証明できないとき）、②か③とみる、㋩②か③かの判断は、特約がなく、債務者目身が手形上の唯一の義務者であって他に手形上の義務者がない場合は②と推定するということになっています。

したがって、貸金債務者が約束手形の振出人であって、債権者がその受取人で現に所持しているという場合は②の型ですから、あなたはどちらの債権を行使してもよいのです。

ただし、約束手形に支払場所・支払担当者として○○銀行□□支店と記載されているとき（普通の手形はこのようなもの）は、債務者はそこに資金を準備して支払いにあてる意図を表明しているのですから、手形の取立てにまわさないで原因債務を請求することは疑問です。

このような場合は債務者が手形上唯一の義務者であっても③の型とみるべきです。そして支払場所の記載は支払呈示期間内にかぎり有効ですから、呈示期間経過後は②の型になると理解すべきでしょう。

②か③かを区別する実益は、債務者が原因関係上の債務について履行遅滞におちいるか否か、それに伴う契約解除が有効か無効かという点に関係してきます。③の型では、手形の支払呈示がないかぎり債務者は履行遅滞ないし契約解除の不利益を受けないですみます。このように手形が振り出されると、原則的には原因債権と手形債権が併存し複線になりますから、両がらみの債権管理が必要です。

受取手形を裏書譲渡したときの原因関係は

▼原因関係に変更はない

私（乙）は甲に債権があり甲振出しの手形の受取人ですが、仕入先丙に対する買掛金支払いのため、受取手形を丙に裏書譲渡しました。甲・丙に対する原因債権・原因債務はどうなりますか。

裏書譲渡と原因関係への影響　甲が乙に手形を振り出したときの原因関係への影響は前問のとおりですが、その手形を乙が丙に裏書譲渡したときの乙丙間の原因関係への影響も、前問と同じように①②③の型に分けて考えられます。

①の型でなければ、甲が満期に手形を落とさないかぎり、裏書譲渡しただけでは乙の甲に対する債権は消滅しません。かりに丙に割引のため裏書譲渡して現金化したとしても、不渡りになれば丙に償還しなければならないからです。ただし、手形を裏書譲渡してしまうと手形の所持を失いますから、甲から原因債権を取り立てるには丙から手形を回収しないとできなくなります（後述手形と引き換えに払うという抗弁）。

乙の丙に対する買掛金債務も①型で裏書譲渡したのでないかぎり消滅せず、手形債務と併存します。ただ②か③かの区別の基準からすると、裏書譲渡した手形には手形上の債務者が、振出人と裏書人の複数になるので、③の型とみられ、丙はまず手形を取立てにまわさなければならないことになります。

もし、丙が取立てにまわしたにもかかわらず不渡りになれば、買掛金請求（原因債権）でも裏書人に対する遡求権（償還請求権）行使でもどちらもできます。

原因債権の行使と手形の引換え　丙が原因債権の行使をしてきた場合に乙は、手形と引換えに支払うということができます。手形上の権利を行使して支払いを受けるときは、手形を呈示し手形と引換えにすべし、という規定が手形法にあります。

原因債権行使の場合には、そういう明文の規定はありませんが、もし、手形が債権者の手許に残っていると、万一他へ流れて善意の第三者の立場の所持人から請求されると、二重払いの危険があるので、たとえ原因債権で請求してきたときでも、手形を渡している以上、手形と引換えに支払うという抗弁が主張できる、というのが通説・判例です。

この抗弁は、民法の同時履行の抗弁権（民法五三三条）そのものではありませんが、性質はよく似ています。この抗弁をしますと、判決も、手形と引換えに支払え、という判決をすることになります。乙としては、丙から手形を取り戻さないと、自分が甲に請求する場合に、甲から手形と引換えの抗弁を出されかねませんので、裏書先からの手形の回収は大切です。裏書の場合、裏書の原因関係が弁済されたり、無効原因があって消滅したときは、その手形を保有すべきなんらの正当な権限を有しないので、手形を裏書人に返還すべきものですが、これを返還せずに、手許にあるのをよいことに振出人に請求してきたらどうなるか。

手形の無因性と抗弁の切断というリクツからすると、振出人は支払いを拒絶できないようですが、判例は、そのような請求は権利の濫用にあたって許されないとしています（最判昭和四三・一二・二五）。

また、振出しおよび裏書の原因関係が

契約解除などによってともに消滅した場合（二重無権のケース）に、被裏書人が手形を返還せずに振出人に手形金を請求してきたときも、判例は、被裏書人には手形の支払いを求めるなんらの経済的利益がなく、そのような者に対しては振出人は、手形振出しの原因関係消滅の抗弁を主張できるとしています（最判昭和四五・七・一六）。

　したがって、手形に裏書がある場合、振出人は裏書の原因関係に注意し、被裏書人の地位にも気を配るとよいでしょう。

手形を割り引くと売買代金債権はどうなるか

▼売買代金債権は消滅しない

取引先から受け取った手形を割引すると売買代金などの原因債権はどうなりますか。また、手形の割引についても説明してください。


手形割引の法的性質　甲乙間の商品売買で、買主甲が売主乙に約束手形を振り出したとします。乙はすぐ現金化したいので、取引先の銀行に持ち込み割引を受けました。

　この場合、甲乙間の手形振出しの原因となった売買代金債権はどうなるでしょう。手形が割れたのだから決済完了で消滅するかというとそうはなりません。というのは、手形割引には買戻しという特約がついているのが通常で、割引に出した手形が満期に支払われるまでは、乙は現金を完全に自分のものにしたとはいえないのです。

　では手形の割引というのは手形で金を借りるにすぎないのかというと、そういう見方もあります。銀行による割引とちがって、貸金業者による場合は消費貸借とみる判例が少なくありません。特に割引いた手形を取得するだけでなく、借用証を差し入れたり公正証書を作成したりする場合は、割引という言葉がつかわれても手形担保の金銭貸付けとみられます。

　しかし今日の通説・判例は、手形割引の法律上の性質を、手形（権利）の売買とみています。まだ満期のこない手形を現金化する方法として、手形所持人は割引先に手形を裏書譲渡し、その際、満期までの金利相当額（割引率）と取立手数料を手形金額から差し引いた額が売買の代価として支払われます。

　銀行の手形割引は基本的な与信業務の一つで、取引約定書にはくわしい規定があり、手形貸付とは別の手形の売買として取り扱っています。

　手形の売買か、貸付かを区別する実益は、手形金額から控除される額を決めるにあたり、利息制限法の適用があるかないかに関係します。

　貸付には適用がありますが、売買の割引率には適用がありません。また、金銭貸借とすると割引者は、手形債権のほかに割引依頼者に対して割り引いたときから貸金債権をもつことになりますが、売買にすると、代金を払ってしまうと手形債権しか残りません。

　乙としては貸金債務のない手形上の裏書人としての遡求義務だけが残る手形割引のほうが有利なようですが、銀行取引約定書によれば、手形割引には「買戻請求権」がつきもので、割引依頼人（乙）、あるいは手形の主債務者―約束手形の振出人（甲）または為替手形の引受人に、信用を失墜させるような事実が生ずると（たとえば破産、会社更生の申立てがあった、手形交換所の取引停止処分を受けた、期日に支払わなかったときなど多くの事由が定められている）、割引依頼人は、当然に、あるいは銀行の請求によって手形を買い戻さなければなりません。この買戻しは、手形の再売買とみられます。

満期後に買い戻すときは、手形金額プラス満期の翌日から買戻日までの割引料と同率による遅延利息を払い、満期前に買い戻すときは、逆に未経過分の利息を割引依頼人に返すことになります。その場合、割引依頼人が預金債権をもっていると相殺されてしまうのが普通です。

この買戻請求権は手形法上の権利ではなく、割引契約にともなう特約にもとづく権利です。

裏書人に対する遡求権より割引者に有利な内容を有しており、割引依頼者は、その割り引いた手形が満期に支払われるまでは、潜在的にはむしろ手形法以上の負担があるものです。

したがって、甲振出しの手形が支払われるまでは、乙の売買代金債権は完全に決済されたとはいえず、手形の割引によって現金を取得したからといって原因債権が消滅することはありません。

見せ手形や融通手形を振り出すとどうなるか

▼受取人には拒否できる

先日、知人から、新規に取引をはじめる会社に見せるだけなので、おたくの手形を貸してくれないかと頼まれ、渡しましたが、いまだに返してくれません。このような手形はどうなるのですか。また融通手形の場合はどうなりますか。

善意の第三者には拒絶できない

「見せ手形」とは、通常、所持人の資力を仮装する目的で、他に譲渡しないとの約束のもとに振り出された手形を意味するといわれています。信用のない者が取引先に資力があると思わせるために、知人から「見せたあとで返還する」と約束して振り出してもらうものです。したがって、振出人は手形を渡しても、この手形の支払いをする意思はまったくありません。

しかし、振出人は手形であることを承知して署名し、振り出したのですから、見せ手形も手形として立派に成立しています。振出人は、この手形を見せ手形であると知らずに取得した所持人に対しては、支払いを拒絶することはできません。

見せ手形であることは、振出人と受取人の間だけの問題、すなわち人的抗弁事由（四八ページ参照）にすぎないのです。もちろん、人的抗弁事由ですから所持人がこれを知って取得したときは、支払いを拒絶することができます（手形法一七条但書）。

「融通手形」とは、受取人に金融を得させる目的で振り出されるものをいいます。受取人は、この手形を譲渡し、割引などを受けることにより、現実に金銭を取得したり、取得したのと同じ効果を得ることができます。融通手形では、被融通者が満期までに支払資金を交付したり、手形を買い戻すなどの方法で、振出人に迷惑をかけないとの約束のあるのが普通です。

融通手形の振出人も見せ手形の振出人と同様に、自分が実際に手形金を負担しなければならないとは思っていません。しかし、見せ手形とちがうところは、手形を譲渡して金融を得ることを認めており、見せ手形のように見せるだけで使わないとの約束はありません。

振出人は、被融通者自身が融通手形で支払いを求めてきたときは、他から金融を得る目的で交付したのですから、当然支払いを拒絶することができます。この手形を被融通者から取得した所持人が請求してきたときには、所持人が融通手形であることを知っていたというだけでは、支払いを拒絶できません。振出人が予期したとおりに利用されたものにすぎないからです。

融通手形であることは、被融通者に対しては支払いを拒絶する事由となりますが、第三者に対しては、それだけでは支払拒絶の事由とならないのです。そこで、融通手形の抗弁は、人的抗弁事由のなかでも特殊なものであるといわれるのです。

第三者が事情を知っているとき

しかし、第三者に対しても支払いを拒絶できる場合があります。融通当事者間の合意の内容に反して、手形が譲渡されたことを知って取得したときです。被融通者が振出人に支払資金を提供しないことを知りながら、取得した場合がこれにあたります。融通した目的どおりに使われず、無償で融通手形を取得した場合も、これにあたるでしょう。

反対説もありますが、いったん金融を得、融通の目的を達して受け戻した融通手形を、再度融通に利用しようとするものであることを知りながら、取得した場合も支払いを拒絶できるとされています。

いずれにしても、「見せ手形」、「融通手形」を渡すのは、たとえ、見せるだけだとか、迷惑をかけないとの約束があっても、支払わざるを得ないことがありますから、慎重にすべきでしょう。これらの手形を渡して欲しいと頼む人は、もともと資力、信用のない人で、約束を守れないことが多いからです。

手形の書替えをすると旧手形はどうなるか

▼旧手形の回収が無難である

期日に約束手形の支払いができないおそれがあったので、手形を書き替え、支払いを猶予してもらったのですが、もとの手形と新しく振り出した手形の関係はどうなりますか。

手形書替えの法的性質

振出人が支払期日に手形の支払いができないおそれがあるときに、その支払いを猶予してもらい、支払期日を変更した手形を新しく振り出し、所持人に交付することがあります。これを手形の書替えといい、もとの手形を旧手形、新しく振り出した手形を新手形といいます。

手形の書替えは、支払期日の前にされ

ることが多いのですが、期日以降にする場合も見受けられます。

手形の書替えには、旧手形を返還する場合とこれをしない場合があります。旧手形を返還するときは、新手形は旧手形の支払いにかえて振り出されることになり、旧手形が消滅します。法律的には、旧手形が消滅するので、新手形で代物弁済するのだと考えられています。

しかし、新手形は支払いを猶予したものにすぎず、実質的には旧手形とまったく同一のものです。旧手形で振出人が所持人に対し主張できた抗弁は、新手形でも主張できます。また、旧手形で主張できなかった人的抗弁事由は、たとえ新手形取得のときに所持人がこれを知っていたとしても、新手形でも主張できません（最判・昭和三五・二・一一）。

旧手形を回収しないときは、所持人は新手形と旧手形の両方を所持することになります。所持人は振出人に対し新手形と旧手形のどちらででも支払いを求めることができます。

しかし、どちらにせよ支払いを受けるためには、新旧両手形と引換えでなければ受けられません。振出人が二重に支払う危険を避けるためで当然のことです。

また、所持人が振出人に対し旧手形で支払いを求めてきたときでも、振出人は期限の猶予を受けたことを主張して、新手形の期日まで支払いを拒むことができます。

第三者に譲渡された場合　旧手形を回収して手形の書替えをするのであれば別ですが、所持人が新旧両手形を保持する方法で書替えすると、手形が第三者に譲渡されたときに問題が残ります。振出人が新手形と旧手形の両方の支払いを求められるおそれがあるからです。

新手形は旧手形債務を原因関係として振り出されたものですが、旧手形と新手形は法律上はまったく別個の存在です。手形の書替えは、書替え当事者の合意にもとづいてなされますから、一種の契約です。この契約は、新手形についての原因関係となり、かつ旧手形の権利行使方法などを定めたものです。

旧手形も新手形の期日まで支払いを求めることができないとか、支払いを受けるには新旧両手形と引換えでなければならないとの事由は、この契約の内容をなすものです。しかし、この契約の内容は手形関係では人的抗弁にすぎません。書替えの内容を知らずに手形を取得した第三者に対しては、振出人はこの書替えの内容をもって対抗できず、したがって、支払いを拒絶することはできません。

とくに所持人が書替えの事実を秘して、旧手形と新手形を別々に第三者に譲渡すると、第三者は手形について書替えがあったことなど知るよしもないでしょう。振出人は第三者に対して、新旧両手形を揃えてこなければ支払わないとか、すでに一方の手形の支払いをしているから支払わないなどとはいえないのです。

売買契約を解除したが手形が割引かれている

▼支払いを拒絶できない

売買代金の支払いのために相手方に約束手形を振り出し、交付しましたが、

相手方が契約期日までに商品を納入しないので契約を解除しました。しかし、手形はすでに割引かれて、第三者に渡っているのですが。

売買契約の当事者のとき

売買の代金債務は契約の解除により消滅したのですから、相手方に手形の返還を求めることができます。

また、相手方が、手形を返還せずにその支払いを求めてきても、契約解除により代金債務が消滅していることを理由に支払いを拒絶することができます。しかし、手形債権は、原因関係上の債権（この場合は売買代金債権）とは法律上無関係な別個の権利であるとされますので、契約が解除されても消滅することはありません。

解除の事実は、手形振出しの原因となった売買契約に関するもので、直接の手形受取人に対してのみ主張できる人的抗弁事由にすぎないのです。

事情を知らない第三者のとき

したがって、この手形が、解除の事実を知らない第三者に裏書譲渡されたときには、振出人は支払いに応じなければなりません。

もっとも、第三者がその事実を知って取得したときは別です。このような者にまで人的抗弁の主張ができないとする必要はありません。人的抗弁について定めた手形法一七条は、手形取引の安全のためのもので、人的抗弁事由を知って取得した者まで保護する趣旨ではないのです。この場合には受取人に対するのと同じように手形の支払いを拒絶することができるのです。

なお、一七条は「債務者を害することを知って取得した」ことを要件としていますが、解除の事実を知っていれば、代金債権が消滅しているのにもかかわらず手形を取得するのですから、債務者を害することは明らかでしょう。

契約解除後の譲渡であれば、解除の事実を知っているか否かで、人的抗弁を主張できるかどうかを決めることができます。

しかし、契約解除前に手形が譲渡されたときは簡単に決めることはできません。譲受人が手形を取得したときには契約は解除されておらず、将来も解除されるかどうかわからないからです。この場合には、将来売買契約が売主の債務不履行により解除されるであろうと予想、熟知し、手形を取得したのでないかぎり、人的抗弁の主張は認められません。右の事情が認められれば、解除の事由は手形取得後に発生したものですが、その主張ができるのです。

判例も、請負代金の前渡金として交付された手形であることを知って取得した事例につき、契約解除を予想していた事実がないとして、人的抗弁の主張を認めませんでした（最判・昭和三〇・一一・一八）。他方、売買契約が解除に至るべきことを熟知していた事例では、これを認めています（同昭和三〇・五・三一）。

なお、詐欺とか強迫などによって振り出された手形のときは、詐欺、強迫の事実を知って取得したと認められるだけで、人的抗弁を主張することができます。この場合は、将来取り消されることが当然予想されるので、取得者が取り消されることを熟知していたかどうかなど問題にする必要はありません。契約解除の場合は、通常の取引によって振り出された手形について、人的抗弁の主張をしようとするものですから、同一には論じられないのです。

支払いに代えて手形を振り出すとどうなるか

▼代物弁済として扱われる

約束手形で債務の弁済を受けることになりました。その際、相手方から支払いにかえて約束手形を振り出すことにして欲しいといわれました。「支払いにかえて」ということはどういう意味を持つのですか。

代物弁済は危険

手形は、一般に当事者間の売買とか消費貸借などの実質的法律関係を原因として振り出されるものです。

原因関係上の債務者は手形を振り出すことによって手形債務を負担することになりますが、原因債務が手形の振出しによって消滅するか否かは、当事者の意思によって定まります。

債権者と債務者が原因債権を消滅させようとの合意のもとに、手形の授受をしたのであれば、原因債権は消滅します。この場合、その手形は「支払いにかえて」振り出されたものであるといわれるのです。法律的には、手形を代物弁済するので原因債務が消滅するのだといわれます。または、債務の要素（重要な内容）が変更したために旧債務（原因債務）が消滅し、新債務（手形債務）が発生するのだともいわれます（民法五一三条一項、これを更改といいます）。

しかし、どちらにしても原因債務が消滅するために、それにつけられていた抵当権、質権などの担保権も消滅してしまいます。支払いにかえて手形を授受することは、簡単に行使できかつ取引停止の効力を持つ手形債権を有することになったといっても、債権者にとって非常に不利益です。

なお、代物弁済と解するにしても、更改と解するにしても、解釈上差異はほとんどありません。当事者の合意があれば、原因債権につけられた担保の移転も認められます（民法五一八条、代物弁済ではこの規定を類推して適用）。手形債務が偽造や形式的要件を欠くなどの事由で成立しないときは、更改と解する立場からは旧債務（原因債務）が復活することになります（民法五一七条）。代物弁済とすれば、要素の錯誤があったものとして代物弁済契約は無効となり、原因債務の履行義務が残ることになります。

手形は原因債権の「支払いの確保のため」に振り出される場合があります。これは、さらに「支払いのため」と「担保のため」（次項参照）に振り出される場合にわけられます。

いずれにしても、「支払い確保のため」であれば、原因債権は消滅せず、手形債権と並存することになります。原因債権は消滅しないため、それに付せられた担保も確保されます。

そのうえ、強力な手形債権まで有する

ことになるのですから、債権者にとっては「支払い確保のため」に手形を受け取った方が有利です。もちろん、二重の利得を得ることまで許すものではありませんから、一方の債務の弁済を受けることによって他方は消滅します。

普通は、手形が授受される場合、受取人が自分に不利益な「支払いにかえて」手形の交付を受けるとは考えられませんから、当事者間にとくにその旨の合意がなされていないかぎり、手形は「支払い確保のため」に振り出されたものと解されています（大審院大正七・一〇・二九）。

支払いのため手形を振り出すとはどういうことか

▼まず手形で請求すること

売買代金の弁済に約束手形を受け取りました。約束手形を受け取ると、売買代金の請求はできないのでしょうか。

原因債権と手形債権の併存

約束手形が、当事者間の原因関係上の債務である売買代金の「支払いにかえて」授受されたものであれば、売買代金債務（原因債務という）は消滅し、手形債務だけが残ることは、前問で説明しました。

他方、手形が「支払い確保のため」に振り出されたときは、原因債権も消滅せず、手形債権と並存することになります。本例の手形が支払い確保のためだとすると、債権者は手形債権も、代金請求権も行使することができます。

この「支払い確保のため」の手形授受の場合も、さらに「支払いのため」と「担保のため」の授受に分けられます。債権者は原因債権と手形債権とを持つことになりますが、手形の授受が、このどちらであるかによって、原因債権の行使の仕方がちがってきます。

「支払いのため」の授受は、原因債権を行使する前にまず手形債権を行使するとの趣旨でなされるものです。手形を受け取ることは、簡単に支払いを受けられ、振出人が手形の支払いを怠ると取引停止処分を受けるので、取立が容易で強力な債権回収方法です。

当事者はこの手形債権を先に行使するとの合意のもとに、手形の授受をするのです。これが「支払いのため」に授受されるときの特色です。

この場合、債務者は債権者が原因債権の支払いを求めてきても、まず手形債権を行使するように主張し、支払いを拒絶することができます。債務者は支払いを拒絶しても原因債務の不履行にもなりません。債権者は手形の支払いが拒絶されたときに、はじめて原因債権の支払いを求めることができるのです。

「担保のため」に手形が授受されたときは、原因債権と手形債権のどちらを先に行使してもかまいません。

原因債権の弁済期までにその支払いがなされなければ、手形債権の行使と無関係に原因債権は債務不履行となり、契約を解除することもできます。

振出しの趣旨が不明のとき

手形の振出しの趣旨が「支払いのため」、「担保のため」のどちらであるかは、当事者の意思によって定まるのですが、その意思がはっきりしないときは、手形の支払い場所等によって推定します。

　手形が銀行などを支払場所とする第三者方払いのものであるときは、「支払いのため」であると解せられています。

　債務者が手形債権の弁済用として銀行などに資金を用意しながら、手元にも原因債権支払い用の資金を二重に用意する意思があったとはとうてい考えられないからです。手形を銀行に呈示してもらい、そちらで決済する趣旨であったと解するのが合理的です。

　判例は、債務者が手形上でもただ一人の債務者で、支払場所を自宅としているときは、「担保のため」の手形と認めていますが、銀行を支払場所とする統一手形用紙を利用している今日では、自宅払いの手形は見受けられません。したがって、手形の授受がなされたときは、通常は「支払いのため」と推定されます。「担保のため」の例としては、銀行が融資するときにとる手形が典型的なものです。

「支払いのため」であれ、「担保のため」であれ、債務者が原因債務の支払いを求められたときは、手形と引換えでなければ支払わないとの主張(同時履行の抗弁)をすることができます。手形を取り戻しておかなければ、二重払いの危険があるからです。

　そして、原因債権と手形債権の一方が弁済されると、他方も当然に消滅することになります。

商担手貸し（商業手形担保手形貸付）

　商業手形の期間が一二〇日(信用力によっては三〇〜九〇日)、をこえると市中銀行では手形割引をしてくれず、その商業手形を担保とする手形貸付が行なわれることになる。また、商業手形が小口で多数ある場合は、いちいち割り引くことはめんどうであるところから、銀行はこれらの商業手形を担保にとり、手形金額の合計に相当する金額を手形所持人に手形貸付を行なう場合が多い。このように、商業手形を担保にとって貸付を行なうところから、商担手貸しと略称している。

　この場合、担保として差し入れる商業手形（複名手形）は譲渡裏書をしてから銀行に渡され、同時に、借主は商業手形担保差入証を銀行に差し出す。また、借主は、借入金相当額の約束手形（単名手形）を振り出して銀行に渡すという仕組みがとられている。

　このような商担手貸しは、これを実質的にみれば、手形割引と大差ないことになる。

　銀行は、①民法上の金銭消費貸借による債権、②借主が振り出した約束手形上の債権、③担保手形の裏書人としての借主に対する権利、④担保手形の振出人に対する手形上の権利をもつことになるが、商担手貸しの場合は、第三者が振出人として署名している手形が貸金債権の支払方法として差し入れられているのであるから、銀行はまずこの手形によって権利を行使しなければならない。

手形の要件と振出しに必要な法律知識

手形要件が空白の手形とその補充権

弁護士　佐藤裕人

署名捺印だけした手形は有効なのか

▼補充を要件に認める

融資を受けるため金融ブローカーに融資してくれる人の紹介を頼んだところ、手形用紙に署名だけして渡してくれといわれました。渡してもだいじょうぶでしょうか。

補充権の有無により区別　あなたが融資を依頼した金融ブローカーは、いわゆる白地手形を振り出してくれといっているのです。すなわち、融資してくれる人が見つかり次第、手形金額・支払期日・受取人等の必要な事項を記入し、手形の割引をしてもらうことを考えているわけです。

手形の必要的記載事項は法定されており、そのうちのどれ一つを欠いても手形は無効となるのが原則です（手形法一条、二条一項、七五条、七六条一項）。

しかし、実際の取引においては後に補充することを予定して、わざと必要的記載事項の一部を空白にして手形を振り出す必要があり（たとえば、金融を欲する者が直接金融業者を知らないとき、受取人の記載のない白地手形を周旋者に交付し、それによって金融業者から割引を受けさせるためなど）、商習慣として流通が認められているため、手形法もこれを白地手形としてその使用を認めることを前提とした規定を設けています（一〇条、七七条二項）。

この白地手形は、要件が欠けているため手形として完成していないので、このままでは「手形」といっても効力がありません。白地手形を振り出す人が、それを渡す相手方に具体的にどのような記載をしてよいかを指示しておき、相手方がその指示にしたがって空白部分を埋めること（補充）により「手形」として完成するわけです。この白地部分を署名者の指示（意思）にもとづいて補充しうる権限を補充権と呼んでいます。白地手形には、白地の補充を停止条件とする手形金債権とこの条件を成就させる補充権の二つの権利が表象されているわけです。

一方、未完成で無効な手形とは、手形の必要的記載事項が欠けており、かつその欠けている部分につき補充する権利の与えられていないものをいいます。

白地手形と未完成手形とは、手形の外形からでははっきり区別できないのですが、前述のように補充権が与えられているかどうか、すなわち補充権授与契約があったかどうかで区別されます。そして補充権授与契約があったとみるべきか否かについては、必要的記載事項のうちのいかなる事項がどのように欠けているのかという点と関連して、理論上むずかしい議論があり、いくつかのケースにつき判例も白地手形といえるか否かについての判断をしています。

さて、あなたの場合には、金融ブローカーに融資をしてくれる人をさがしてもらうために手形金額・支払期日・受取人等の欄を空白にしておき、その人がみつかったら金融ブローカーが空白部分を埋めるという約束で手形に署名して渡せば、空白部分に関する補充権を与えたものと考えられ、それは明らかに白地手形となります。そして後日補充が行なわれ、その手形で手形金の請求を受けた場合には、あなたは手形上の責任を負うことになります。

白地の手形を渡すのは危険

では、補充に関してなんの約束もしていないのに手形を渡してしまった場合（たとえば、後日欠けている要件は自分で直接記載することにして一応手形を預けたような場合未完成で無効な手形）、すなわち未完成では白地手形ではない、すなわち未完成で無効な手形であるという理由で責任を免れることができるか、というとこれは非常に困難です。

判例は、自分の署名した白地手形を他人に交付した場合には、その他人が勝手に白地部分を記入し、これを流通させるかもしれない危険を予想していたものと認めるべきだから、善意の取得者に対しては手形上の責任を負わなければならな

■振出人が記名捺印だけした約束手形

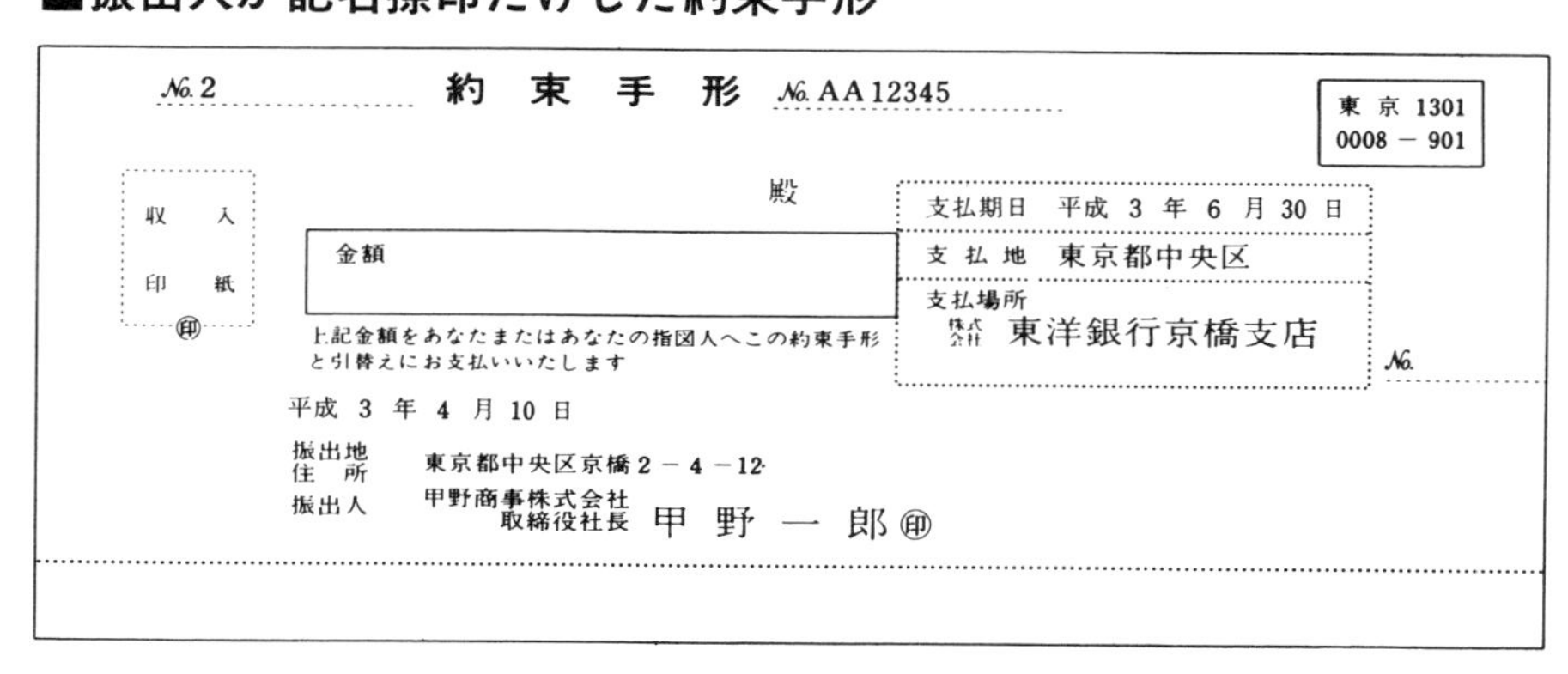
№2　約束手形　№AA12345

東京1301
0008－901

収入印紙 ㊞

殿

金額

上記金額をあなたまたはあなたの指図人へこの約束手形と引替えにお支払いいたします

支払期日　平成3年6月30日
支払地　東京都中央区
支払場所　株式会社　東洋銀行京橋支店

№

平成3年4月10日

振出地 住所　東京都中央区京橋2－4－12
振出人　甲野商事株式会社　取締役社長　甲野一郎㊞

いといっているからです（大判・大正一五・一二・一六、最判・昭和三一・七・二〇）。

また、補充の範囲について約束があったのに、その約束に反した補充がなされた場合には、その約束の違反を知らず、かつ知らないことについて重大な過失もなく手形を取得した第三者に対して手形上の責任を負わなければなりません（手形法一〇条、七七条二項）。

このように明らかに白地手形として振り出す場合であっても、単に必要的記載事項を空白にして、すなわち未完成で無効な手形として振り出す場合であっても、予想外の責任を負わなければならない危険がつきまとうので、手形を渡す相手の金融ブローカーが信頼できる人かどうかをよく確かめなくてはいけません。

金額欄を白地で振り出すときの注意は

▼一番こわい振り出し方

信頼しうる金融機関から融資を受けられることになったのですが、金額欄を白地にした手形を差し入れるようにいわれました。その際どういう点に注意したらよいか教えてください。

念書の作成と指図禁止

あなたのいう「信頼しうる金融機関」とはおそらく銀行をいうのだろうと思いますが、金額はきわめて重要な事項ですから、金額欄白地の手形を振り出す場合は、たとえ相手が銀行でも万が一の場合に備えて慎重に対処する必要があります。もしも約束とちがって高額な金額を記入されると、その手形を善意・無重過失で取得した第三者に対しては、記載されたとおりの金額を支払わなければならなくなるからです（手形法一〇条、七七条二項）。具体的にはつぎの点を注意すべきです。

①　金額欄を完全に白地にしなければならない事情のないかぎり、補充しうる範囲を限定しておくほうがよいでしょう。たとえば、「金五拾万」と書き、一〇〇〇〇円単位以下のみを補充しうるようにしておくわけです。

②　手形を渡す前に金融機関との間に補充権の範囲について念書を取りかわしておくべきです。これによって金融機関が約束よりも高額な補充をして手形金を請求することは防止できます。

③　右の念書を取りかわしていても、前に述べたように善意・無重過失の第三者に対してはまったく無力です。そこで白地手形を裏書禁止手形（手形法一一条二項、七七条一項）として振り出すことをおすすめします。裏書禁止手形は、民法上の指名債権譲渡の方式および効力をもってのみ譲渡できるとされているからです。指名債権譲渡の効力とは、債務者が債権者に対して主張できる抗弁を、債権の譲受人にも主張できるということです（民法四六八条二項）。

したがって裏書禁止手形にしておけば、手形上の債務者であるあなたが、たとえあなたと金融機関との約束を知らずに手形を取得した第三者に対しても、補充しうる金額の限度を対抗しうること、すなわちあなたと金融機関の約束どおりの金額を支払えばよいことになります。

手形を裏書禁止手形にするためには、手形の表面に「指図禁止」「裏書禁止」あるいは「譲渡禁止」と記載します。

満期日の記載のない手形を受け取ったときは

▼白地手形か一覧払手形となる

満期欄が空白になっている手形を受け取ったのですが、このような手形を持っていてもだいじょうぶでしょうか。

満期は必要的記載事項　満期または支払期日とは、手形が支払われるべき日として手形上に記載された日のことをいい、満期の種類ないし記載方法には、確定日払い・日付後定期払い・一覧払い・一覧後定期払いの四種類があります（手形法三三条一項、七七条一項二号）。満期の記載は手形の必要的記載事項ですから、これが欠ければ手形自体が無効となるはずです。

しかし、手形法はこの点について一種の救済規定を設けており、満期の記載のない手形は、一覧払いのものとみなされます（手形法二条二項、七六条二項）。一覧払いとは、所持人が手形を呈示して、支払の請求をした日が満期となるものをいいます。

さて、あなたの手形ですが、満期の記載がないということから、ただちに一覧払いの手形とみてよいかが問題となりますが、必ずしも一覧払いの手形となるとは断言できません。なぜかといいますと、その手形が所持人をして満期の白地部分を補充させるという合意にもとづいて振り出された場合、すなわち満期白地の白地手形ということも考えられるからです。

もしも、そのような合意にもとづいて振り出されたことがはっきりしているならば、その合意の内容にしたがい満期を補充して手形上の権利を行使すればよいわけで、この場合は問題ありません。

問題となるのは、満期欄が空白になっているが、それは振出人が満期を定める意思がなかったためなのか、それとも手形の所持人をして後日補充させる意思で振り出した白地手形であるためなのかが不明の場合です。手形の外形上からは、この区別がつきかねます。

もしも、これが前述の規定の適用を受け、一律に一覧払いの手形とみなされるとしますと、振出日として記載されている日からどのくらいの年月が経過してから、この手形を受け取っているかが重要になってきます。なぜなら、振出日より一年以内に支払呈示をしなければ、裏書人に対する権利は失われ（手形法三四条一項、七七条一項二号）、その一年の経過後、さらに三年経過すれば、振出人に対する権利も時効で消滅してしまうからです（手形法七〇条、七七条一項八号）。

また、満期日白地の白地手形だとすれば、所持人は、たとえば振出日から二年先の日を満期と記載することもでき、さらに、それから三年経過するまでは振出人に対する権利が時効消滅しないようにすることができ、一覧払いとみなされる場合に生ずる不利益を免れることができます。

したがって、一覧払いとみなすという

■満期日が書いていない手形

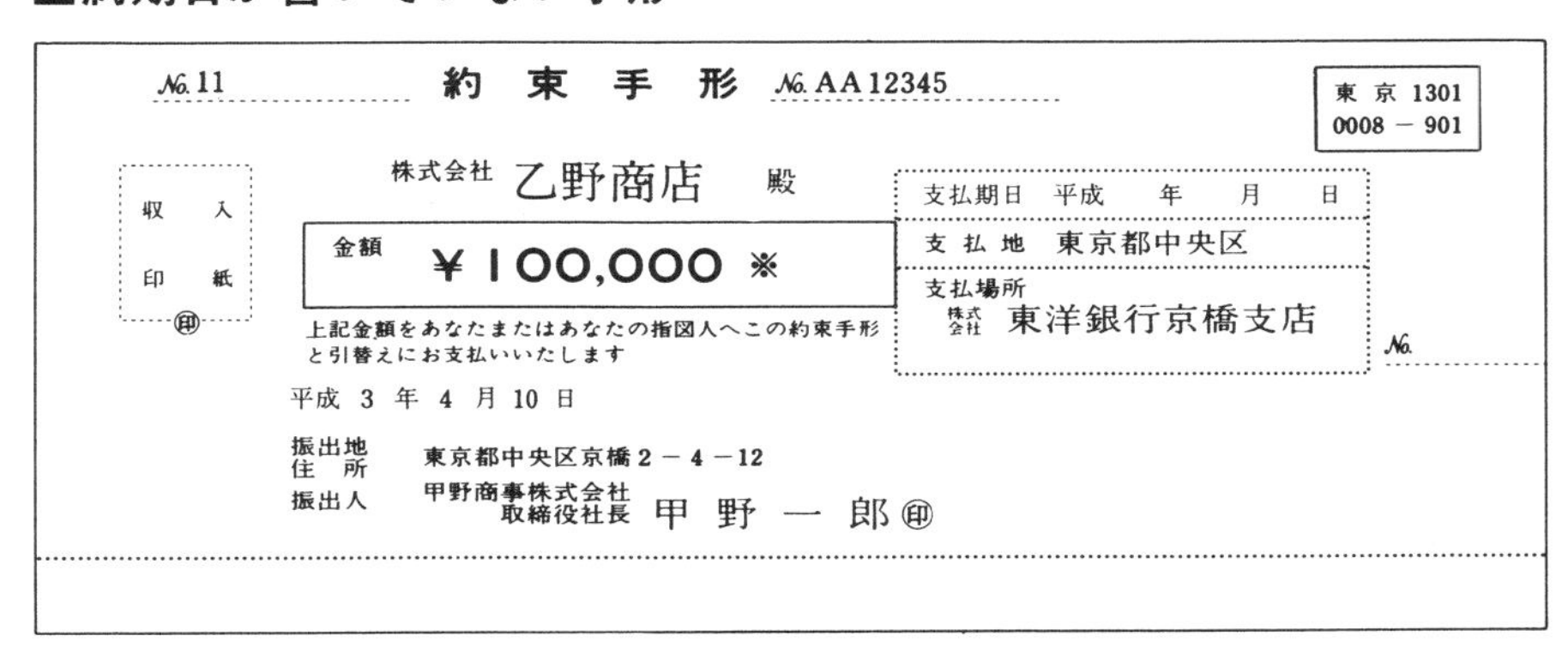
No.11　約束手形　No.AA12345

東京 1301
0008 － 901

株式会社 乙野商店 殿

収入印紙 ㊞

金額 ¥100,000※

上記金額をあなたまたはあなたの指図人へこの約束手形と引替えにお支払いいたします

平成 3 年 4 月 10 日

振出地 住所　東京都中央区京橋2－4－12

振出人　甲野商事株式会社 取締役社長　甲野一郎㊞

支払期日　平成　年　月　日

支払地　東京都中央区

支払場所　株式会社 東洋銀行京橋支店

No.

救済規定が、必ずしも手形の所持人に有利に働くものではないということがおわかりになるでしょう。

外観上区別が不明の場合

そこで、手形の外形上から区別がつきかねる場合に、どう考えていくかですが、だいたいつぎの三つの考え方があります。

①ふつうの手形用紙では、満期欄に「平成年月日」と不動文字で印刷されており、これをそのままにして振り出したときは、原則として白地手形とする考え方（大判・大正一四・一二・二三ほか）。

②受取人に補充権を与えたものではなく、救済規定により一覧払いとみなす考え方（大判・昭和七・一一・二六）。

③そのような手形は、いちおう振出人において満期日を補充することを受取人に委任した白地手形と仮定し、手形取得者において、その補充をしない場合は救済規定の適用を受け、満期日の記載なき一覧払いの手形として取り扱うという考え方（東京控判・昭和五・五・一〇）。

右のうち①が現在の判例の主流とみてよいのですが、これに反する判例もあり、学説も流動的です。白地手形とみれば満期を補充しなければ権利行使ができず、反対に解釈すればそのままで行使できることになるわけですが、所持人においてこれを白地手形ともあるいは一覧払いの手形ともみなすことが可能であるという③の考え方が手形取引の安全という点から、もっとも妥当と考えます。

振出日の記載のない手形はどうするか

▼手形所持人は補充する

銀行に勤めている者です。振出日白地の手形がかなり多いのですが、このような手形を扱う場合、どのような点に注意すべきでしょうか。

振出日白地の手形が多い

現在流通している手形の大部分が振出日白地の手形です。その理由の第一は、確定日払い手形については振出日を記載する実質的意味がない点にあります。すなわち、振出日は日付後定期払手形の満期を定めるうえで、また一覧払い手形の支払いのための呈示期間、および一覧後定期払い手形の一覧のための呈示期間の関係で意味があるために手形要件とされているわけですが（手形法一条七号、七五条六号）、確定日払いの手形についてはなんの意味もないのです。また、振出人の能力や代理権の有無についても、基準となるのは実際に手形を振り出した日であり、手形に記載された日ではありません。振出日は現実に手形を振り出した日を記載する必要はありませんし、その日より以前の日（過去の日）を記載してもよく、また以後の日（将来の日）を記載してもよいとされています。したがって結局、任意の日を振出日として記載してよいということになります。振出日白地の手形が多数流通している第二の理由は、手形を用いる実業界で振出日の記載を意図的にしないようにする傾向があるためです。それは振出日から満期までの期間の長い手形は、振出日を記載するとそのことがはっきりしてしまい、振出人の資金繰りの苦しさを読み取られ、手形の信用が疑われるからです。

振出日は手形要件であり、それが欠ければ手形自体が無効となるはずですが、振出人があえて振出日白地の手形を振り出すことが一種の慣行となっている現状からみて、特段の事情のないかぎり、所持人に振出日を補充させる意思で振り出された白地手形とみるのが妥当です（大判・昭和一〇・一二・二一、最判・昭和三五・一一・一）。振出日白地の手形を原則として白地手形だと考えると、白地を補充しないと手形上の権利を行使できないわけで、一般的につぎのことがいえます。

① 手形債務者は、振出日白地の手形の呈示を受けても支払いを拒絶することができ、支払いの拒絶をしても、支払いの遅滞として満期以後の利息を支払う義務を負いません。

② 裏書人に対し償還請求するためには、支払呈示期間内に振出人に対し適法に支払呈示をしなければならず、白地の

■振出日のない手形

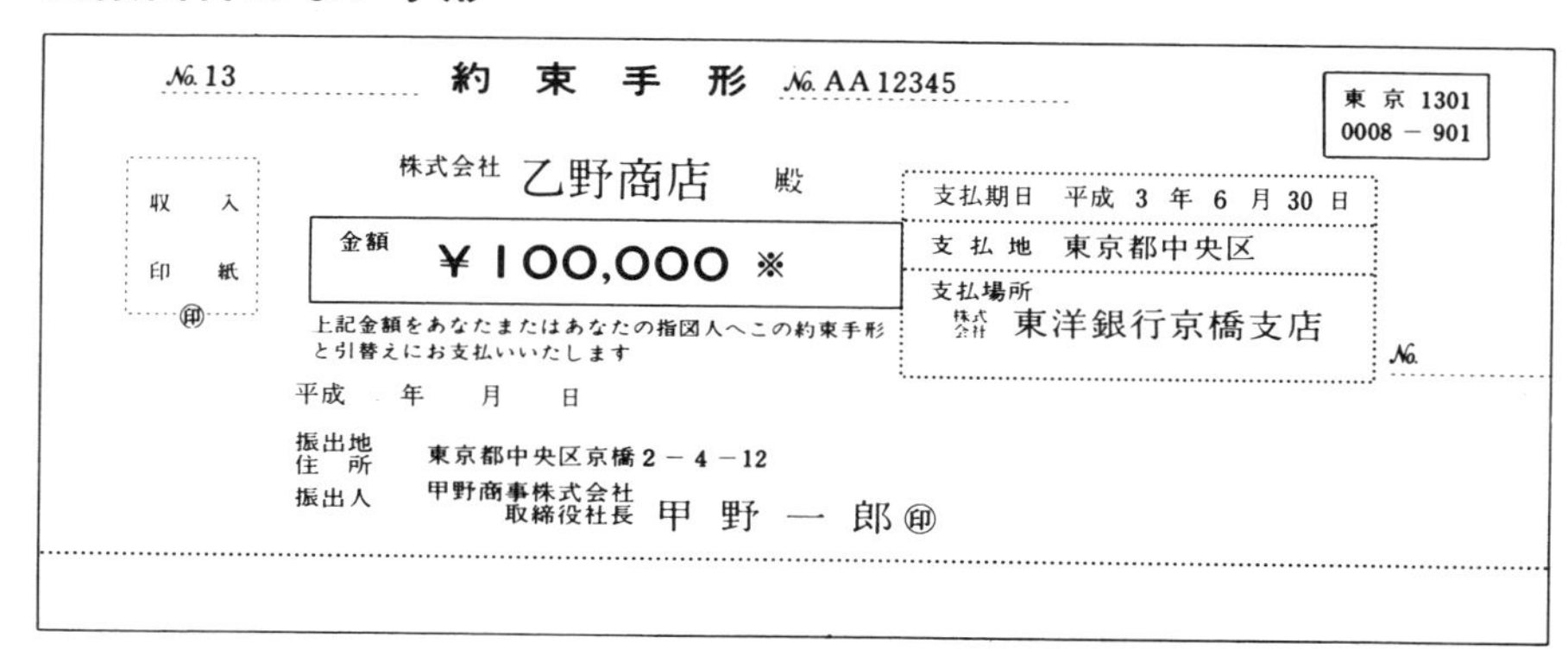
№13　約束手形　№AA12345

東京 1301
0008 − 901

収入印紙 ㊞

株式会社 乙野商店 殿

金額 ¥100,000※

上記金額をあなたまたはあなたの指図人へこの約束手形と引替えにお支払いいたします

平成　年　月　日

振出地
住所　東京都中央区京橋2−4−12

振出人　甲野商事株式会社
取締役社長　甲野一郎㊞

支払期日　平成3年6月30日
支払地　東京都中央区
支払場所　株式会社 東洋銀行京橋支店

№

ままで呈示をしても適法な呈示とはならないので、支払拒絶となっても裏書人に対しては権利を行使することができません。

右の結論は判例や多数の学説の一致して認めるところであり、振出日白地のままで交換に回すと不渡りで戻ってくることを覚悟しなければならないでしょうし、不渡りとなって戻ってきたときには、すでに支払呈示期間を徒過しており、裏書人に対する償還請求権を行使できなくなるという事態も予測できます。

振出日補充の注意点　そこで銀行として注意すべき点ですが、これは取立てを委任された場合と支払いを行なう場合とに分けて説明しましょう。

① 取立委任を受けた場合

銀行としては、できるだけ客に補充させて完成した手形として取立てを引き受けるようにすべきです。白地を補充せずに交換に回したために不渡り返還され、その結果、客が裏書人に対して償還請求権を行使できなくなったということになると、銀行は委任契約における受任者の義務に違反した責任を免れることができないからです。

しかし、振出人の通常の意思としては、どのような日付でもよいから適当に補充してくれという趣旨ですから、銀行側が補充してもよいのです。ただ、銀行が補充する際、注意しなくてはいけないことは、満期日よりも将来の日を振出日として記載しないことです。このような記載があると手形の内容自体が不合理なために、手形自体が無効となってしまうからです。

銀行としては補充をすることは煩雑ですし、間違いが起こりやすいので、当座勘定約定書において「当行は白地を補充する義務を負いません」という条項を設けておく方法が賢明です。このような契約も有効で前に述べた受任者としての義務違反による責任を回避することができます（したがって所持人としても、あらかじめ振出日を補充してから銀行に取立てを委任することが必要でしょう）。

② 支払いを行なう場合

白地手形は、白地部分が補充されないかぎり手形として完成していないわけですから、このような手形に支払っても免責されないのが原則です。しかし、支払銀行は、振出人の委託を受けて支払いを行なう立場にあるのですから、振出人が白地手形でもかまわないから支払ってくれというのであれば、銀行は支払ってもよいのです。

そこで、当座勘定約定書において、「振出日の記載のない手形を支払った場合でも銀行はその支払いの結果を当座取引先に帰せしめることができる」という趣旨の規定を設けて、特約を結んでおくことが賢明でしょう。

振出人の住所や振出地の記載のない手形はどうか

▼両方ともない手形は少ない

手形用紙を用いた手形なのですが、振出地の記載がなかったり、あるいは住所欄の記載がなかったりするものがあり、このような手形がはたして有効なものか心配です。

住所の記載がないとき　まず最初に住所欄の記載が空白になっている手形についてお答えします。結論を先にいいますと、このような手形でも有効ですから心配ありません。

統一手形用紙の記載欄には、不動文字で「住所」と印刷された部分があるのですが、これは手形法上の必要的記載事項ではありません。ただ、これを記載しておくと後に述べるように一定の手形上の効力が認められることがあるのです。記載しても記載しなくてもよい事項で、記載すれば記載にしたがって効力を生ずる事項ですから、有益的（任意的）記載事項といわれています。したがって、住所の記載がなくとも要件欠缺（けんけつ）により手形が無効となることはありません。

振出地が白地のとき　つぎに振出地の記載のない手形についてお答えします。振出地は、手形法上必要的記載事項とされており（手形法一条七号、七五条六号）、この記載を欠くと要件欠缺のため原則として手形自体が無効となります（手形法二条一項本文、七六条一項本文）。しかし、これはあくまで原則であり、振出地の記載を欠いているからといって、あなたの手形が無効だとは断言できません。手形法は、このような場合にそなえて救済規定をおいているからです。

すなわち、振出地の記載がなされていないときは、振出人の肩書地の記載があれば、それが振出地とみなされることにより（手形法二条四項、七六条四項）、手形が無効とはならないわけです。この規定の肩書地というのは、振出人の名称の右肩ないし上部のところに記載される地域のことで、最小独立の行政区画（市町村、東京都では区）単位で記載されればよいとされています。普通は振出人の営業所（本店・支店）または住所の所在地が記載されますが、前述のように最小独立の行政区画さえ記載されていればよいのです。あなたの手形も振出人の肩書地（住所の記載でよい）の記載があれば有効です。

なお、振出地の記載がない場合には、振出地白地の手形であることも理論上は考えられます。しかし、振出地についての補充権を所持人に与える実際の必要性は乏しいといえますし、すでに述べた手形法の救済規定があるため、白地手形として補充するという意味はないので、白地手形と考えなくてよいでしょう。

受取人の記載のない手形を受け取ったときは

▼補充して取立てに回す

受取人欄が空白になっている手形を受け取ったのですが、この手形で手形金を請求しようとする場合、どんな問題点があるのか教えてください。また、譲渡するにはどうしたらよいでしょうか。

受取人は必要的記載事項　受取人とは、手形の支払いを受ける者として手形上に記載されている者をいいます。受取人の記載は、手形法上必要的記載事項であり（手形法一条六号、七五条五号）、この記載を欠く手形は無効とな

■受取人の記載のない手形

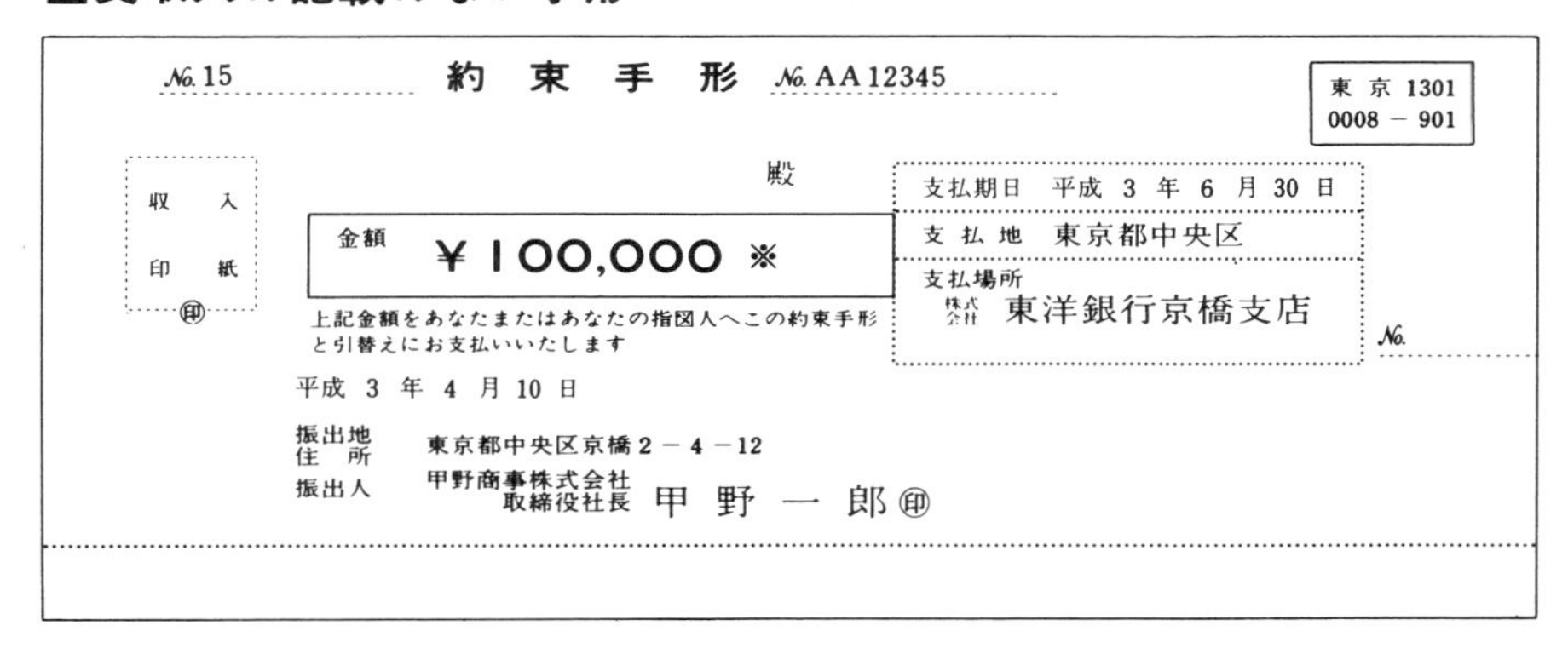
№15　約束手形　№AA12345　東京1301 0008－901

殿

収入印紙 ㊞

金額 ￥100,000※

上記金額をあなたまたはあなたの指図人へこの約束手形と引替えにお支払いいたします

平成3年4月10日

振出地 住所　東京都中央区京橋2－4－12

振出人　甲野商事株式会社 取締役社長 甲野一郎㊞

支払期日　平成3年6月30日

支払地　東京都中央区

支払場所　株式会社 東洋銀行京橋支店

№

■受取人に会社の表示がない手形

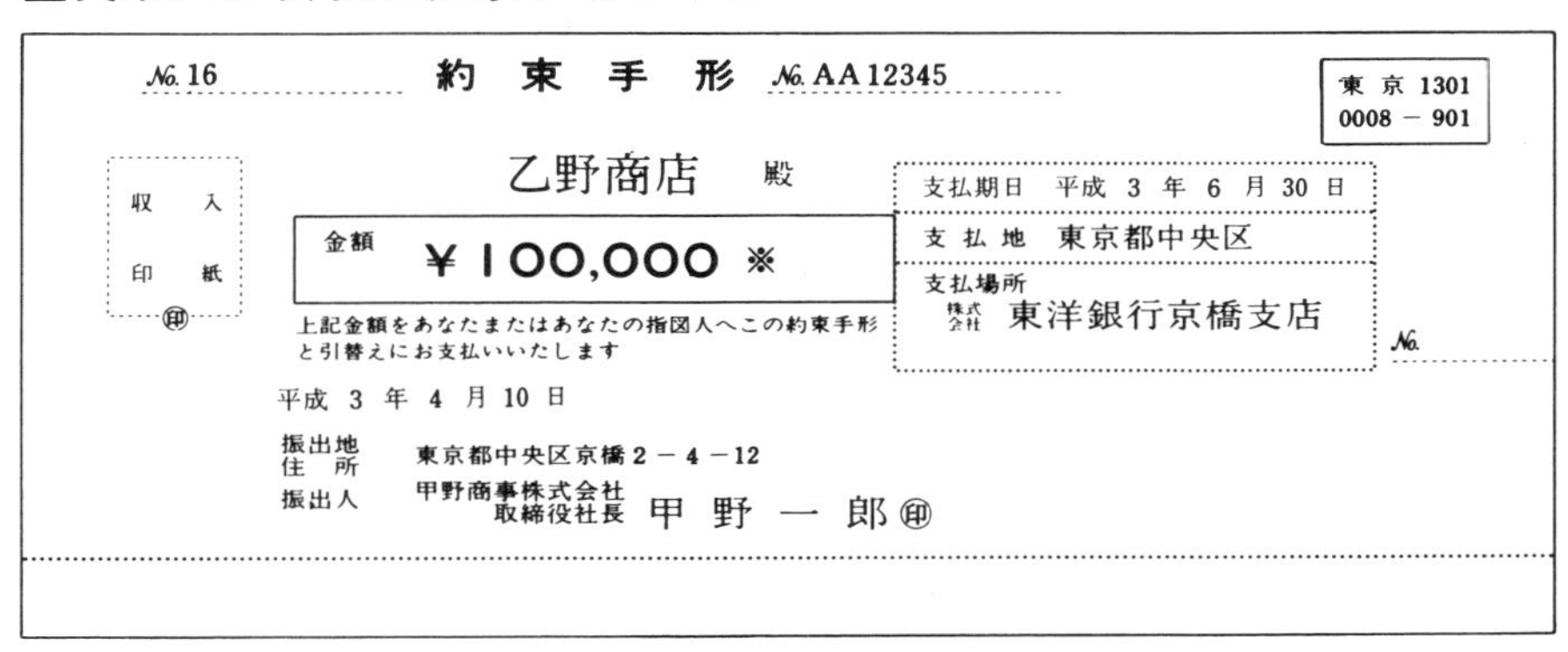
№16　約束手形　№AA12345　東京1301 0008－901

乙野商店　殿

収入印紙 ㊞

金額 ￥100,000※

上記金額をあなたまたはあなたの指図人へこの約束手形と引替えにお支払いいたします

平成3年4月10日

振出地 住所　東京都中央区京橋2－4－12

振出人　甲野商事株式会社 取締役社長 甲野一郎㊞

支払期日　平成3年6月30日

支払地　東京都中央区

支払場所　株式会社 東洋銀行京橋支店

№

ります（手形法二条一項本文、七六条一項本文）、ですから受取人を記載しないままの無記名式の手形というものは認められません。

では、あなたの受け取った手形が無効となってしまうかというと必ずしもそうとはいえません。

なぜかといいますと、受取人白地の白地手形とも考えられるからです。白地手形といえるためには、振出人が後日手形の所持人をして受取人欄を補充させる意思で振り出したことが必要です。

そこで要件欠缺の無効な手形か、それとも白地手形かの区別が問題となるわけですが、手形用紙を用いており、ただ受取人欄を空白にしている場合には、一般に白地手形とみてよいでしょう。

さて、受取人白地の白地手形で手形金請求をしていく場合の問題点ですが、白地手形一般にいえることがここでもあてはまり、白地部分を補充しないかぎり手形として完成しませんので、受取人欄を補充しないと権利行使できません。そこで、受取人欄の補充の方法ですが、振出人は抽象的に受取人の補充権を付与するだけで、具体的に誰を受取人にするかを指定しないのが普通です。

したがってあなたは、誰の氏名を記入してもよいわけです。受取人の記載としては、必ずしも最初に手形の交付を受けた者と一致する必要はありませんし、実在する人であることも必要ではありませんから仮設人または架空の会社を受取人としてもかまいません。

あなたは自分の名前を記入して手形金請求をしてもよいし、譲渡の相手方の氏名を受取人として補充し、譲渡することもできます。

受取人の指定と補充　では、もしも特定の人を受取人とする約束で受取人白地手形が振り出された場合には、この約定に反する記載をした場合に、そのことを理由に支払いを拒まれることはあるのでしょうか。

すなわち、受取人についていわゆる補充権の濫用ということがありうるか、という問題です。

この点について、そのような約定に反する補充のなされた場合には、補充権の濫用について悪意の抗弁を認める判例（大判・昭和一三・一一・一九）と悪意の抗弁を認めない判例（大判・昭和五・六・二七）とがあり、判例が確立しているとはいえない状況です。

受取人の記載は手形債務の内容ではないので、その補充権の内容の限定を認めることは妥当とはいえません。

したがって特定人を受取人として補充すべきだという約束は、単にその手形の権利者を定めたにすぎないものとみるべきで、補充権の濫用の問題はないと考えるべきでしょう。

仮に悪意の抗弁が成り立つとする考え方をとっても、受取人白地の場合については、まったく特殊な場合を除き、手形法一〇条但書の重過失を認定され、支払いを拒否される可能性はほとんどないと考えます。

最後に、受取人白地の白地手形の譲渡方法ですが、単なる交付、すなわち受取人欄を補充することなく譲渡しうるというのが大審院以来の確定判例であり、学説の等しく認めるところです。

白地手形の補充はいつまでにしたらよいか

▼満期の有無に注意する

白地手形を受け取ったのですが、白地部分はいつまでに補充すべきでしょうか。また、この手形で訴訟を起こそうと思うのですが、補充したほうがよいのでしょうか、それとも白地のままのほうがよいのでしょうか。

白地部分により異なる　別項で述べたように、白地手形には白地の部分を署名者の意思にもとづいて補充することのできる権限、すなわち補充権が表象されており、白地手形が転々と譲渡されるに従い補充権も移転していくことになります。

白地手形を正当に取得した人は、この補充権を行使して白地部分を補充すれば、手形の署名者に対して手形金の請求をすることができるわけです。この補充権は、手形署名者の同意や承諾を得ることなく一方的に行使できるもので、形成権とされています。

おたずねの手形は、必要的記載事項(手形要件）のどの部分が白地になっているかがはっきりしませんので、満期が記載されている場合と満期が白地となっている場合とにわけて説明します。

① 満期が記載されている場合

満期すなわち支払期日以外の手形要件が白地の場合です。この場合は、さらに主たる債務者である振出人（約束手形の場合、為替手形の場合なら引受人）との関係と、裏書人などの遡求義務者に対する関係とにわける必要があります。

主たる債務者に対する関係では、手形債務が時効にかかるまで補充することができます。通常の手形は、ほとんどが満期は確定日払いの形式で記載されていますから、その満期から三年以内に補充すればよいわけです（手形法七〇条一項、七七条一項八号）。

白地手形は白地部分の補充により完成手形となるのですから、白地部分の補充後に手形債務の消滅時効期間が進行するのではないか、と思われる方もいるかもしれませんが、そうではありませんので誤解しないようにしてください。

つぎに裏書人など遡求義務者に対する関係ですが、満期（この日が休日のときはそれにつぐ取引日）およびそれにつぐ二取引日の間に（支払呈示期間）、白地を補充しなければなりません。裏書人等の遡求義務者に対する権利の行使は、支払呈示期間内に振出人に対し有効な手形の呈示が必要だからです。白地手形は手形としては完成していないので、そのまま呈示しても適法な呈示があったとはいえないわけです。

したがって、あなたの手形で銀行に取立ての委任をするときは、裏書人がいる場合には白地部分を補充してから委任すべきです。

② 満期が白地となっている場合

満期が白地であるときは、①と異なり、満期を基準として補充の時期を定めることができません。この場合は、別の基準、すなわち補充権そのものの時効期間が問題となり、補充権が時効によって消滅するまで補充することができます。補充権が何年の時効期間で消滅するかについては、判例・学説の対立のあるところです。

古くは、補充権が形成権であるということから、白地手形が最初に交付されたときから二〇年とされていました（大判・昭和一二・四・一六）。しかし、最高裁は、白地補充権は五年で時効消滅するという立場をとっています（最判・昭和三六・一一・二四）。

●手形をめぐる判例

私製手形による手形訴訟が、手形制度及び手形訴訟制度を濫用するものであるとして不適法とされた事例（東京地裁平成一五年一〇月一七日判決）

【事案の概要】

Yは、Yを振出人、Xを受取人として手形金額二〇〇万円、支払期日平成一五年九月三〇日として約束手形を振り出した。Xは、平成一五年九月三〇日に支払場所であるYの住所において手形を呈示したが、Yにより支払を拒絶された。そこで、XがYに対して手形金額及び所定の法定利息金の支払を求めて手形訴訟を提起した。

【判旨】

「本件手形は、A四版用紙に『約束手形』の表題の下に手形要件が記載されているものであり、いわゆる私製手形である。その記載に照らすと、本件記載は、YがXに対して支払期日にY方において二〇〇万円を支払うことを約束した文書であり、単なる金銭支払い約束書で、借用書の類というべきである。

手形は金銭支払いの手段として利用され、約束手形は一般に信用利用の用具として用いられるものであるが、本件手形は、そのような手段性、用具性が全く認められず、形式的には手形要件が記載されているものの、上記のとおり手形としての本来の性質を何ら見出せないものである。

それにもかかわらず、XがYをして本件手形を作成させたのは、手形訴訟により、Yの抗弁を封じ、かつ、簡易・迅速に債務名義を取得して、Yに対して強制執行手続きをし、または、同手続きをすることを示して圧力をかけて金銭の取り立てをすることを目的としているものと推認される。

手形訴訟制度が、証拠制限をし、簡易・迅速に債務名義を取得させることとしているのは、手形の信用を高め流通を促進するために、その簡易・迅速な金銭化が強く要請されるからであるところ、本件手形が手形の信用と流通とは無縁のものであることは上記説示から明らかである。

以上に説示したところを合わせ考慮すると、Xが本件手形により提起した本件手形訴訟は、手形制度及び手形訴訟制度を濫用（悪用）したもので、不適法なものである」として、口頭弁論を経ずに却下。

【ポイント】

通常、手形には統一手形用紙が使われており、銀行取引では統一手形用紙以外のものは受け入れられない。もっとも、統一手形用紙を使わない私製手形であっても、手形法上無効となる訳ではない。私製であっても手形に基づく請求は「手形による金銭の支払の請求」となる。しかし、手形訴訟による証拠制限の趣旨は、手形の信用を高め流通を促進するものであり、手続きを自己に有利に進めて債権の取立てをはかるためではない。

本件では、いわゆる商工ローン会社の私製手形による約束手形金訴訟が、貸金回収を意図した手形制度及び手形訴訟制度を濫用したものとして不適法であることを認めた初めての判決である。

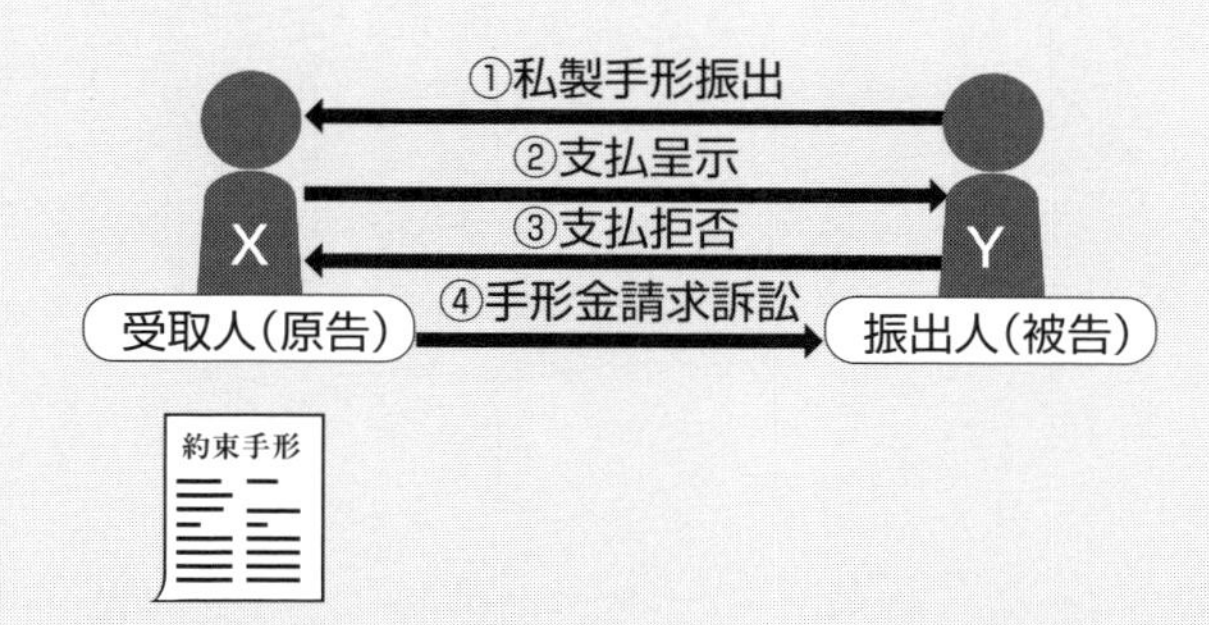

第2章

手形の裏書方法と裏書の効果・手形保証

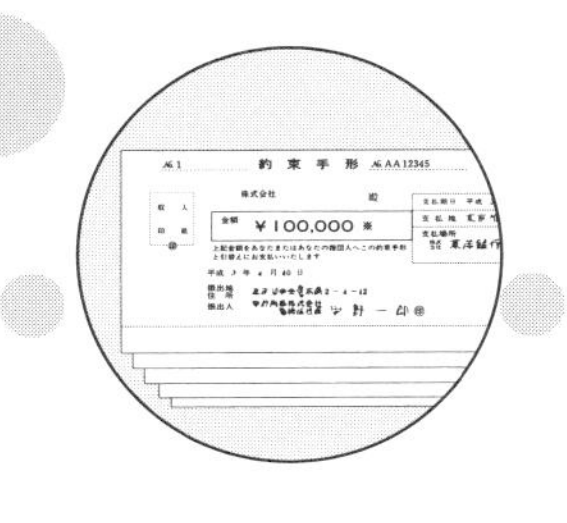

- 基本ポイント—裏書前に必要な知識
- 裏書により譲渡する方法と裏書の効果
- 特殊な場合の裏書の仕方とその効果
- 手形保証の仕方と効力

基本ポイント2

裏書前に必要な知識

弁護士　竹原茂雄

・裏書はどのようにするのか

つぎに、裏書の方法ですが、手形上または手形と結合した紙片（補箋）に、手形を誰々に譲渡する旨の裏書文句と被裏書人を記載したうえ、裏書人が署名または記名捺印し、その手形を被裏書人に交付することによってなされます。

もっとも、右のような裏書の方法をとらず、被裏書人の名前を書かずに裏書をすることもできますし、被裏書人の名前も裏書文句も書かずに裏書人の署名または記名捺印だけでなす裏書の方法もありますが、実際には、私たちが銀行から受け取る手形用紙には、その裏書に譲渡文句が印刷してありますし、それにしたがって裏書人が署名または記名捺印をし、被裏書人の名前を記載すればよいようになっておりますから、あまり問題はないと思われます。

なお、理くつだけをいいますと、裏書は、手形の裏面だけでなく手形の表面に記載してもよいことになっておりますが、単に裏書人の署名または記名捺印だけの方法による裏書をする場合には、手形の裏面または補箋にしないと効力が生じないとされております（手形法一三条二項）。しかし、私たちが手形を扱う場合、裏書をするのに、いくら

手形の譲渡には裏書が必要なのか

・裏書とはどういうことか

裏書とは、一般的には、証券上指定されたもの、またはその者が証券上の記載により指定する者を権利者とするいわゆる指図証券（手形、小切手、株券、船荷証券等）について、証券上の記載によって権利者を指定する方式をいいますが、これをひらたくいいますと、手形の受取人や裏書人が、さらに第三者にその手形を譲渡するために、手形の裏面の所定の欄に一定の事項を記載して裏書人が署名し、被裏書人に手形を交付する行為であるといってよいと思います。

本来、指図証券性があるとされるのには、発行者の「指図文句（甲またはその指図人にお支払い致します等の文言）」により生じますが、手形は、手形法で規定されるように「指図式にて振出さざるときと雖も、裏書によりてこれを譲渡することを得」として、法律上当然の指図証券性を有しているとされております。

法律上有効だからといって手形の表面に裏書をする必要性はありませんから、通常の方法で裏書をされるのがよいと思います。

・白地式裏書とはどういうものか

裏書が、被裏書人を記載しないで行なわれるいわゆる白地式裏書の場合には、その手形の所持人は、自分の名前でも他人の名前でも書き入れることができますし、白地式のまま、または他人の名前を書き入れて、さらに手形を譲渡することができます。そのほか、その手形の白地を補充せず、かつ裏書をしないで手形を第三者に譲渡することもできます（手形法一四条）。

裏書は、通常は一人が署名または記名捺印をして行なうますが、数人で裏書をする場合も当然生じてきます。たとえば、共同で手形を受け取ったような場合には、その手形を譲渡するには、それらの者全員が裏書をしなければなりません。したがって、手形の裏面に書ききれないときには、補箋をつけて、その補箋のうえに裏書をすることになります。

裏書をするとどんな効果があるのか

手形に裏書をすることによって、どのような効力が発生するかということは、裏書をする者にとっても、裏書をした手形を受け取る者にとっても、重大な関心がもたれるところですが、裏書の効力として法律上認められているものは、第一に権利の移転的効力、第二に資格授与的効力、第三に担保的効力の三つがあげられます。右の三つの効力の内容は、手形の流通性や信用性を確保するうえからいっても、いろいろな問題を含んでおりますので、右の効力が具体的にどのようなものであるのかをつぎにのべてみたいと思います。

・人的抗弁が制限される

まず、手形の裏書をすることによって、手形に表象された権利が、裏書人から被裏書人に移転することになりますが、一般の債権譲渡の場合と異なり、債務者が手形の裏書人に対し、なんらかの理由でその請求を拒絶することができるいわゆる抗弁権をもっていたとしても、手形の裏書を受けた被裏書人がその手形債務者を害することを知って手形を取得した場合を除いては、抗弁権を主張できないとされております。

これを、法律上「人的抗弁の制限」と称しておりますが、手形法一七条は「手形により請求を受けたる者は、振出人その他所持人の前者に対する人的関係に基づく抗弁をもって所持人に対抗することを得ず。但し、所持人がその債務者を害することを知りて、手形を取得したるときは、この限りにあらず」と規定しております。

手形は、その性質上転々と流通するものであり、取引の安全をはかるうえからいっても、手形を受け取る際に、いちいち前者の抗弁権の有無を確認しなければならないというのであれば、安心して手形を受け取ることができなくなるのは当然であり、そういうことになれば、手形の流通性は、まったく失われ、手形が存在する意義もまったく無くなってしまうために、裏書の効力として「人的抗弁の制限」が認められているわけです。

なお、手形上の権利は、裏書以外の原因（たとえば相続や合併）で移転することがありますし、民法上の権利譲渡の方法でも移転しますが、右の場合には、いずれも手形法の定める裏書による権利の移転ではないので、人的抗弁の制限は認められません。

・裏書の連続で正当な権利者となる

つぎに、裏書があると、それに対応する手形上の権利の移転があったものと認められ、裏書の連続した手形の所持人は、正当な権利者と推定されます。したがって、右のような手形をもった所持人は、権利者であるとの実質的な証明をする必要はなく、手形を持っているということだけで、当然権利を行使する資格が認められますし、反対に、手形債務者も、そのような手形を所持している者に弁済すれば、免責されます。

本来ならば、手形を持っているからといって、実質的な権利者であるということはいえませんが、手形上の権利を行使するために、そのつど、自分が真の権利者であることを所持人が立証しなければならないというのであれば、その負担はたいへんなものであり、手形の迅速かつ簡易な流通性をはかる建前からいっても、手形を所持することによって、真の権利者であることを推定し、権利の実行を容易にしております。

もっとも、権利行使の資格が推定されるといっても、手形上において、裏書の連続がなければなりません。

裏書の連続とは、その手形の受取人が第一裏書の裏書人となり、第一裏書の被裏書人が第二裏書の裏書人となり、その後、次々に右のような裏書が手形の記載上間断なく続いていることをいいます。白地式裏書があれば、それとつぎの裏書とは、当然連続するものと認められます。

このような裏書の連続は、手形の記載からみて形式的に連続していればよく、実質上の権利の移転の有無とはまったく別です。したがって、偽造の裏書のように無効の裏書や取り消された裏書があっても、形式的な裏書の連続があれば、それに対応した実質的な権利移転があったものと推定されます。裏書の連続があるとされるためには、被裏書人と裏書人の表示が一字一句同じであるという必要はなく、社会通念上、同一性が認められれば裏書の連続は認められます。また、最後の裏書が白地式裏書であれば、手形所持人が権利者と推定されます。

なお、ここで注意することは、裏書の連続とは、同種類の裏書の間の連続をいうのであって、もし、通常の譲渡裏書の中間に取立委任裏書（裏書人が手形上の権利を行使する権限を被裏書人に与える目的で、その旨を記載してなす裏書であり、権利の移転がない）があった場合には、その取立委任裏書は記載されていないものとして裏書の連続の有無を判断しなければなりません。

このように、連続する裏書のある手形の所持人は、権利者としての資格を授与されますが、これはあくまでも推定（手形法一六条一項の「みなす」というのは、推定の意味です）ですから、裏書の連続があっても、所持人が無権利者であれば、手形債務者がそのことを証明して、権利の行使を否定することができます。

なお、手形債務者が、手形所持人に対し、その者が無権利者であることを故意または重過失によりその証明をしないで義務を履行した場合には、免責を受けられませんから、真の権利者から手形債務者に対し請求があれば、二重払いの危険を負担することになります（手形法四〇条三項）。しかし、一方、裏書の連続がない場合でも、手形所持人は、手形権利者としての資格が推定されないというだけのことですから、その実質的な権利を証明するときは、その権利を行使することができます。

・手形の善意取得が認められる場合

もう一つ、裏書の連続があることによって手形の流通性を確保しようとするものに「手形の善意取得」というのがあります。これは、もし、手形の譲渡人が無権利者であったとしても、裏書の連続している手形を裏書によって譲り受けたものは、その譲渡の際に譲渡人の無権利について、善意かつ重大な過失がなかった場合には、手形上の権利を取得し、手形を真正な権利者に返還する義務を負うことがないということです（手形法一六条二項）。

手形の善意取得は、善意の手形取得者の信頼を保護して手形の流通性を高めようというものですが、そこには自ら制限があることも事実です。

その一つに、裏書の連続した手形を裏書または引渡しによって取得することが要件とされておりますが、それは、裏書の連続していない手形にまで手形取得者の信頼を保護する必要はないということになるからです。

・裏書の担保的効力とはどういうものか

第三に、手形に裏書することによって、手形の裏書人は、その裏書の相手方およびその後の手形の取得者のすべてについて、手形の支払いを担保する責任を負担します。したがって、その手形が期日に決済されないときは、裏書人は、自分より後に手形を取得した人に対し、責任を負わなければなりません。これを、手形裏書の担保的効力といっております。

手形法も、「裏書人は、反対の文言なきかぎり、引受（為替手形の場合）及び支払いを担保す」と規定しており、その内容としては、手形金額のほか、利息の記載があるときはその利息、満期以後の年六分の利息、拒絶証書の作成その他の費用が請求できるとされております（手形法七七条

一項一号・四号、一五条一項、四八条一項)。

このように、裏書に担保的効力があるため、手形上に裏書をする人が多ければ多いほど手形金額の支払いを担保する人がふえるわけですから、それだけ手形の信用性がふえ、安心して手形を受け取ることができるということになります。

なお、裏書に担保的効力があるといっても、それはすべての裏書に認められるものでないことを注意しなければなりません。たとえば、担保責任を負わない旨を記載してなす無担保裏書には、担保的効力はありません。したがって、裏書欄には「無担保」という文字をはっきり書いておけば、その裏書人は、だれに対しても責任を負うことはありません。

また、支払拒絶証書作成後、または支払拒絶証書作成期間の経過後の裏書である期限後裏書や、被裏書人に手形金取立てのための代理権を与えることのみを目的としてなされる取立委任裏書にも、担保的効力はありません。

さらに、新たな裏書を禁止する旨を記載してなす裏書禁止裏書の場合には、その直接の被裏書人に対してだけ担保責任を負い、裏書禁止裏書の被裏書人以外のその後の手形の取得者に対しては、担保責任を負わなくてもよいとされております(手形法一五条二項)。

拒絶証書とはどういうものか

つぎに拒絶証書とはどのようなものかを簡単に説明しておきます。

手形法上においていろいろな場合に出てきますが、一口にいって、「遡求権の行使又は保全に必要な行為をなしたこと及びその結果を証明するための要式の公正証書」であり、手形の引受け、支払いの拒絶その他遡求権の行使または保全の要件たる事実の立証は、簡易確実性の要求から、必ず拒絶証書によらなければならないとされており、これを受けて、拒絶証書の作成に関する細目を定めた拒絶証書令が作成されておりますが、それによれば、公証人または執行官が、手形・小切手またはその付箋の裏面に一定の記載事項を記載するとされております。

ところで、手形が不渡りになったときに、手形の所持人が裏書人に対し担保的責任を追及するためには、不渡りの事実を証明する拒絶証書を作成しなければならないのが原則ですが(手形法四四条一項)、拒絶証書を作成すること自体、手形所持人にとっては、たいへん面倒なことであり、裏書人も拒絶証書を作成する費用を負担しなければならないとされておりますから、それらの負担をなくすために、拒絶証書の作成義務を免除するのが一般的になってきております。

■裏書の効力

①権利移転的効力

②資格授与的効力

③担保的効力

表記金額を下記被裏書人またはその指図人へお支払いください
平成　　年　　月　　日　　拒絶証書不要
住　所　東京都○○区××町○丁目○番○号
○○商店
甲野　太郎
（目　的）
被裏書人　　殿

表記金額を下記被裏書人またはその指図人へお支払いください
平成　　年　　月　　日　　拒絶証書不要
住　所
（第二裏書人の例）
（目　的）
被裏書人　　殿

表記金額を下記被裏書人またはその指図人へお支払いください
平成　　年　　月　　日　　拒絶証書不要
住　所
（第三裏書人の例）
（目　的）
被裏書人　　殿

表記金額を下記被裏書人またはその指図人へお支払いください
平成　　年　　月　　日　　拒絶証書不要
住　所
（第四裏書人の例）
（目　的）
被裏書人　　殿

表記金額を受取りました
平成　　年　　月　　日　　拒絶証書不要
住　所

第2章 手形の裏書方法と裏書の効果・手形保証

裏書により譲渡する方法と裏書の効果

弁護士 竹原茂雄

受取手形を他の代金決済に使うにはどうするか

▼裏書して譲渡するのが原則

私は、甲が私宛に振り出した約束手形を持っておりますが、取引関係先の乙に対し、甲から受け取った手形で支払うつもりでおります。ところが、どのようにして手形を乙に譲渡していいのかわかりませんので説明してください。

裏書の仕方は　手形は、法律上当然の指図証券であり、転々流通することを本来の目的としておりますから、手形法上も、手形の譲渡の方式として裏書を認めております。したがって、手形を譲渡する場合に、もっとも一般的方式とされるのが裏書ですが、手形は裏書以外の方法で譲渡することもできますから注意してください。

それでは、裏書はどのようにすれば完全かといいますと、別にむずかしく考える必要はなく、手形上または手形と結合した紙片（補箋）にいわゆる「表書の金額を被裏書人又はその指図人へお支払い下さい」という裏書文句と被裏書人を書き、さらに裏書人が署名または記名捺印をすればよいのです。

実際には、銀行から受け取る手形用紙には、すでにその裏面に裏書文句が印刷してありますから、裏書をしようと思えば、手形の裏書欄に署名または記名捺印をし、被裏書人の名前を書けばよいということになります。

なお、裏書は、被裏書人の名前を書かずに被裏書人欄を空白にしたままでする（白地式裏書）こともできますし、さらに簡単な方法として、裏書文句も被裏書人も書かずに裏書人の署名または記名捺印だけでする方法（簡略白地式裏書）も手形法上認められておりますが、後者の方法は、銀行から手形用紙を受け取って使用する場合には、すでに述べたように裏書文句が印刷されておりますから、通常は使われません。

また、理くつからいえば、裏書は手形の表面にしてもよいことになっておりますが、裏書人の署名または記名捺印だけで裏書する場合には、手形の裏面または補箋にしないと無効になります（手形法一三条）。

白地式裏書の場合は　白地式裏書によって手形を譲り受けた者は、自分の名前や他人の名前を書いて、白地を補充することができますし、さらに裏書をすることもできます（手形法一四条）。また、その手形に裏書をすることなく、そのまま手形を引き渡す方法で譲渡することもできます。

この場合でも、手形の善意取得や抗弁切断の効力は認められますから、裏書をしないで譲渡することは、将来、担保的責任を負わされることがありませんから、譲渡人には有利だといえます。

銀行から受け取る用紙の裏書欄には、日付、住所、目的を記載するところがありますが、これらについては、とくに書かなくても裏書が無効になるということはありません。しかし、実際には、将来、裏書人が担保的責任を負う場合にも、手形の信用性を高めるうえからも、裏書人の住所が記載されているようです。

日付についても、もし期限後に裏書をするような場合には、裏書をする日付を記載しておかないと期限前の裏書と推定され、担保的責任を負わなければならなくなります（手形法二〇条二項）。目的は、手形の質入れや取立委任の場合に記載すればよいと思います。

裏書をすることによって、すべての手形上の権利は被裏書人に移転します。

手形の裏書譲渡と一般の債権譲渡はどう違うか

▼裏書には特別な効力がある

私は甲に対し売掛代金を有しておりますが、甲は代金の支払いについて、乙からもらった手形を渡すといっております。手形を裏書譲渡してもらうのと、甲が乙に対して有する債権を譲渡してもらうのと、どう違うのでしょうか。

債権移転の効力は同じ　手形を裏書譲渡すれば、手形上のいっさいの権利が被裏書人に移転することは明らかですし、債権譲渡も、債権が移転するわけですから、債権の移転ということでは、両者に差異はありません。

しかし、手形は、法律上当然の指図証券ということであり、取引の手段として転々流通することが本来の目的ですから、一般の債権譲渡の効力を認めただけでは手形の流通性を失うことにもなりかねませんので、手形法は、裏書について特別な効力を認め、手形の流通性を強化しております。

裏書の効力として、①移転的効力、②資格授与的効力、③担保的効力の三つがあげられますが、これらについて、一般の債権譲渡とどう違うのか具体的に説明してみたいと思います。

裏書に認められる効力　まず、移転的効力についてみますと、債権が移転するということは、裏書も債権譲渡も同様ですが、裏書は、債権譲渡の場合は通知や債務者の承認といった対抗要件の問題は必要でなく、裏書だけで完全に権利移転の効果が生じます。

また、裏書によって、手形債務者が手形の譲渡人に対抗できた人的抗弁（手形上の債務者が請求者に対抗しうる抗弁のうち、特定の請求者に対してのみ対抗しうる抗弁）をもって譲受人に対抗できなくなります。ただし、手形の所持人が、その手形債務者を害することを知って、その手形を取得した場合には、抗弁は切断されません。

抗弁の切断が認められるのは、裏書譲渡を受ける際に、そのつど、抗弁の有無を確認するのであれば、譲受人は、安心して手形を取得できないことになり、結局、手形の流通性が失われてしまいます。

つぎに、資格授与的効力についてみますと、一般の債権譲渡の場合、債権の譲受人が債務者に支払いを請求するときに、その資格について争いが生じた場合には、譲受人が、債権の存在と自分が正当な権利者であることを証明しなければなりませんが、裏書の場合は、形式上連続した裏書の被裏書人、または最終の裏書が白地式の場合の手形所持人は、それだけで手形上の権利者と推定されますから、その資格を争うには、逆に手形債務者の方で、手形所持人が、権利者でないことを証明しなければなりません。

また、債務者側からみた場合、形式上連続した裏書の被裏書人や所持人に弁済すれば、もし、その者が無権利者であっても責任は免れますが、債権譲渡の場合には、債務者の方で、弁済した相手方が真の権利者であることを証明しないと、真実の債権者に対し、二重払いの危険性を有することになります。

第三に、担保的効力についてみますと、一般の債権譲渡の場合、原則として譲渡人は譲受人に対し、譲受人が債務者から弁済を受けられなくても、債権譲渡の効果としての担保責任は負いませんが、手形に裏書をした場合には、裏書人は、被裏書人およびその後の手形取得者に対し、特別の場合を除いて、当然に担保的責任を負わなければなりません。

裏書譲渡した者はどんな責任を負うのか

▼裏書には担保的効力がある

手形に裏書したときの責任は具体的には、どのような内容の責任を負うのですか。また、偽造手形の場合、偽造されたものなら手形上なんの責任も負わないといわれておりますが、偽造手形に裏書した場合はどうでしょうか。

支払担保の責任を負う　手形の裏書人は、裏書をすることによって、反対の文言がないかぎりは、被裏書人およびその後の手形取得者全員に対し、手形上の支払いを担保する責任を負っております。

本来ならば、約束手形の主たる債務者は振出人（為替手形の場合は引受人）ですが、振出人が満期に手形金の支払いをしない場合や満期前でも振出人において支払停止や破産等の事由が発生し、支払いの見込みがないと思われる場合には、裏書人は、手形金額や満期以後の利息等一定の金額の支払いをしなければなりません。

これを裏書の「担保的効力」とよんでおります。

このように、裏書には担保的効力がありますから、手形に裏書が多くなされていればいるほど、一般的には手形の信用が高まるといってよいと思います。

したがって、もし仮りに振出人があまり信用のおける人でなくても、裏書人に信用のある人がいれば、その手形を安心して受け取ることができます。

なお、手形法では、手形の振出人や裏書人らは、所持人に対して合同してその責に任ずる（四七条一項）と規定しておりますが、これは、手形所持人が、手形債務者の誰に対してでも直接請求できるほか、数人の手形債務者に対し同時に請求したり、一人ずつ請求することもできることを意味しております。

もっとも、手形所持人が一人の手形債務者から手形金全額の支払いを受けた場合には、他の手形債務者に対して請求できないのは当然です。

このように合同責任は連帯債務に似ているといえますが、連帯債務と異なり、手形債務の時効の中断は、その中断の事由を生じた者に対してのみその効力が生じます（手形法七一条）。

遡求義務を追及するための要件

裏書人が、裏書の担保的効力により負担する手形金支払いの義務を「遡求義務」といっておりますが、この遡求義務を追及するには、手形所持人が、満期に適法な支払呈示をしたのにもかかわらず支払いを拒絶されたということと、拒絶証書の作成が免除されていない場合には、拒絶証書を作成することが要件になります。

したがって、裏書人に対し遡求義務を追及するためには、法定の期間内に適法な支払呈示をすることが絶対に必要ですから、手形についていて支払いを受けられないことがわかっていても支払呈示をしなければなりません（約束手形の振出人や為替手形の引受人は、遡求義務者ではありませんから、これらの者については、支払呈示は、必ずしも要件ではありません）。

遡求金額については、手形法四八条、四九条に規定されておりますが、その主なものは、手形金額および手形に利息の記載があればその利息および満期以後の年六分の率による利息があげられます。

なお、裏書をした手形が偽造されたものであっても、その手形に裏書をした以上は、裏書人としての責任を負わなければなりません。これを「手形行為独立の原則」といっております（手形法七条）。

裏書人が担保責任を負わない方法はあるのか

▼裏書欄に無担保と明示する

裏書をすると担保責任を負わなければならないといわれておりますが、裏書をしても担保責任を負わなくてもよい場合があるのでしょうか。また、裏書を抹消した場合も担保責任を負わないのでしょうか。

責任を負わずにすむ場合

裏書をすると、その担保的効力として、裏書人は、被裏書人およびその後の手形取得者全員に対し、手形上の支払いを担保する責任を負わなくてはなりませんが、特別の裏書の場合には、裏書人は、担保責任を負わなくてもよいとされております。

手形法も、「裏書人は、反対の文言なきかぎり、引受及び支払を担保する」と規定しており、裏書人が裏書をする際に、担保責任を負わないことを手形面上に明らかにしておけば、その裏書人は、担保責任を負わなくてすみます。

このような裏書を「無担保裏書」とよんでおりますが、無担保裏書にしようとするときは、手形の裏書欄に「無担保」という文句をはっきり書いておけばそれでよく、その裏書人は、その後の手形取得者に対して担保責任を負うことはありません。

無担保裏書がどのような場合になされるかといいますと、裏書人が、その手形について実質的な債務者とならない場合、たとえば、甲が乙から手形を担保のために裏書譲渡を受けていますと、後日、乙から返済があったときには、甲は乙に対し担保のために預かった手形を返済しなければなりませんが、すでに甲は乙から裏書譲渡を受けていますので、手形を返還するには、逆に甲から乙へ裏書譲渡をしないと、その手形は裏書の連続を欠いてしまい、乙およびその後の手形所持人は、手形上の権利を行使することが困難になってきます。

しかし、甲は、その手形について手形金支払いの義務はないわけですから、このような場合に、「無担保」と裏書欄に記載して裏書をすれば担保的責任を負うことはありません。

裏書を抹消した場合

また、右のような場合に、無担保裏書をするのとは別に、裏書を抹消して返すことも行なわれております。

裏書を抹消することによって、抹消された裏書は、手形法上記載がなかったものとみなされるので（一六条一項）、無担保裏書にして元に戻すのと裏書を抹消するのとでは、裏書の連続の関係では同じ結果がもたらされます。

そして、手形の最後の被裏書人は、手形の返還を受けた者がなるわけですが、そこから再び裏書をしていけば、裏書の連続があることになりますから、手形の所持人は容易に手形上の権利を行使することができますが、裏書の抹消をしたその裏書人に対して担保的責任を追及することはできません。

裏書を抹消するには、裏書に関する記載事項を塗抹したり、斜線や交線を書きこんでおりますが、その方法には制限がありません。

また、抹消をしたものの印の有無も、その効果に影響がありませんが、後になって紛争が起きないように、誰がみても裏書の抹消をしているということが明らかなようにしておかなければなりません。

なお、裏書をしても担保責任を負わないものとして、期限後裏書や取立委任裏書があります。

また、裏書禁止裏書の場合には、直接の被裏書人に対してのみ担保責任を負い、その後の被裏書人に対しては、担保責任を負いません（手形法一五条二項）。

裏書を連続させるため裏書を勝手に抹消できるか

▼抹消権限の有無に関係ない

私が受け取った手形をみますと、裏書が連続していないことに気がつきました。裏書の連続がないと、手形上の権利を行使するのに不利益が及ぶと聞いておりますが、裏書の連続があるように、私が勝手に裏書を抹消してよいものでしょうか。

裏書の連続とは何か　裏書の連続した手形を所持している者は、正当な権利者と推定されますから、手形上の権利を行使する場合にも、権利者であるとの実質的な証明をすることは不必要で、手形を所持しているだけで権利を行使する資格が認められますが、もし、手形の裏書の連続がない場合には、それだけの理由で手形が不渡りにされることもありますし、そのほかにも多くの不利益が強いられます。

この裏書の連続とは、手形の記載上、最初の受取人から、現在の所持人に至るまでの各裏書が、直前裏書の被裏書人がつぎの裏書人となるように間断なく続いていることをいいますが、白地式裏書に次いで他の裏書があるときは、後の裏書の裏書人は、その白地式裏書によって手形を取得したものとみなされますし、最後の裏書が白地式のときは、手形所持人が権利者と推定されます（手形法一六条一項）。

もっとも、裏書の連続は、同種類の裏書の間の連続をいいますから、通常の裏書の間に取立委任裏書が入っているような場合には、その取立委任裏書を除いて、裏書の連続の有無を判断しなければなりません。

裏書の抹消と裏書の連続　ところで、裏書の連続を欠く場合に、ある裏書を抹消すれば裏書の連続が認められるという事例も多く見受けられますが、このようなときに、手形の所持人が勝手に裏書を抹消できるかというのが、ご質問の趣旨ですが、通常は、抹消する権利のある者が抹消しなければ抹消とはいえませんが、裏書の抹消は、手形の他の記載事項の抹消と異なり、客観的にみて、抹消されているかどうかという事実から判断されますから、抹消権限の有無は、まったく関係がありません。

したがって、まったく権限のない者がした裏書の抹消でも、間違って裏書を抹消したときでも、裏書の連続に関しては、裏書の抹消は有効であり、その裏書は、記載されなかったものとみなされます。

なお、裏書を抹消することによって、連続していた裏書が連続を欠く場合も出てきますから注意が必要です。

つぎに、被裏書人の氏名のみが抹消された場合、たとえば、裏書の記載事項のうち被裏書人欄を抹消すれば裏書の連続が認められるようになる場合、被裏書人の名前を抹消することが法律上どのようになるのかが問題ですが、この点については、いろいろな議論が分かれていましたが、最高裁は被裏書人の記載だけが抹消されているときは白地式裏書とし、抹消して別の名前に訂正されていれば、その名前の者に裏書が変更されたものとみて裏書が連続しているかどうかで適法な所持人と推定するといっております（最判昭六一・七・一八）。

裏書の連続が欠けていた場合でも、実質的な権利移転の関係を証明すれば、手形上の権利の行使の難易はともかく、手形上の権利を行使できないということはありません。

商号を変更した会社の裏書はどのようにするか

▼旧商号と新商号を併記する

私の会社は、甲株式会社から乙株式会社に商号の変更をしました。ところが、他から受け取っていた手形を第三者に裏書譲渡をしようとしたところ、受取人が甲株式会社になっており、乙株式会社として裏書をすると裏書の連続がなくなるのではないかと思いますが、どうでしょうか。また、手形の裏書を代表取締役でなく経理部長にやらせても問題はないでしょうか。

裏書連続の有無は表示により判断

手形に裏書の連続があると、その手形所持人は、権利者としての形式的資格が認められ、手形を所持していることによって手形上の権利を行使することができます。したがって、裏書の連続する手形所持人に対し支払いをした手形債務者は、悪意または重大な過失のないかぎり免責されますし、手形の譲渡人が無権利者であっても、裏書の連続している手形を裏書によって譲り受けた者は、善意取得により手形上の権利を取得します。

このように、裏書の連続の有無は、手形に関与する者にとって、たいへん重要なことですから、手形を受け取る際には、十分注意しなければなりません。

ところで、裏書の連続の有無は、手形に記載された形式的な表示によって判断するわけですから、形式的に裏書が連続していれば、その間に偽造の裏書や実在しない会社の裏書等があっても裏書の連続があるといえますが、逆に、受取人や被裏書人とつぎの裏書人の表示がちがっていれば、実質的には同じであることがわかっていても、裏書の連続は認められません。

たとえば、相続の場合、手形を所持している被相続人Aが死亡すると、その手形上の権利は相続人Bに移転しますから、相続人Bがさらにその手形を第三者に裏書譲渡をすると、被裏書人Aと裏書人との間には裏書の連続を欠くことになります。

同様のことは、会社の合併の場合において、合併前の会社と合併後の会社とでは、同一商号の場合は別として、やはり裏書の連続を欠くことになります。

したがって、右のいずれの場合でも、その後手形上の権利を取得したものは、その権利を行使するためには、その間の実質関係を証明することが必要になってきます。裏書の連続があるというためには、被裏書人と裏書人の表示が一字一句同じであるという必要はなく、社会通念上同一性が認められれば、裏書の連続があるとされておりますが、裏書の連続の有無に関しては、数多くの判例が出ております。

商号変更の場合の裏書　ところで、商号を変更した場合に、会社はどのように裏書をすれば裏書の連続が認められるかということですが、判例の立場からすれば、裏書人の肩書に商号変更の理由となる事項を記載すれば、裏書の連続があるとしておりますから、商号変更の場合も、旧商号甲株式会社、新商号乙株式会社代表取締役何某と記載すれば、その間の裏書の連続があるものと認められると思います。

　もっとも、この方法については異論があるということは知っておいてください。

　最後に、手形の裏書を経理部長にやらせた場合の効力ですが、経理部長にその権限を与えることは法律上も有効です。この場合には、経理部長が会社のために裏書をしているということを明確にしておかなければなりませんが、「何々株式会社経理部長何某」と記載しておけばよいと思います。

手形金の取立てを依頼するにはどうすればよいか

▼取立委任と書き署名する

　甲に対し取立てのために裏書をした場合、それはどのような効果をもつのでしょうか。もし、その手形を勝手に第三者に裏書譲渡された場合には、私が責任を負うようになると困りますので、その点も説明してください。

取立委任の文言を記載　手形の裏書人が、手形上の権利を取立てする権限を被裏書人に与える目的で、取立委任をする旨を記載してなす裏書を「取立委任裏書」といっております。

　その方法としては、裏書欄に「取立委任」「回収のため」「代理のため」等、単に取立委任を目的とする文言を記載し、それに裏書人が署名または記名捺印をすることによって行なわれます。しかし同じ取立委任を目的としながら、取立委任の文言を記載しないで、通常の裏書譲渡の方法によってする「隠れた取立委任裏書」がありますが法律上の効果は、「取立委任裏書」と「隠れた取立委任裏書」の間には、大きな差異があることをご承知ください。

　取立委任裏書は、被裏書人に対し、手形上の権利を行使する代理権を授与するだけで、一般の裏書譲渡のように権利移転の効力も担保的効力もありません。したがって裏書人は、手形上の権利者として、手形を所持するかぎり、取立委任裏書を抹消せずに、その権利を行使することができます。

　一方、取立委任裏書を受けた被裏書人は、手形上の権利を行使する代理権しか与えられておりませんから、取立てのための裏書をすることはできますが、それ以外の裏書はできません（手形法一八条一項）。

　もし、その手形について、その後、裏書譲渡を受けた者がいたとしても、取立委任裏書をした者に対しては、手形所持人の善意悪意を問わず、手形上の権利を請求することはできません。

隠れた取立委任裏書の場合は　これに対し、隠れた取立委任裏書の場合には手形上の権利は被裏書人に移転しますから、取立てを委任した被裏書人以外の第三者に対する関係では、裏書人は通常の裏書人と同様の立場にたち、後にその手形上の権利を行使しようとするときは、隠れた取立委任裏書を抹消しなければなりません。また、取立委任の目的に違反して、被裏書人が第三者に手形を譲渡しますと、その第三者に対して担保的責任を負わなければなりません。

つぎに、取立委任裏書の場合には、被裏書人は、あくまでも裏書人の手形上の権利を代理行使するわけですから、もし、手形債務者の方で取立委任裏書をした者に対し支払拒絶の理由があるのであれば、その理由を被裏書人に対し主張して、手形金の支払いを拒絶することができます（手形法一八条一項）。

この点については、隠れた取立委任裏書の場合でも、裏書人と被裏書人との間に取立委任契約が存在すること自体が被裏書人にとって悪意の抗弁になるとか、被裏書人には固有の経済的利益がないというような理由で、取立委任裏書と同じ結果を認めております。

以上説明してきたことからおわかりのように、第三者に手形の取立てを委任するには、不測の損害が生じないように、裏書は取立ての目的を記載して行なう方がよいと思います。

回し手形を受け取ったら盗難手形といわれたが

▼悪意・重過失がなければよい

私は、取引先から手形の裏書譲渡を受けて現在もっておりますが、取引先の前の裏書人から、この手形は盗まれたものであるから返してくれといってきました。私は、取引先から正当にこの手形をもらったものですが、手形は返さなければなりませんか。

善意取得なら返還の要なし　もし、仮りに手形の譲渡人が無権利者であったとしても、裏書の連続している手形を裏書によって取得した者は、その譲受の際に悪意または重大な過失がなかった場合には、手形上の権利を取得し、これを真正な権利者に返還する必要はありません（手形法一六条二項）。これを手形の善意取得といっております。

動産についても、民法上、善意取得が認められており、この場合には、盗品や遺失品については例外がありますが、手形の場合は、真正な権利者が手形の占有を失った理由に関係なく、すべての場合に善意取得が認められております。これは、手形の流通性を重んじ、手形の取得者をよりいっそう保護しようとしているからです。

善意取得のための要件　それでは、どのような場合に手形の善意取得が認められるかといいますと、第一に、裏書の連続する手形を、手形本来の流通方法である裏書または引渡し（最後の裏書が白地式の場合）によって取得することが必要です。

裏書が連続していない手形の場合には、その手形取得者を保護する必要がないとされておりますが、裏書の連続を欠く場合でも、その欠けている部分について、実質的な権利移転があったことを証明できれば善意取得が認められます。

しかし、形式上裏書の連続があっても、被裏書人に独立の経済的利益がない場合には、善意取得は認められませんし、手形本来の流通方法である裏書や引渡し以外の相続や債権譲渡の場合にも善意取得は認められません。

第二に、手形を無権利者から取得することが必要です。

以前は、手形の善意取得が認められる範囲を狭く解しており、裏書人が無権利の場合にのみ限定していましたが、最近は、善意取得を手形流通のため善意者保護を特に拡大することをはかった制度とみて、手形の裏書や引渡しが裏書人や引渡人について無効または取り消されるようなときにも認められるようになってきております。

判例も、譲渡人の代理権が欠けている場合にも善意取得を認めております。

第三に、手形の取得の際に、手形取得者に悪意または重大な過失のないことが必要です。

悪意とは、裏書人が無権利者であることを知っていることをいい、重大な過失とは、無権利者であることを知らないことについて、取引上必要とされる注意義務をいちじるしく欠くことをいいます。重大な過失があるかどうかについては、手形取得の際の具体的事情によって異なりますが、これらについての立証は、善意取得を否定する側でしなければなりません。

なお、悪意または重大な過失の有無についての判定時期は、手形取得のときであって、その後の事情の変化はまったく影響がありません。よく新聞紙上に手形をなくした旨の広告を出しているのを見かけますが、これをみなくても重大な過失があったとはいえません。

契約解除を理由にして振出人が支払いを拒んだが

▼当事者以外には主張できない

私は、取引先から手形を裏書により受け取り、振出人に請求したところ、手形を振り出したことは認めるが、振出しの原因となった契約関係が、私の取引先の債務不履行により契約解除になったので、手形は返してもらいたいし支払う理由もないといっております。手形金を請求することはできませんか。

抗弁が制限される場合　一般の債権譲渡の場合、譲受人は譲渡人の有する権利しか取得できませんから、もし、債務者が譲渡人に対し、なんらかの支払いを拒絶する理由を有しているならば、当然、その理由を譲受人に対して主張することができますが、手形の裏書によって手形を取得する場合にも一般の債権譲渡のように支払いを拒絶されると、手形を取得しても、その権利はまったく不安定となり、手形の流通性が大きくそこなわれます。

そこで、手形法は、手形取引の安全性を高めるために、裏書による手形取得者を保護し、債務者の抗弁をできるだけ制限しようとしております。これを「抗弁の制限」といっており、「手形により請求を受けた者は、所持人の前者に対する人的関係に基く抗弁をもって、所持人に対抗することができない」（手形法一七条）と規定しています。

それでは、抗弁の内容としてはどのようなものがあるかといいますと、①一般に、特定の手形債務者からすべての手形所持人に対抗しうる抗弁（物的抗弁）と、②特定の手形所持人に対してのみ対抗しうる抗弁（人的抗弁）とに分かれますが、この人的抗弁について、手形法が抗弁の制限を認めているわけです。

物的抗弁と人的抗弁　そこで、物的抗弁と人的抗弁の区別ですが、物的抗弁は、すべての手形所持人に対抗しうるものですから、その内容も、㋑手形行為の有効な成立を否定するもの、たとえば、偽造や手形行為の形式不備、無権代理、制限行為能力による取消し、㋺手形上の記載にもとづくもの、たとえば、満期未到来、無担保裏書、手形に記載された一部の支払い、㋩手形債務の消滅や手形の失効にもとづくもの、たとえば、時効による権利の消滅、供託による義務の消滅、除権決定による手形の失効があげられます。

このように、物的抗弁は、手形上の権利義務自体に関するものといえますが、物的抗弁以外の抗弁は、手形上の権利義務自体に関するものではありませんから、すべて人的抗弁となってしまいます。

たとえば、直接当事者間の実質関係にもとづくものとして、原因関係の不存在や消滅、契約の不履行、融通手形、手形に記載のない支払い等がありますし、また手形上の権利義務の在否に関するもので物的抗弁にならないものとして手形所持人が無権利であること等があります。

いずれにしても、人的抗弁は、いろいろな場合にみられると思いますが、手形の流通性の確保という見地から、その抗弁の主張が制限されているわけです。

なお、人的抗弁が制限されるのには、一定の条件があり、手形取得者に悪意または重大な過失がある場合、および手形取得者が独立の経済的利益を有しない場合には、手形債務者は持っている抗弁を主張して、手形の支払いを拒むことができます。

■物的抗弁と人的抗弁

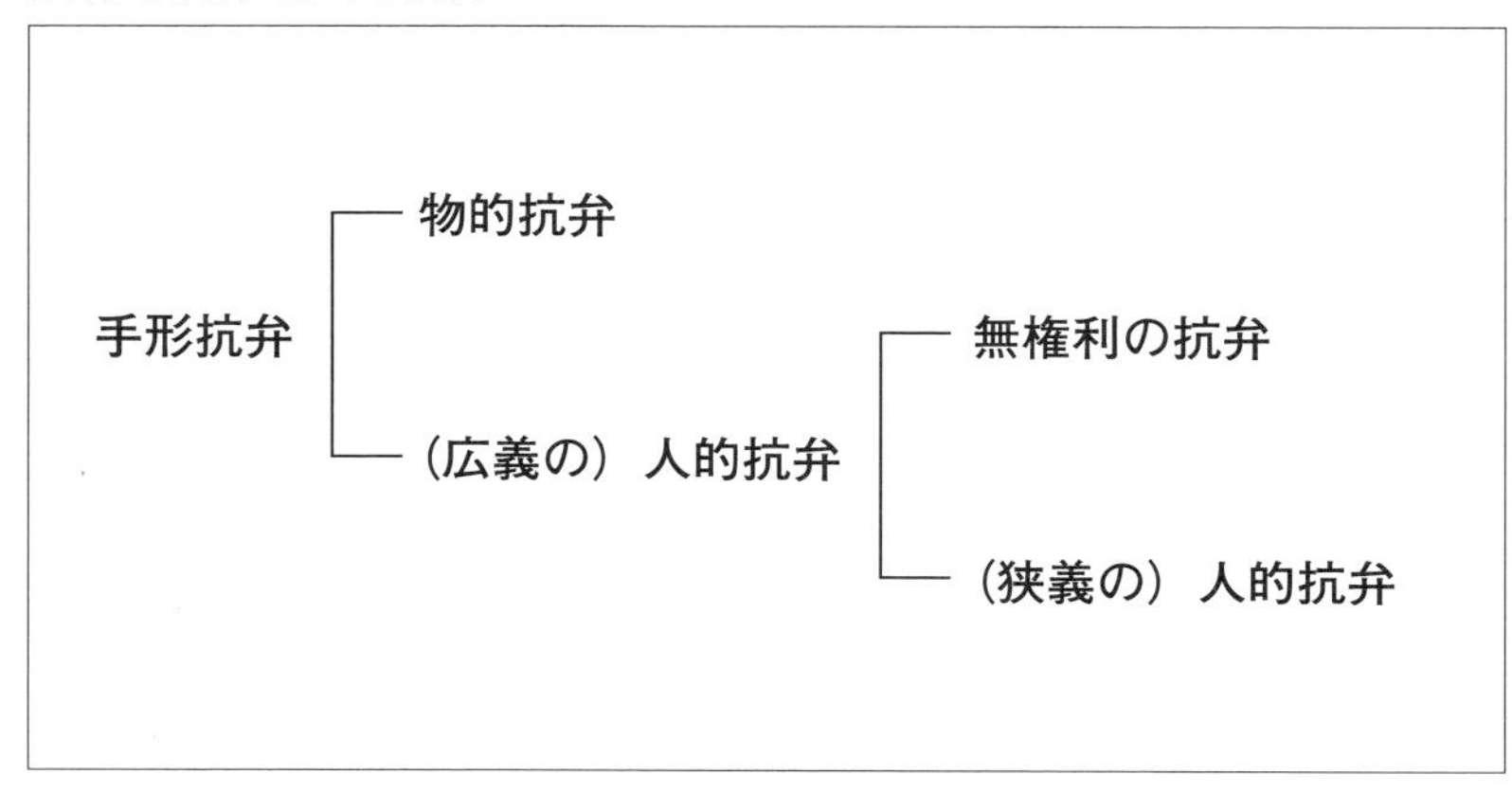

第2章 手形の裏書方法と裏書の効果・手形保証

特殊な場合の裏書の仕方とその効果

弁護士 竹原茂雄

振出日より前の日付の裏書は問題ないのか

▼裏書欄の日付は要件でない

手形の裏書にあたって、裏書の日付について、どのような注意が必要でしょうか。手形の振出日より前の期日を書いた場合は、その裏書は有効でしょうか。

真実の日付が無難　手形用紙の裏書欄には、日付を記入する欄があります。ここに日付を記入することが、絶対的な要件ではありません。書いても、書かなくてもいいのです。書かないと、法は期限前の裏書と推定しています（手形法二〇条二項、七七条一項一号、小切手法二四条二項）。

以上のとおりですから、裏書人が裏書をするにあたって、特に期限後裏書の場合には、真実の裏書日付を記載しておくことが必要です。

会社などの代表者が裏書する場合に、後に、裏書人が権限ある者であったかどうか、つまり、代表権を持っていたかどうかが争われることがありますから、このような点を考えると、真実の裏書日付を記載するようにすべきでしょう。

裏書の日付を、手形の振出日より前に記載してしまった場合に、この裏書の効力をどう判断すべきでしょうか。先に説明したとおり、裏書の日付は、手形の要件とはなっていません。書かなくとも、裏書の効力に影響を及ぼしません。したがって、振出日より前の裏書日が記載されていても、裏書の事実がある以上、その裏書は有効だとする考え方が支配的です。

しかし、この見解に反対の下級審の判決もあることを紹介しておきます。その理由とするところは、「振出日より以前に裏書が有効になされる理がないから、振出日より前の日付をもってなされたる裏書は、そのままの現状では無効であると解すべきである」というものです（大阪地判・昭和三六・五・二六、下民集一二・五・一二〇一）。

この判決は、訂正すれば有効である、というい方をしていますが、学説・判例の大勢は、訂正するまでもなく有効としています。ただ、実務の取扱上、手形を取得する際に、裏書の日付が、振出日より先にあるような場合を発見したときは、裏書人に訂正を求めるべきでしょう。しかし、訂正が容易でない場合も、実際上起きてくるかもしれません。このような場合には、そのまま手形を取得してもさしつかえがないことは、右に説明したとおりです。

金融機関は、このような手形が支払呈示のためめまわってきたときは、振出人に連絡することなく、決済してもさしつかえないとされています。小切手の場合も、このことは同様です。

裏書日付のメリット　ただし、裏書日付を書くことが無意味ということではありません。裏書時における裏書人の能力の有無を判定する基準になりますし、期限後裏書かどうかを判断するための資料となることがあるからです。また、裏書の連続を判断する資料の一つにもなるでしょう。

このことは、住所の記載についても同様のことがいえます。特に、裏書人が遡求の通知を受ける必要があるので、裏書人としては、記載した方がよい、ということになります。この点、裏書日付の記載よりも、やや実際上の意味が大きいといえます。

裏書禁止の手形を取立てに回すにはどうするか

▼取立委任の裏書はできる

手形・小切手を受取人が第三者に裏書譲渡することを禁止することができると聞いています。このような手形・小切手の取立てを銀行などに委任することができますか。

裏書禁止の手形小切手の譲渡性　手形・小切手の裏書を禁止するやり方は、振出人が、手形・小切手の表面や裏面に、「指図禁止」とか、「裏書禁止」、あるいは「某殿に限って支払います」といった文句を書きます。こうすると、手形・小切手の譲渡性がなくなるわけです。単なる記名証券の性質となるのです。

このような手形・小切手を裏書譲渡しても、譲渡裏書の効力は生じませんから、裏書人の担保責任も発生しませんし、善意で譲渡を受けた者であっても保護されません。しかし、一般債権の譲渡としての効果はあります。その譲渡を対抗するためには、たとえば、約束手形であれば、譲渡人が、第三者（被譲渡人）に手形額面の債権を譲渡したことを、振出人に宛て、内容証明郵便で通知するか、振出人が譲渡を認める証書に、公証役場で確定日付を受けなければなりません。それと、譲受人は、その手形・小切手を所持しなければ、振出人に請求はできません。

裏書禁止ができる者は、振出人だけです。ただ、これに似て非なるものとして、裏書人が、それ以後の裏書を禁止して、被裏書人に裏書譲渡することがあります。このような裏書禁止は、法にいう裏書禁止の手形・小切手ではありません。このような手形・小切手の効力は、裏書を禁止する文句を書いて譲渡した裏書人は、その被裏書人に対してのみ担保責任を負うにすぎず、被裏書人がさらに裏書譲渡しても、それを譲り受けた被裏書人には担保責任を負担しないという効果があります。

おたずねの、裏書禁止の手形・小切手を銀行などに取立てを委任することができるか、ですが、結論をいうと、取立委任裏書は、可能です。この裏書は、禁止の対象として予想する裏書とは性格を異にするからです。取立委任裏書は、結局、その銀行に取立ての代理権を与える意味にすぎないと解釈されるからです。

つぎに、裏書禁止の手形・小切手を割り引くことができるか、です。結論は、割り引くことは可能です。

裏書禁止の手形・小切手は、裏書性がないだけで、先に述べた手続き（内容証明郵便の通知、もしくは確定日付のある証書の作成）を踏み、かつ手形・小切手を取得すればよいのですから、譲渡性が否定されているわけではないのです。

しかし、一般の手形・小切手の効力と比較すると、その担保力は落ちるわけで、割引者にとっては不利といわざるを得ません。したがって、金融機関などでは、このような手形・小切手を割り引くことはあまりないということです。

割り引く者にとって注意すべきことは、指名債権の譲受人として、振出人などに対抗する手続きを必ず踏み、手形・小切手の現物を取得しなければなりません。

このような裏書禁止の手形・小切手が発行される例は、実際にはあまり多くはないでしょうが、皆無というわけではありませんので、手形・小切手を受け取るとき注意すべきです。

なお、以前の判例ですが、参考になるのがあります。

ゴルフクラブの入会にあたって、会員権等の代金支払いのために、いわゆるマル専手形が振り出された場合でも、一般の手形振出しの場合とその性質において変わりはなく、「手形授受の当事者に暗黙の譲渡禁止の特約がなされたと推定することはできない」としています（札幌高判・昭和五七・八・五）。

白地式裏書の手形を受けとったときはどうするか

▼補充しなくてもよい

白地式裏書とは、どんな裏書のことをいうのでしょうか。一般に出まわっている手形の裏書の多くは、白地式裏書だと聞いています。このような約束手形の権利行使は、どうしたらよいでしょうか。

そのままで権利行使できる

白地式裏書とは、被裏書人の記載のない裏書のことをいいます。実際に出まわっているのは、被裏書人の記載がないものです。

この場合、被裏書人欄が空欄でも、裏書人の署名（もしくは記名捺印）は必要です。

白地式裏書も、それ自体は完成した裏

☆白地式裏書

表記金額を下記被裏書人またはその指図人へお支払いください。
平成　　年　　月　　日　　拒絶証書不要
住所
斉藤太郎　㊞
(目的)
被裏書人　　殿

表記金額を下記被裏書人またはその指図人へお支払いください。
平成　　年　　月　　日　　拒絶証書不要
住所
国枝三郎　㊞
(目的)
被裏書人　　殿

表記金額を下記被裏書人またはその指図人へお支払いください。
平成　　年　　月　　日　　拒絶証書不要
住所
近藤芳夫　㊞
(目的)
被裏書人　　殿

表記金額を下記被裏書人またはその指図人へお支払いください。
平成　　年　　月　　日　　拒絶証書不要
住所

書ですから、裏書としての効力は記名式裏書と変わりません。

したがって、権利移転の効力、資格授与の効力、および担保的効力があることは同じです。

このような約束手形の権利を行使するには、このままでいいのかどうかです。右に説明したとおり、白地式裏書自体が、すでに完成された裏書ですから、白地式裏書で手形を取得した所持人は、権利者として、このままで権利行使ができます。別に、そこを補充する必要はありません。もちろん、所持人の名前を書き入れてもさしつかえありません。

手形を譲り受けた場合、白地式裏書であれば、そこに譲受人の名前を補充して、さらに次に裏書譲渡しても、空欄のところに、次に譲渡する他人の名前を書き入れて、その者に手形を交付してもよいことになっています。

また、自分の名前を書き入れずに、白地のままで裏書してもよいことになっています。しかし、被裏書欄の白地に他人の名前を書いて、その者に渡した場合は、裏書をしたことにはなりません。

また、白地式裏書の手形を、そのままで第三者に交付した場合についても、裏書をしたことにはならず、担保責任は負いません。

白地式裏書の手形の所持人は、裏書の連続があれば、反証がないかぎり、正当な手形の所持人と推定されるということです。

このような、手形で請求を受けた債務者が、現在の手形所持人が有効に手形を取得したものでないと主張するためには、単に、有効な裏書によって、その手形が所持人に帰したものではない、と主張し、立証するだけでは足りなくて、それについて、悪意、または重大な過失があったことを主張立証しなければならないことになっています。

白地式裏書に関連して、被裏書欄に、「取立委任に付○○信用金庫」と記載して、のちにこれを抹消して、つぎに譲渡した約束手形を見かけることがあります。このような手形の所持人は、適法な手形の所持人といえるでしょうか。

たとえば、手形割引のために、支払期日の前に、受取人から白地式裏書で、手形の譲渡を受けた者が、被裏書欄の白地部分に「取立委任に付○○信用金庫」と記載したうえ取立委任をし、その後白地補充部分を抹消したような場合、手形の適法な所持人として振出人に手形上の権利を行使できる、とするのが判例です(最判・昭和五二・七・一二、金融法務八四二・三二)。

支払期日後の裏書日付の手形を受け取ったが

▼人的抗弁も切断されない

支払期日を経過してしまった約束手形の裏書譲渡を受けましたが、期日後の裏書譲渡は、期日前のそれと法的効果がちがうのでしょうか。

期限後裏書の効力は弱い　支払期日を経過して、それが、支払拒絶証書作成後、または、その作成期間を経過した後の裏書を、「期限後裏書」といいますが、単に支払期日(満期)後になされた裏書と区別されます。

「期限後裏書は、遡求の段階に入ったのちの譲渡であるから、通常の流通の保護を与える必要はない」として、指名債権譲渡の効力しかないとされています(手形法二〇条)。

拒絶証書作成期間とは、確定日払手形の場合には、支払いをするべき日(休日でないかぎり支払期日がそれです)、またこれにつぐ二取引日をいいます。

期限後裏書かどうかは、実際に裏書がなされた日によって決めます。

支払拒絶証書は、手形の裏書の記載事項に接続して記載されますから、その後に記載されている裏書は、期限後裏書と推定されます。

裏書の日付があるものは、いちおうそれが標準とされますが、それが必ずしも真実の日付とはかぎりませんので、決定的なものとはいえません。

裏書の日付のないものについては、法は、期限前の裏書と推定しています(手形法二〇条二項)。期限後裏書かどうかが争われたときは、期限後裏書であることを主張して利益のある者に立証する責任があります。すなわちその手形の債務者ということになります。

期限後裏書の効力は、指名債権譲渡の効力しかありません(民法四六八条)。このことは、裏書を受けた者(譲受人＝被裏書人)は、裏書人が持っていた以上の権利を取得することができず、人的な抗弁は切断されないのです。

すなわち、手形債務者が裏書人に持っている人的抗弁を被裏書人に主張できます。このことは、期限後裏書が重なると、それにつれて、抗弁事由がふえることになります。

また、期限後裏書には、通常の手形流通の保護である、善意取得の保護も、裏書の担保的効力も認められません。したがって、振出人が支払いを拒絶しても、期限後の裏書人に遡求していくことはできないのです。

期限後裏書の場合、通常の裏書と同様に、裏書人が持っていたいっさいの手形上の権利が、被裏書人に移転することは当然とされています。

したがって、この限度で、所持人は、裏書の連続があれば、実質的に権利者であることの証明をする必要はなく、権利を行使することは可能です。以上に説明したように、期限後裏書は、きわめて弱い効力しか認められていませんから、取得者にとっては危険だということです。

このような手形を受け取る場合には、裏書人が、手形債務者からどのような抗弁をされる可能性があるかを、十分に調査する必要があります。

期限後であるから、手形債務者にその手形の金額を決済する意思があるのかどうか、ないとしたら、どのような抗弁事由を裏書人に対して持っているのか、直接にきいてみるのも一つの方法と思います。

それによって、期限後裏書を受けるかどうかを判断することが肝要です。

手形を質に入れるときの裏書はどうするか

▼目的の欄に明記する

手形上の権利を質に入れることができると聞いています。この場合の方法と、手形の裏書の書き方を教えてください。また、その効力の点についてもあわせて教えてください。

質入れ裏書にもいろいろある　手形上の権利を質に入れることができます。法的にいうと、質権を設定することです。この場合、質に入れる旨を手形の裏面に記載してします。これを質権設定のための裏書といいます。公然と質入れのための裏書をするものと、隠れた質入れのための裏書もあります。質入れ裏書は、担保のための裏書としては、適切だといわれています。質入れ裏書の書き方は、つぎのページの上図のとおりです。

質入れ裏書は、手形上の権利に質権を設定するのですから、被裏書人に手形上の権利が移転するものではありません。質入れ裏書のためには、裏書欄の目的の項に、「担保のため」、「質入れのため」その他質権の設定をするという趣旨の文句を付記します。この付記をしないと、質入れの目的でしても、質入れ裏書として取り扱われません。譲渡裏書とみなされます。

質入れ裏書には、正式の質入れ裏書と、白地式の質入れ裏書とがあります。白地式の場合は、白地式裏書に質入れ裏書をするものです（次ページの下図）。

質入れ裏書の効力ですが、手形上の権利に質権設定の効力が生じます。これは、質権者の名によって、手形上の権利行使ができること、すなわち、手形金の取立てができるということです。質権者は、手形金を取り立てて、担保された債権の優先弁済にあてることができます。

手形金取立てのために必要があれば、手形から生ずる権利のほか、白地の補充、手形の返還請求（手形法七七条一項一号、一六条二項但書）、拒絶証書作成、遡求通知、公示催告の申立てなどができます。

☆質入れ裏書の書き方

表記金額を下記被裏書人またはその指図人へお支払いください。
平成　30年　12月　1日　　拒絶証書不要
住所　東京都港区高輪1丁目2番4号
乙野次郎　㊞
（目的）質入れのため㊞
被裏書人　丙野三郎　殿
表記金額を下記被裏書人またはその指図人へお支払いください。
平成　年　月　日　　拒絶証書不要
住所

☆白地式質入れ裏書の書き方

表記金額を下記被裏書人またはその指図人へお支払いください。
平成　30年　12月　1日　　拒絶証書不要
住所　東京都港区高輪1丁目2番4号
乙野次郎　㊞
（目的）担保のため㊞
被裏書人　殿
表記金額を下記被裏書人またはその指図人へお支払いください。
平成　年　月　日　　拒絶証書不要
住所

しかし、質権者たる被裏書人は、質権の目的を達するため必要な範囲でしか、権利行使ができないのは当然のことです。したがって、手形についての債務免除や更改などができないとされていますし、その手形を譲渡裏書をしたり、質入れ裏書をしたりはできません。たとえ譲渡裏書をしても、それは、取立委任のための裏書としてのみ効力があるとされています（手形法七七条一項一号、一九条）。

質入れ裏書をした裏書人は、それによって手形上の権利を失うでしょうか。その地位は失いません。すなわち、裏書後も手形上の権利者であることには変わりはないのですから、後日、質権者（被裏書人）から手形の返還を受ければ、自分の裏書を抹消しなくとも、手形上の権利を行使することはできます。また、これを第三者に裏書譲渡することもできます。このことは、取立委任裏書の場合とまったく同じです。

隠れた質入れ裏書は、実質上質入れの目的ですが、形式的には、譲渡裏書でしているものです。隠れた質入れ裏書は、隠れた取立委任裏書と形式的には判別できません。しかし、その性格は異なり、隠れた取立委任裏書は、手形外で取立権限が与えられているにすぎませんが、隠れた質入れ裏書は、手形の取立金で、優先的に弁済充当ができるという権限を持っていることです。

手形に保証するときの裏書はどうするか

▼正式と略式保証がある

約束手形の振出しを受け、第二、第三の裏書欄に、保証の目的でそれぞれ裏書を受けて手形を受け取って所持しています。振出人が支払わないときは、裏書人に請求できますか。

保証の態様には二通りある　手形の保証とは、手形債務である振出し、引受け、参加引受け、裏書などによって生じた手形債務の全部または一部を担保する目的で、これを同一内容の債務の負担を目的とする付属的な手形行為です。

手形の保証人の資格には制限はなく、手形に無関係な者でも、すでに手形債務者である者でもさしつかえはないのです。

この保証の態様ですが、これには二つあって、「正式保証」と「略式保証」とがあります。「正式保証」は、「保証」その他これと同一の意味を持つ文字を手形に記載し、保証される者を表示し、保証人が署名押印します。保証文句は、保証、保証人、連帯保証人、のいずれの文句を用いてもよいのです。ただ「立会保証人」は、手形保証の要件を満たさない、とされています。

正式の振出し保証と裏書保証は、つぎの図のとおりです。「略式保証」は、正式保証以外の方式でする保証をいいます。被保証人を指定せず、単に保証の趣旨を記載し、または、保証文句をも記載せずに、単に手形表面に署名するだけですることもできます。それが、支払人（為替手形の場合）または振出人（約束手形の場合）でないかぎり、保証とみなされます。

署名のみをもってする保証は、手形の表面にしなければなりません。裏面にする単なる署名は、白地式裏書とみなされます。

ただ、裏書欄に、裏書人と並べて裏書

☆裏書保証の書き方

表記金額を下記被裏書人またはその指図人へお支払いください。
平成　30 年　12 月　1 日　　拒絶証書不要
住所　東京都杉並区天沼3丁目4番5号
乙　野　次　郎　㊞
東京都港区高輪1丁目2番1号
(目　的)　保証人　乙　野　太　一　㊞
被裏書人　丙　野　三　郎　殿

表記金額を下記被裏書人またはその指図人へお支払いください。
平成　年　月　日　　拒絶証書不要
住所

☆振出保証の書き方

№ 84　約束手形　№ 25
乙　野　次　郎　殿
収入印紙　㊞
¥500,000＊
上記金額をあなたまたはあなたの指図人へこの約束手形と引替えにお支払いいたします
平成　年　月　日
振出地 住所　東京都中央区銀座4丁目4番地
振出人　甲　野　太　郎　㊞
支払期日　平成 30 年 12 月 1 日
支払地　東京都千代田区
支払場所　株式会社 三井銀行丸の内支店
東京都新宿区西新宿3丁目4番5号
保証人　甲　野　泰　一　㊞

人以外の者の署名がある場合は、裏書人のための手形保証と考えてよいでしょう。
おたずねのケースは、このような手形保証ではなく、隠れた手形保証の場合です。おたずねの場合は、つぎのような裏書関係になります。
手形の振出人甲野太郎から、本件の手形を受け取って（受取人乙野次郎）、乙野次郎が第一裏書人として署名したあとで、振出人のための保証を求めた結果、丙、丁が手形保証をすることとなった場合、丙丁が裏書をして、これを乙野次郎に交付すればよいのです。この場合、丁野から乙野に対し、被裏書人欄に「乙野次郎」と記載することもあります。このような手形は、通常の裏書で手形上の権利が転々としたものとなんら変わりなく機能するので、振出人が支払わないときは、これら裏書人に請求できることはいうまでもありません。
右の場合で、隠れた手形保証としての裏書によるものとしては、振出人甲野太郎から、受取人丙野三郎として振り出し、丙野がこれを丁野に譲渡裏書をし、丁野がこれを乙野次郎に譲渡裏書をする方法も行なわれています。
また、甲野太郎が乙野次郎を受取人として振り出し、第一裏書欄に、丙野、丁野が右のような「保証」文句を記載して裏書した場合であっても、これを裏書とみると、連続を欠くが、付記の保証として認められているので、振出人の保証として有効です。

（第一裏書）

表記金額を下記被裏書人またはその指図人へお支払いください。
平成　30年　12月　1日　　拒絶証書不要
住所　都道府県市区町村番地
乙　野　次　郎　㊞
（目　的）
被裏書人　　殿

（第二裏書）

表記金額を下記被裏書人またはその指図人へお支払いください。
平成　30年　12月　1日　　拒絶証書不要
住所　都道府県市区町村番地
丙　野　三　郎　㊞
（目　的）
被裏書人　　殿

（第三裏書）

表記金額を下記被裏書人またはその指図人へお支払いください。
平成　30年　12月　1日　　拒絶証書不要
住所　都道府県市区町村番地
丁　野　四　郎　㊞
（目　的）
被裏書人　　殿

表記金額を下記被裏書人またはその指図人へお支払いください。
平成　　年　　月　　日　　拒絶証書不要
住所　都道府県市区町村番地
乙　野　次　郎　㊞
（目　的）
被裏書人　　殿

表記金額を受取りました。
平成　　年　　月　　日
住所

☆第一裏書欄にした手形保証

表記金額を下記被裏書人またはその指図人へお支払いください。
平成　30年　12月　1日　　拒絶証書不要
住所　都道府県市区町村番地
丙　野　三　郎　㊞
都道府県市区町村番地
丁　野　四　郎　㊞
（目　的）　振出人の保証
被裏書人　乙　野　次　郎　殿

表記金額を下記被裏書人またはその指図人へお支払いください。
平成　　年　　月　　日　　拒絶証書不要
住所

先順位裏書人に手形を譲渡する裏書はどうするか

▼抹消して戻す方が多い

手形には、戻し裏書というものがあ

るそうですが、普通一般の裏書と異なるところがあるのでしょうか。その方法を教えてください。

通常の裏書と変わらない

戻し裏書は、自分より先順位の裏書人に手形の権利を譲渡するときに行なわれます（逆裏書）。約束手形を例にとって説明しましょう。たとえば、銀行など金融機関（民間の金融業者でも同じ）で割り引かれた手形で、割引を依頼した者が、買い戻すことがあります。

この場合、期日前であれば、割引の依頼を受けていた者は、手形の裏書を抹消して返す場合と、免責裏書をして相手に戻す場合があります。この双方が戻し裏書といいます。最近は、抹消して戻すことの方が多いようです。免責裏書（担保責任を負わない旨を記載）をしないで、単純に戻し裏書をすることは、さらに手形が転々とすると危険だからです。

抹消して戻す場合は、右と次ページのような記載要領となります。

もし、乙川次郎が、自分の裏書をして（被裏書欄は空欄のまま）いた場合には、それを抹消します。

抹消の方法で、単に被裏書入欄の『乙

☆通常の裏書でする戻し裏書

表記金額を下記被裏書人またはその指図人へお支払いください。
平成 30 年 12 月 1 日　　拒絶証書不要
住所　都道府県市区町村番地
甲山太郎 ㊞
（目的）
被裏書人　乙川次郎 殿

表記金額を下記被裏書人またはその指図人へお支払いください。
平成 31 年 1 月 7 日　　拒絶証書不要
住所　都道府県市区町村番地
乙川次郎 ㊞
（目的）ただし無担保
被裏書人　甲山太郎 殿

表記金額を下記裏書人またはその指図人へお支払いください。
平成　年　月　日　　拒絶証書不要
住所

☆抹消の方法で戻す三つの例

表記金額を下記被裏書人またはその指図人へお支払いください。
平成 30 年 12 月 1 日　　拒絶証書不要
住所　都道府県市区町村番地
甲山太郎 ㊞
（目的）
被裏書人　乙川次郎 殿

表記金額を下記被裏書人またはその指図人へお支払いください。
平成　年　月　日　　拒絶証書不要
住所
㊞

川次郎』だけを抹消して、甲山太郎に戻す方法も多く用いられているようです。しかし、これは正確には、戻し裏書ではありません。この場合には、裏書人が手形の裏書交付前にしたものと推定されます（大判・昭和二・三・二九、民集六・六・二四三）。

戻し裏書については、右に述べた程度を理解しておけば、実務上の用件ははたせると思いますが、つぎに、戻し裏書で問題となった、判例を紹介しておきましょう。

注意したいことは、手形の裏書によって、手形上の権利が移転するということです。したがって、法で認められている、白地裏書のほか、手形を交付しただけでは、権利は移転しません（明治三五・五・一〇、新聞九二・九）。戻し裏書の場合も、裏書によりますが、裏書の抹消の二つを実行しなければならないわけです。

つぎに、甲、乙、丙、丁の四名が共同して振り出した受取人白地の約束手形を、受取人白地のまま期日後に手形の支払いによって取り戻した甲が、それをそのまま戊に交付し、戊は、乙、丙、丁に請求した事件で、右手形は甲の支払いによって無効となってしまったから（手形

表記金額を下記被裏書人またはその指図人へお支払いください
平成 30 年 12 月 1 日　拒絶証書不要
住所
都道府県市区町村番地
甲山太郎 ㊞
（目的）
被裏書人　乙川次郎 殿

表記金額を下記被裏書人またはその指図人へお支払いください。
平成 30 年 12 月 1 日　拒絶証書不要
住所
都道府県市区町村番地
乙川次郎 ㊞
（目的）
被裏書人　殿

表記金額を下記被裏書人またはその指図人へお支払いください。
平成 年 月 日　拒絶証書不要
住所

表記金額を下記被裏書人または指図人へお支払いください。
平成 30 年 12 月 1 日
住所
都道府県市区町村番地
甲山太郎 ㊞
（目的）
被裏書人　乙川次郎 殿

表記金額を下記被裏書人またはその指図人へお支払いください。
平成 30 年 12 月 1 日　拒絶証書不要
住所
都道府県市区町村番地
乙川次郎 ㊞
（目的）
被裏書人　殿

表記金額を下記被裏書人またはその指図人へお支払いください。
平成 年 月 日　拒絶証書不要
住所

債務が消滅した）、乙、丙、丁は戊に対して、そのことを主張できる。したがって、乙、丙、丁は、戊に支払義務はない、との判決があります（最判・昭和三三・九・一一、民集一二・一三・一九九八）。

取立訴訟のために裏書譲渡はできるのか

▼隠れた取立委任裏書の一つ

約束手形を取引先から受け取りましたが、振出人が資力がなく、近く倒産の噂を聞いています。ある知人が、手形にくわしいから、不渡りになったら、自分に裏書をしてくれれば、自分の名前で手形訴訟を起こして取ってやるといっています。問題はありませんか。

訴訟行為を目的とする裏書は無効　訴訟行為をさせることを主とした目的で手形の裏書をした場合の効果ですが、このような裏書は、裏書人が自分の手形債権の取立てのため、その手形上の権利を信託的に移転するものと考えるべきです。そうだとすると、信託法一〇条は、訴訟行為をさせることを主たる目的で財産権の移転その他の処分を禁じていますから、これに違反することになって、無効となります。

おたずねのようなケースでは、単に手形外においての取立委任の合意がその効力を生じないのにとどまらず、手形上の権利の移転である裏書自体もまた効力を生じないと解されます。

したがって、このような目的でした裏書は無効となってしまいます。最高裁も、「訴訟行為をさせることを主たる目的として手形が裏書された場合、信託法一〇条の規定によって、単に手形外の取立委任の合意が無効となるにとどまらず、当該裏書自体も無効となり、すべての手形債務者は、被裏書人からの請求に対して手形上その被裏書人が無権利者であることを主張して請求を拒絶できる」としています（最判・昭和四四・三・二七、民集二三・三・六〇一）。

いわゆる訴訟信託を禁止した信託法一〇条は、一般的に強行法規であると解されています。したがって、その違反行為は原則として無効と考えられています。もし、こうした信託行為を認めると、濫訴のおそれがあり、弁護士代理の原則が潜脱される危険があります。これが、無効とされる理由です。

右の最高裁の判決は、訴訟行為をさせる目的での形式上の譲渡裏書は、いわゆる隠れた取立委任裏書であって、隠れた取立委任裏書の性質を、信託裏書説の立場でみたもので、このような場合に、訴訟行為を主たる目的にしているときには、手形外の取立委任の合意だけでなく、手形上の権利移転行為である裏書も、同法一〇条に違反して無効だとしているわけです。

「隠れた取立委任裏書」とは、通常の譲渡裏書の形式をとってはいますが、実質的には、取立委任の趣旨でなされた裏書です。この性質をどうみるかが、これまで、いろいろと争われてきたところですが、現在の最高裁の態度は、信託裏書説に立っています。つまり手形上の権利が裏書人から被裏書人に信託的に移転するというものです。しかし、右の判例でみるとおり、それが訴訟を主たる目的でなされた場合に、はじめて無効となるわけです。実際問題として、信託法一〇条に違反しているかどうかを判定するためには、その事実関係をどのように認定するかにかかっています。

したがって、どんな場合に、訴訟を主たる目的にしたといえるかの判断基準は、抽象的にはなかなか示しえないというのが現状でしょう。

具体的には、個々のケースにしたがって、裏書されたときの状況、当事者の意思などによって判断することになるでしょう。金融市場の実際においては、善意の第三者を装って、手形債務者の抗弁を避けるために、しばしば行なわれているのが実情ではないでしょうか。

共同受取人の手形を譲渡するにはどうするか

▼連署するのが原則

ある取引で、約束手形の振出しを受けましたが、受取人欄に、甲、乙の両名の名前が記載してあります。この手形をさらに第三者丙に譲渡する場合、第一裏書欄に、甲のみが裏書をして丙に手形を交付した場合、この裏書譲渡は有効でしょうか。

一人でした裏書は無効となる　このような手形を受け取ることは、ごくまれなことかもしれませんが、決して皆無ではありません。このような手形を第三者丙に譲渡する場合、甲だけの裏書でよいのかどうかが問題です。

かつて、このような事例がありました。それは、「Yは、AとBと共同で、XとCを受取人として約束手形を振り出した。XはCから裏書譲渡を受けて手形の所持人となって、Y、A、Bを相手に手形金請求訴訟を起こした」

右の関係を示すと、次ページの手形のようになります。

この事件で、一審・二審は、Xの請求を認めたのですが、Yは、「共同受取人が手形を裏書譲渡する場合には、共同（C、Xが）してすべきであるから、C一人がした裏書は無効である。また、共同受取人の一人が手形金全部について権利を取得したからといって、ただちに手形上の権利についても単独で行使できることにならない」と上告したのです。

大審院はつぎのように判断しました（大判・大正一五・一二・一七、民集五・一二・八五〇）。

「手形の受取人を数人にすることは妨げないが、この場合、共同受取人は共同の権利を取得したのであって、各自権利を取得するものではない。したがって、共同して手形行為をすることが必要である。共同受取人は共同してのみ裏書をなすことができるのだから、共同受取人の一人が単独でした裏書は、法律上無効となる。民法は多数当事者の債権関係について、分割債権関係をもって原則とし、各当事者は平等の割合をもって権利を有するとしているが、手形の共同受取人の権利関係については、民法の原則によって、各受取人が各自の権利を有し、各別に手形行為をすることができるとし

No.　約束手形　No.

X・C　殿

収入印紙

金額

支払期日　平成　年　月　日

支払地

支払場所

上記金額をあなたまたはあなたの指図人へこの約束手形と引替えにお支払いいたします

平成30年1月8日

振出地
住所

振出人　Y・A・B

ては、流通証券たる手形の本質に反するものといわなければならない。そうであれば、原審が、YはA、BとともにXおよびCを受取人として、約束手形を振り出し、XはCから裏書譲渡を受けたことを確定したのにかかわらず、共同受取人の一人が単独にてなした裏書をもって有効とし、Xの請求を認めたのは失当である」と。

このように、共同の受取人がある場合には、裏書もまた共同して行なわなければならないのです。したがって、おたずねの件についても、丙に裏書譲渡を有効にするためには、甲と乙がともに裏書をしなければなりません。あまり多いケースではないかもしれませんが、このようなケースも起こりうることを考えれば、右の裏書の原則を心得ておく必要があります。

支店宛の手形を本店名で裏書譲渡はできるのか

▼裏書の連続性は問題ない

東京に本店をおく建設会社で、全国の主要都市に支店、営業所を持っていますが、取引の相手から仙台支店宛に裏書譲渡された約束手形の裏書を、本店名で記載して第三者に譲渡することができるでしょうか。

本店と支店との関係は同一人格　裏書をするということは、通常、手形上の権利を譲渡することで、裏書という効果が成立するためには、書面行為（手形用紙に書くという行為）と、被裏書人に交付する行為が必要です。

ご質問は、受取人（被裏書人＝仙台支店）と、つぎの裏書にあたって、裏書人を本店名ですることができるか、それにはどんな意味があるのか、ということになると思います。

こういったことが起きる場合ですが、支店宛に受け取った手形が本店に集められて、本店が、金融機関で割引を受けるといったような場合が考えられますが、問題は、裏書の連続性が求められる手形において、この場合、被裏書人とつぎの裏書人との間に同一性が認められるか、ということです。

同一性の判断は、一字一画正確に一致しなければならないものではなく、社会通念上同一人と認められるかぎり、連続があると認めるのが通説ですから、本店と支店の関係は同一の人格であると考えられますので、裏書の連続性については問題はないと思います。

右に関連する問題として、受取人（被裏書人）を甲支店宛、裏書人を甲本店とする手形行為ができるか、それにどんな意味があるかについて説明しておきます。

甲本店と甲支店は、同一人ですから、このような裏書は、無効だとする見解がありましたが、現在は、肯定する見解が支配しています。しかし、これに法律上どんな意味があるでしょうか。本店から支店に権利が移転するわけではありません（同一人格なので）。また、本店が支店に対して、裏書人として担保責任を負うものでもありません。本店と支店間の、このような裏書には、法的な意味は出てこないといってよいと思います。

しかし、同一人が、違った手形当事者になることは可能だとされているので、これを積極的に無効にするという必要もありませんから、ご質問の場合は、そのような裏書を認めてもよいということになります。

実際問題として、このような裏書をするのは、支店に対して、その手形当事者資格を与えたということになると思います。

しかし、本店と支店は、同一の人格を持っていますから、このような行為をする必要は、法的には出てこないわけで、あまり意味はありません。

途中に、本店・支店間の裏書が入っている手形を取得した第三者（所持人）は、その裏書をどうみればよいか。被裏書人である支店のつぎにくる被裏書人が、直接本店から裏書を受けたものとして考えればよいことになるでしょう。裏書の連続について、問題はないわけです。

約束手形の裏面

表記金額を下記被裏書人またはその指図人へお支払いください。
平成 30 年 12 月 1 日　拒絶証書不要
住所
C　㊞
（目的）
被裏書人　X　殿

表記金額を下記被裏書人またはその指図人へお支払いください。
平成　年　月　日　拒絶証書不要
住所
㊞
（目的）
被裏書人　殿

表記金額を下記被裏書人またはその指図人へお支払いください。
平成　年　月　日　拒絶証書不要
住所

相続や会社合併があったときの裏書はどうするか

▼裏書続行権がある

約束手形の受取人、あるいは裏書譲渡を受けた所持人、会社であったものが、所持人が死亡したり、会社が合併して消滅した場合、裏書はどうなるでしょう。

証拠書類を添付する

相続の場合は、相続人は被相続人の財産上の地位を包括的に承継しますから、当然に手形上の権利を取得します。会社の合併の場合も、新設会社は、消滅会社の財産的地位を当然に包括的に承継することに変わりはありません。このような場合の裏書の方法ですが、相続人または吸収した新設会社は、相続または合併により取得した手形について、裏書をする権利を有するかが問題であるわけですが、通説・判例は、これを肯定しています（大判・大正四・五・二七、民録二一・八二一）。

これを裏書権といいます。裏書権は、形式的資格者、すなわち被裏書人たる地位にもとづいて発生するとの考え方がありますが、裏書権は、被裏書人という形式的資格にもとづいて発生するものではなく、手形権利者という地位にもとづいて、その権利の移転の方法として認められるのだとする考え方が正しいと考えます。

ところで、このような手形において、相続人または合併による新設会社が裏書をして、第三者に譲渡した場合に、転々譲り受けた手形の所持人が、手形権利者となれるか、すなわち、裏書の連続があるかが問題です。

手形の受取人甲が、その手形の裏書をしないで死亡したとします。その相続人乙が、乙名義で裏書署名して丙に譲渡した場合、形式的にみて、裏書の連続があるとはいえません。したがって、丙は手形の所持人として、その手形金の請求ができないという結果になるでしょう。もし、乙が裏書にあたって、「甲相続人乙」として裏書署名した場合はどうでしょうか。かつて、大審院は、裏書の連続を認めたことがあります（大判・大正四・五・二七、民録二一・八二一）が、通説は認めていません。会社の場合についても、「甲会社吸収会社乙会社」と表示しても、やはり裏書の連続は認めないという立場に立っています。

この考え方がはたして正しいかどうか、議論のあるところでしょうが、実務上の処理としては、争いの種になるようなことは避けて、相続人または、吸収した新設会社は、自己の名義で裏書署名をし、これを第三者に交付する際に、相続または合併による承継の事実を証明する証拠書類を添付することが望ましいと思います。また、そのような手形の交付を受ける者（被裏書人）は、右のような、相続、合併の事実を証明する証拠書類の添付を要求すべきだと思います。

このような手形の取立て、あるいは割引を依頼された金融機関などの処置としても、あらかじめ支払銀行に連絡して、その了解を得た上で、証拠書類を添付して支払呈示をするように、とされているようです。また、このような手形の取立てを受けた金融機関は、振出人に連絡して、念のため小切手と引き換えに手形を決済するのが妥当だとする見解もあります。

裏書の中に取立委任裏書がある手形はどうなるか

▼抹消してなくとも連続する

手形を取得して、振出人や裏書人に

対して、手形上の権利を行使する場合に、裏書の途中に、「取立委任裏書」がある場合、裏書の連続について、どのように考えればよいでしょうか。

取立委任裏書欄は無視する

取立委任裏書には、「公然の取立委任裏書」と「隠れたる取立委任裏書」とがあります。

「公然の取立委任裏書」は、手形上の権利行使の代理権を与えることを目的としてなされる裏書で、その趣旨が手形上に記載されます。右に示すような裏書です。

手形所持人が銀行などに手形の取立てを依頼するために、普通の裏書文句のほかに、「取立のため」とか、「回収のため」、あるいは「代理のため」などの文句をつけ加えてする裏書です。通常、金融機関に、取立てを依頼する場合は、手形の所持人は、被裏書欄を空欄のままにして持ち込みます。金融機関は、この空欄に「取立委任　○○銀行」というゴム印を押して取立てにまわすのが通常です。

このように、取立委任裏書は、被裏書人（下の図の例でいうと、みずほ銀行）に、甲山太郎が、手形取立ての代理権を授与したわけです。

このように、取立委任の趣旨が明瞭に表われている場合に対し、取立委任の趣旨が、手形面上に記載されておらず、通常の譲渡裏書がなされているにすぎないものを、「隠れた取立委任裏書」といいます。

取立委任裏書の被裏書人は、さらに取立委任裏書をすることができます（手形法一八条一項但書、七七条一項一号）。そして、被裏書人は、取立代理権を持っているにすぎませんから、譲渡裏書をすることはできません。

おたずねのように、中間に取立委任裏書があった場合、その後の裏書は、たとえ譲渡裏書という形をとっていたとしても、本来の譲渡裏書としての効力を生じないことは当然でしょう。したがって、取立委任裏書としての効力しかないわけです。

裏書の連続についての判断は、取立委任裏書の裏書人までの裏書が連続していればよいことになります。

また、裏書人は、取立委任を撤回することができます。この場合には手形を回収します。そして、取立委任裏書を抹消することになります。抹消しなくとも、手形上の権利行使は可能です。

金融機関に手形の取立てを依頼し、その手形が不渡りになって、手形が戻され

表記金額を下記被裏書人またはその指図人へお支払いください。
平成　30 年　12 月　1 日　　拒絶証書不要
住所　都道府県市区町村番地
甲　山　太　郎　㊞
（目　的）　取立委任のため
被裏書人　株式会社　みずほ銀行　殿

表記金額を下記被裏書人またはその指図人へお支払いください。
平成　年　月　日　　拒絶証書不要
住所

た場合に、その金融機関は、被裏書欄の取立委任の文句を抹消します。取立委任の文句だけでなく、取立委任の裏書全部を抹消する場合もあります。

取立委任裏書を抹消しないで、譲渡裏書された場合には、中間の取立委任裏書はないものとして扱われます。右の図の例のような場合です。

隠れた取立委任裏書の場合には、裏書人が被裏書人から手形を回収して手形上の権利を行使しようと思えば、そのまま返還を受けたのでは、連続を欠くことになりますので、隠れた取立委任裏書を抹消するか、戻裏書を受けなければなりません。

☆取立委任裏書を抹消しないで譲渡裏書された場合
〈注〉裏書の連続は、甲、乙、丙となる（取立委任の欄を無視）

表記金額を下記被裏書人またはその指図人へお支払いください。
平成　年　月　日　拒絶証書不要
住所
甲　山　太　郎　㊞
（目　的）
被裏書人　乙　川　次　郎　殿

表記金額を下記被裏書人またはその指図人へお支払いください。
平成　年　月　日　拒絶証書不要
住所
乙　川　次　郎　㊞
（目　的）　取立委任のため
被裏書人　株式会社　みずほ銀行　殿

表記金額を下記被裏書人またはその指図人へお支払いください。
平成　年　月　日　拒絶証書不要
住所
乙　川　次　郎　㊞
（目　的）
被裏書人　丙　野　三　次　殿

表記金額を下記被裏書人またはその指図人へお支払いください。
平成　年　月　日　拒絶証書不要
住所

実在しない会社の裏書があるときはどうなるか

▼形式的に連続していればよい

取引の関係で、転々とした約束手形を受け取りましたが、裏書の中に、「株式会社本田商会代表取締役本田明㊞」とありますが、この会社は実在していない会社です。このような裏書がある場合、この手形は有効ですか。

未登記会社の裏書が介在しても、手形上の権利は失わない

おたずねのケースを、簡単に図で示すと、つぎのようになります。

Y1（振出人）→株式会社本田商会（受取人）→Z→Y2→X

右の株式会社本田商会が、実在していない（未登記の）会社です。このような手形において、株式会社本田商会の裏書は無効であり、したがって、裏書の連続を欠くものと主張することが可能かどうか、ということです。

このようなケースにおいて、「元来、手形所持人は、その裏書が形式的に連続していれば、その権利を行使できるのだから、手形に真正に署名した手形債務者は、他人（この場合、株式会社本田商会）のした裏書が実質上無効であっても、その一事をもって手形上の責任を免れることはできない」という考え方があります。

これに対して、こういう考え方があります。すなわち、「株式会社本田商会は、設立登記をしていないのだから、事実上存在しない。その代表取締役本田明も架空なものである。したがって、その記載は実質的に無効であり、法律上も虚偽の記名で無効であるから、手形の裏書は、株式会社本田商会の裏書によって中断されるから、裏書の連続のない本件の手形の所持人に対しては、手形金の支払義務はない」というのです。

かつて、このようなケースにおいて、最高裁は、「裏書のある手形の所持人は、その裏書が形式的に連続しているときは、実質的には連続を欠いていても、その手形上の権利を行使することができるのであって、本件において、設立登記を経ていない会社の裏書が介在していても、それによって、本件手形所持人は、手形請求権を失うものでない」と判断しています（最判・昭和三〇・九・二三、民集九・一〇・一四〇三）。

このような考え方は、通説・判例といってよいでしょうから、裏書の途中に、会社の裏書があって、その会社が未登記のものか否かに関係なく、形式的に整っていれば、裏書の連続が中断するものではないわけです。

手形の所持人が、未登記会社の裏書が介在した場合でも、振出人やその他の裏書人に対し、手形上の請求をすることができることについては、右に説明したとおり問題はありません。

それでは、この未登記会社自体についてはどうか、です。会社が未登記であれば、これに対して、手形上の請求はできませんが、その裏書をした当事者、この場合でいえば、本田明個人に対し、手形上の権利を行使することができるか、です。結論的にいえば、手形上の金額を請求することは可能です。

その理由づけについては、これまた、考え方がいろいろあります。たとえば、手形額面と同額の損害賠償請求権があるという考え方、そのような考え方をせず、当然に手形上の債務を振出人である本田明が、個人として負担しなければならないとする考え方です。

拒絶証書不要の文字を抹消した手形は安全か

▼現実には流通性がない

現在、流通している約束手形の裏書欄には、「拒絶証書不要」という文字が印刷されています。このような手形の交付を受ける場合、裏書人が、その印刷された文字を抹消して譲渡裏書するとき、手形を受け取ってもよいでしょうか。

抹消された手形は不利益　おたずねの件は、次ページの図のような手形裏書欄のことをいいます。

この「拒絶証書不要」の文字を裏書人が抹消せずに裏書すれば、その裏書は、拒絶証書の作成を免除してなしたものです。

　したがって、その約束手形が不渡りになったとき、手形の所持人は、請求にあたって、公証人や執行官に拒絶証書を作成してもらう必要はないのです。拒絶証書の作成は、実際問題としてかなりわずらわしいものですから、「拒絶証書不要」は、手形債権者にとって有利です。

　なお、譲渡裏書で手形を譲り受ける際、裏書欄には、署名が一つあればよく、二つの署名は必要ありません。昔は、「拒絶証書作成義務免除」という文字が印刷された手形用紙が広く用いられていて、裏書の際、そこに、裏書人が㊞を押したのを見かけたものですが、その必要はありません。

　これに反して、裏書人が、「拒絶証書不要」の文字を抹消していると、手形所持人が裏書人に対し支払いを請求するときには、呈示期間内に公証人か執行官を連れて支払場所である銀行に行って、再び約束手形を呈示し、支払拒絶の事実を確認しなければなりません。そして、その場で、拒絶証書（公正証書）を作成してもらわないと、裏書人に支払いを請求することができません（手形法七七条一項四号、四四条）。

　これは、時間の上からも、費用の上からも大へんな負担です。この意味で、このような裏書のある手形は、手形債権者にとっては不利益な手形といえます。

　では、実際問題として、このような「拒絶証書不要」の文字を抹消する裏書人は、ざらにいるのか、ということになりますが、あまり見かけるということはありません。

　しかし、手形の性質をよく知っている個人、あるいは会社などで、「拒絶証書不要」の文字を抹消して裏書するものがないとはかぎりませんから、そのような譲渡裏書をする裏書人に対しては、手形の受取りを拒絶して、「拒絶証書不要」の抹消のない手形の裏書を求めることが必要でしょう。

　あまり手形の性質にくわしくないと、ついうっかりと、「拒絶証書不要」の文字が抹消されているかどうかを確めることなく、譲り受けてしまうこともあると思われます。

　そうした場合には、上に説明したように、あとで手形上の請求を裏書人にする場合に、大へん厄介な手続きと時間と費用をかけなくてはならないことになります。

表記金額を下記被裏書人またはその指図人へお支払いください。
平成　　年　　月　　日　　拒絶証書不要
住所

（目　的）
被裏書人　　殿

表記金額を下記被裏書人またはその指図人へお支払いください。
平成　　年　　月　　日　　拒絶証書不要
住所

第2章 手形の裏書方法と裏書の効果・手形保証

手形保証の仕方と効力

弁護士 竹原茂雄

手形保証を頼まれたがどのようにするのか

▼手形に署名捺印して行う

私は、知人から仕事の都合で取引先に約束手形を発行することになりましたが、取引先から保証人をつけてほしいと言われたので、その手形の保証人になってもらえないかと頼まれました。ですが、手形の保証をするというのがよく分かりませんので、手形の保証とはどういうものなのか説明して下さい。

手形保証とは何か　手形保証とは、手形の振出人や裏書人など手形上の債務者の信用だけでは取引ができないような場合に、特定の手形債務者（被保証人や主たる債務者）の支払いを担保するために、他の者（保証人）が手形上に署名又は記名捺印して行う保証のことをいいます。

手形保証は、保証をされる人（被保証人）以外の者であれば誰でもできますし、すでに手形上に署名や記名捺印をしている人でも、手形保証をすることができます（手形法三〇条、第七七条三項）。

手形保証の仕方　それでは、手形保証をするにはどのようにすればよいかといいますと、

① 手形自体又は補箋に記載して行う必要があります。

② 手形保証は、「保証」その他これと同一の意味を有する文言（保証文句）を表示し、保証人が署名又は記名捺印をしなければなりません。保証の記載がなくても、支払人や振出人以外の者が、手形や補選の表面に署名又は記名捺印していれば、保証をしたものとみなされますので（手形法第三一条三項、第七七条三項）、この場合には、保証の文言が記載されていなくても保証をしたことになります。

なお、手形法の規定から明らかなよう

に、保証をしたとみなされるのは、手形の表面になした署名又は記名捺印に限られますから、手形の裏面に記載された単なる署名又は記名捺印は、保証とはみなされません。

約束手形の補箋の表面に記載した単なる署名について、最高裁判所は保証とみなすべきであると言っております（昭和三五年四月一二日判決）。

③　手形保証をする場合には、誰のために保証をするのかということを明示することが必要です。例えば、「何某のために保証をする」というような具体的な記載をせずに、保証をする人と並べて署名し、その前に「保証人」と記載すればよいのです。

もっとも、被保証人の記載がなかった場合には、手形法では振出人のために保証をしたものとみなしておりますので（手形法第三一条四項、七七条三項）、振出人のために保証をする場合には、必ずしも被保証人の表示はなくても構いません。

一般的には、振出人のための保証は手形の表面になされ、裏書人のための保証は手形の裏面になされた裏書に続けてなされますから、手形の裏面の裏書人の署名がなされている場合には、共同裏書を除いてその裏書人のための保証とみるべきであるというのが一般的な考え方です。

手形保証人の責任は

手形保証をすれば、保証人は被保証人と同一の責任を負うことになっておりますので、責任を負うということからいえば、一般的な保証人と同じであるといっていいと思います。手形保証は、手形金額の全部について保証をするのではなく、手形金額の一部についてだけ保証をすることもできます（手形法第三〇条一項、第七七条四項）。この場合には、手形に「手形金額のうち金〇〇万円に限り保証します」というように明確に金額を表示しておけばよいと思います。

一部保証をした場合には、保証人は手形に記載した範囲で手形保証人としての責任を負うことは当然です。

これまでに説明してきたことからお分かりになったと思いますが、手形保証も一般の保証人と同じように、保証を頼んできた者が手形金を支払わなかった場合には、その債務を支払う義務が発生しますから、良く考えて手形保証をするかしないかを決めてもらいたいと思います。

手形保証をするとどんな義務を負うのか

▼振出人と同じ内容の責任を負う

取引先の会社の社長から、その会社が振り出す約束手形にどうしても手形保証をしてほしいと頼まれたため、私は仕方なく署名してしまいました。手形保証をした場合には、手形法上どのような義務を負うようになるのか説明して下さい。

手形保証人の義務は

手形保証をすると、手形保証人は独立した手形上の債務を負担することになっております（手形法第三二条、第七七条三項）。したがって、振出人のために手形保証をしたのであれば、振出人と同じ内容の責任を負います。

そして、この責任の内容は、被保証人である主たる債務者とともに、手形所持人に対して合同責任を負うほか、被保証人以外の手形債務者等とともに合同責任を負うことになります。

この合同責任があることによって、手形保証人には、民法上の保証人と異なり、催告・検索の抗弁権はありませんし、数人が共同で保証した場合にも、共同保証人としての分別の利益（数人の保証人が同一の債務を保証する場合、各保証人が一個の契約で保証人となった場合でも、別々の契約で保証人となった場合でも、各保証人は、債務額を全保証人に平等に分割して、その頭割り額だけの責任を負うこと）がなく、各共同保証人が、手形金額全額について責任を負うことになります。

しかし、手形保証人は、手形金額の一部についてだけ保証をすることもできますから、一部保証をした場合には、その限度でしか保証責任がないことは当然です。

一部保証をする場合には、手形金額の一部についてのみ保証をするということを、手形上に明確に記載しておくことが必要で、この記載がないと一部保証をしたとはみなされませんので注意して下さい。

手形保証の従属性と独立性

手形保証には、従属性と独立性という二個の性質があり、手形保証の従属性からみると、手形保証人は、手形所持人に対し被保証人と同一の手形法上の責任を負いますから、被保証人が手形金額を支払った場合には、手形保証人の手形債務はなくなります。

もし、被保証人が手形金を支払ったのに手形の受け戻しをしなかった場合には、手形保証人の手形債務は消滅しませんが、被保証人の支払いにより、被保証人から手形所持人に至る原因関係は消滅しますから、手形保証人は、支払いを受けた手形所持人に対し無権利の抗弁を主張することができますし、最高裁判所は、手形振出の原因関係上の債務の不発生が確定した場合についてですが、手形受取人が保証人に対し手形金の支払いを請求した事案について、「原因関係上無権利である者が、原因関係上の債務者以外の手形債務者に対し、手形上の権利を行使することは、権利の濫用であって許されない」と判示しております（最判昭和四五年三月三一日判決）。

また、被保証人の手形債務が時効により消滅したときも、手形保証人の保証債務は消滅しますし（最判昭和四五年六月一八日判決）、主たる債務が、方式の瑕疵によって無効になるほか、被保証人が遡求義務者（手形の支払いを担保する者）である場合に、手形所持人が遡求するための手続きを行わなかったために、その遡求義務が消滅したときには、手形保証も消滅します。

これに対し、手形保証の独立性からみると、主たる債務が実質的な理由から無効であっても、保証は有効であるとされております（手形法第三二条二項、第七七条）。

したがって、振出しが偽造によってなされた手形に保証した場合には、手形保証人は手形上の義務を負うことになりますし、実在しない会社名義により振り出された手形に保証をした場合にも、手形上の記載が有効である限り、手形保証人はその責任を負わなければなりません。

　手形法第七一条では、「時効の中断は、その中断の事由が生じたる者に対してのみ、その効力を生ず」と規定しておりますので、主たる債務者に生じた時効中断の事由は、手形保証人には及びませんので、手形保証人に対しては時効は進行します。

　以上説明してきたとおり、手形保証をした者は、手形金の一部を保証すると手形上明らかに記載しない限り、原則として、手形金額の全額を支払う義務を負担しなければなりません。

保証責任を果たしたとき保証人が得る権利は

▼遡求権などの手形上の権利

　手形保証をしてくれと頼まれましたが、その依頼人が手形を決済してくれなかった場合には、私が手形保証をした以上、手形金を支払わなければならないのは分かっておりますが、私が手形金を支払ったときには、依頼人に対しては、どのような権利が発生するのでしょうか。

　また、数人が共同で手形保証をしたときには、どのような法律関係になるのでしょうか。

手形保証人が支払いをした場合

　手形保証人が手形所持人の請求に応じて手形金を支払った場合について、手形法は次のように規定しております。

「保証人が為替手形（約束手形）の支払をなしたるときは、保証せられた者及びその者の為替手形（約束手形）上の債務者に対し、為替手形（約束手形）より生ずる権利を取得す」（第三二条三項、第七七条三項）。

　したがって、手形保証人は、被保証人の関係では、保証の従属性によって被保証人が支払えば、手形保証人は支払うことを免れますし、手形保証人が支払った場合には、手形保証人は、被保証人及びその前者に対する手形上の権利を取得することになります。

　例えば、約束手形の場合に、振出人のために保証をした者が手形所持人に対し支払いをした場合には、振出人に対し求償権を取得し、裏書人のために保証した者が支払いをした場合には、その裏書人だけでなく、その前の裏書人や振出人に対しても求償権を取得することになります。

　これは、民事上の保証人が保証債務を履行すれば、被保証人に対し求償権を行使できることと同じ趣旨から、手形保証人に対し手形上の権利を認めたものといえます。

　手形保証人が支払いをすれば、手形法の規定による移転として、手形の交付を受けずに手形上の権利を取得することになりますが、手形の交付を受けていないときは、手形上の権利者として手形の交付を請求することができます。

手形の交付は必要か

　この場合に問題になるのは、手形保証人が被保証人及びその前者である手形債務者に対し手形上の権利を行使する場合に、手形の交付を受けておく必要があるかどうかということですが、手形保証人が支払いをした場合には、手形の交付がなくても当然に被保証人及びその前者である手形債務者に対し権利を取得するという意見と、手形の有価証券上の権利の性質からいって、手形上の権利を行使する以上、手形の交付を受けておく必要があるという意見がありますが、紛争を残さないためには、手形保証人は、手形金を支払うときには、引き換えに手形の交付を受けておいた方がよいでしょう。

手形金額の一部につき手形保証がなされた場合において、保証債務を履行する手形保証人は、手形所持人が手形金全額の支払いを受けるまでは手形を渡さないことから、求償権を行使するのに手形の所持が必要であるという立場からすれば、求償権を行使するのに困難が生じることも考えられます。

この場合には、手形保証人は被保証人に対して有する実質関係に基づく民法上の求償権を行使するかあるいは手形上の求償権を行使するかを自由に選択できますから、手形保証人としては、民法上の求償権を行使するか、手形所持人との間で手形金の残額についての解決をはかった上で、手形所持人から手形の交付を受けて被保証人に対し手形上の求償権を行使することになります。

手形保証人が被保証人に対し求償権を行使する場合には、被保証人が手形所持人に対し人的抗弁（手形所持人の請求に対し履行を拒絶することのできる権利）を有していたとしても、それを主張して手形保証人の請求を拒否することはできません。

それは、手形保証人の求償権は、手形所持人からの権利取得ですが、手形所持人から保証債務の履行を要求され、保証債務の履行という義務に基づいたものであって、手形保証人の自由意思によって手形上の権利を取得したものでないことから、手形保証人に対しては、被保証人等は求償権に基づく請求を拒否することはできません。

ただし、手形保証人が保証行為をする段階において、すでに他の手形債務者の人的抗弁の存在を知っていたときには、被保証人らは手形保証人の請求を拒否することができますし、手形保証人が手形所持人に対し人的抗弁の存在があって保証債務を履行する必要がないのに、保証人がそれを知っていて手形所持人に手形金を支払ったときには、これは適法な保証債務の履行とはいえませんから、手形保証人は被保証人らに対し求償権の行使をすることができないのは当然です。

隠れた手形保証とはどんなものか

▼裏書の形式をとる実質的保証

手形保証には、「隠れた手形保証」というのがあると聞きましたが、どのようなものかよく分かりませんので説明して下さい。

また、手形保証をしたり、隠れた手形保証をしたときには、手形取引の原因関係である取引行為について保証したことになるのでしょうか。

隠れた手形保証とは何か

手形保証をするには、前に述べたように、手形上に「保証」又はこれと同じ意味の文字を記載しなければなりませんが、手形上に保証人として署名又は記名捺印をするのではなく、保証の目的で裏書人として署名又は記名捺印をすることがよくあります。

こうしたやり方は、実質的には保証であっても形式上は裏書の形式をとっているために「隠れた手形保証」と呼ばれております。

本来であれば、裏書は、何らかの取引上の原因があってなされるのが普通ですが、原因関係がなくても、裏書人として署名又は記名捺印をすることによって、実質的な保証の役目を果たすことができるのです。

こうした「隠れた手形保証」は、裏書のほか、保証の目的で振出し、引受け等で行われることが多くあり、例えば、約束手形の振出しの形をとる場合には、保証人となってもらう人に約束手形を振り出してもらい、自分が裏書をして取引先にその手形を渡すということが考えられます。

手形債務の保証は、手形保証のほか隠れた手形保証によってなされますが、さらに手形外でも行われることがあります。

手形外でなされる手形債務の保証は、手形外でなされる原因債務についての保証と同じく、民事保証又は商事保証と同じであるとみてよいと思いますが、最高裁判所は、「保証の趣旨で裏書した者は、手形振出しの原因債務についても、保証する意思を有していたとは認められない」（昭和五二年一一月一五日判決）として、当然には原因債務について手形外の保証をしたとはいえないと判示しております。

しかし、最高裁判所は、「約束手形の振出人のため、受取人との間で手形外の保証契約が締結されている場合には、裏書によって手形債権を取得した者は、これとともに保証債権を取得し、かつその取得につき対抗要件の具備を要しない」（昭和四五年四月二一日判決）と判示しておりますので、手形保証と手形債務に対する民事上の保証があったかどうかについては、具体的な事情に即して判断されるのではないかと思います。

手形保証と隠れた手形保証の違いは

手形保証及び隠れた手形保証と民事上の保証とでは、債権者から請求があった場合には、その請求に対して対抗する方法が異なってきます。

民法上の保証の場合には、保証人は主債務者が有する抗弁（例えば弁済）をもって債権者に対し主張することができますが、手形の取得者を保護してその流通性を高める手形の場合には、手形保証人は被保証人が持っている抗弁を主張することが制限されます。

これについて、最高裁判所は、「手形保証人は、手形保証という手形行為をすることによって、独立に手形上の債務を負担するものであるから、振出人のために手形保証をした者は、振出人が受取人に対して有する人的抗弁をもって、受取人に対抗することができない」と判示しております（昭和三〇年九月二二日）。

しかし、手形保証をしたときに、原因関係である債務の保証であることを手形所持人が知っていて、手形保証をした原因関係が、手形所持人、債務者、手形保証人について共通の場合には、被保証人が有する人的抗弁を手形保証人が手形所持人に対し主張することができるのは当然です。

これは、手形保証が民事保証として認められるわけですから、民事上の保証人としての抗弁を主張するということです。

保証の意味で裏書をする隠れた手形保証がなされることはよくありますが、この場合、手形上に存在するのは裏書だけですから、結局は裏書人としての手形上の責任を負わなければなりませんので、手形法上の原則に戻り、裏書の責任を追及された場合には、手形所持人に対し、対抗することができる主張をすることになります。

手形が第三者に裏書譲渡されてしまえば、その第三者が事情を知っていて手形を取得したのでない限り、保証の意味でした裏書（隠れた手形保証）についての責任は免れないことになります。

手形参加とは誰がどのようにするのか

▼参加人が手形所持人に支払う

手形に「参加」という制度があるということを聞きましたが、あまり耳慣れない言葉なので、簡単に説明して下さい。

手形参加とは何か

参加とは、手形の引受拒絶又は支払拒絶のほか法定事由によって遡求が開始されようとする場合に、第三者が特定の遡求義務者のために手形の引受け又は支払いをなすことによって遡求を防ぎ、手形の信用を保つ制度であり、手形法は、為替手形について参加引受及び参加支払について規定し、参加支払についての規定を約束手形に準用しております。

参加をする者を参加人といい、参加人には参加引受人と参加支払人があります。

参加支払ができる者は、手形上に債務を負担していない第三者だけではなく、すでに手形上に遡求義務を負担している裏書人やこれと同一の責任を負うその保証人でもよいのですが、手形上において主たる義務を負担している約束手形の振出人とこれと同一の責任を負うその保証人は、参加人にはなれません。

また、手形の記載上、参加人となることが予定されている者を予備支払人といい、手形上に遡求義務を負担している裏書人又はその保証人は予備支払人を手形上に記載することができますが、遡求義務者でない約束手形の振出人やその保証人は、予備支払人を記載することができません。また、遡求義務を負担していない無担保裏書人も予備支払人を記載することはできません。予備支払人になることができるのは、参加人になることができる者に限られております。

次に、被参加人とされる者は、手形上に遡求義務を負担している者で裏書人又はその保証人ですが、約束手形の振出人又はその保証人を被参加人にすることはできませんし、無担保裏書人も被参加人とすることはできません。

ここで、手形の遡求とは何かということを簡単に触れますと、遡求は、手形が支払期日に支払いがないとき、あるいは、支払期日前においても支払いの可能性が著しくなくなってきたときに、手形所持人は、その手形を振り出した為替手形の振出人や為替手形、約束手形の裏書人に対し、手形金やその他の費用の支払いを請求することをいいます。

参加引受とは何か

参加引受は、手形所持人が支払期日前に遡求権を行使しうる場合に、その遡求権の行使を阻止するために行われますが、引受けのための呈示が禁止されている手形については、参加引受はできないことになっております（手形法第五六条一項）。

参加引受によって、参加引受人は、手形所持人及び被参加人の後者である裏書人とその保証人の全員に対し、被参加人と同一の遡求義務を負うことになります（同法第五八条一項）。

手形所持人は、原則として参加引受を拒むことができますが、受諾した場合には、参加引受により被参加人及びその後者に対して有する支払期日前の遡求権を失うことになります。

ただし、手形に支払地における予備支払人の記載がされている場合には、手形所持人は予備支払人の参加引受を拒否することはできず、その予備支払人に対し手形を呈示した参加引受を要求しなければなりません。

そして、予備支払人が参加引受を拒絶した場合には、拒絶証書の作成が免除されていない限り、参加引受拒絶証書を作成しなければ、予備支払人を記載した遡求義務者及びその後者の遡求義務者に対しては、支払期日前に遡求権を行使することができなくなります（同法第五六条）。

参加支払の方法

参加支払は、手形所持人が支払期日又は支払期日前に遡求権を行使しうる一切の場合に、その行使を阻止するために、約束手形の振出人及びその保証人以外の者によって行われます。参加引受が支払期日前の遡求を阻止することを目的とするのに対し、支払期日の前後を問わず遡求の条件が整ったときに行われるものです。

手形所持人は、参加支払を拒否することはできません。

参加支払の方法は、参加人が手形所持人に対し、被参加人が支払いをすべき金額を支払うことによって行われますが、支払いを受領する手形所持人は、手形に被参加人を表示して受け取りの記載をし、支払いと引き換えに参加支払人に交付しなければなりませんし、支払拒絶証書が作成されていれば、これも一緒に交付しなければなりません（同法第六二条、第七七条一項五号）。

参加支払いがなされると、手形所持人は手形金額の支払いを受けたことにより手形上の権利を失うことになるので、被参加支払人より後の裏書人は、その遡求義務を免れます。

一方、参加支払人は、支払いと引き換えに手形の交付を受けて手形所持人となりますから、被参加者及びその前者である裏書人や振出人らのほかこれらの保証人に対する手形上の権利を取得します（手形法第六三条、第七七条）。

第3章

手形の満期と支払いをめぐる問題

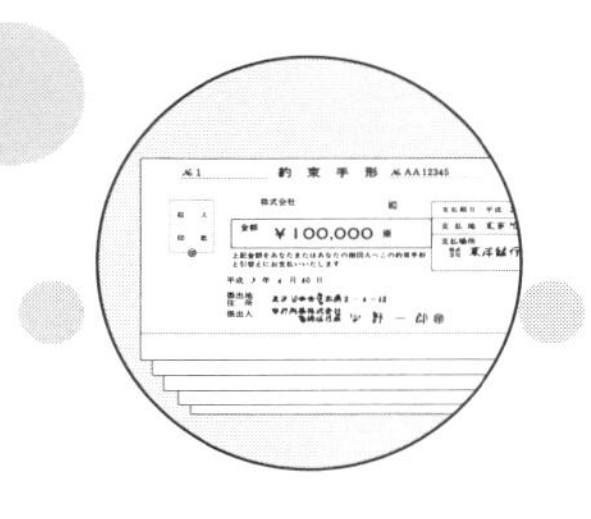

約 束 手 形 AA12345

株式会社

金額 ¥100,000

- 基本ポイント―手形の満期と時効
- 手形の満期の種類と満期の効力
- 受取手形の取立てと支払いをめぐる問題
- 手形の各種の時効と時効を中断する法

手形の満期と時効

弁護士　平山信一
弁護士　有吉春代
弁護士　竹原茂雄

手形の満期とはどういうことか

・信用証券としての手形は支払日が問題

手形と小切手は、いずれも広い意味で金銭支払いの手段として発展してきた制度ですが、今日では小切手がもっぱら支払いのための手段として利用されるのに対し、手形は支払手段としての機能もさることながら主として信用を利用する手段として利用される点に特色があります。

現代の経済取引においては、現金取引よりも信用取引のほうが通常です。いろいろな取引により代金債権を取得する者も、将来の期限付債権を取得するにすぎない場合が多いのです。

こうした取引関係を合理的に決済するために、あるいは将来の期待を間違いなく現実化するために、手形はもっとも安全・確実・便利な方法として広く利用されるようになりました。

この場合、手形を利用する者としては、その手形がいつ支払われるかが最大の関心事とならざるを得ません。支払われるまでの期間の長短により、その手形の信用が厚くもなり薄くもなります。

お産手形（一〇か月先）、台風手形（二一〇日先）、七夕手形（一年先）など先の長い手形の別称には、長距離列車の愛称とはちがった、さめた響きがあります。

・満期とは何か

手形金はいつ支払われるか、これは手形を一見してわからなければなりません。手形面上に手形金額が支払われるべき時期として記載された日、これが「満期」です。手形の満期は、その本質は手形債務の弁済期日にほかなりません。満期は手形の開花日です。

・満期の種類

手形の満期は四種類（確定日払い、一覧払い、一覧後定期払い、日付後定期払い）にかぎられています。民事一般の債務弁済にあっては、弁済期日をどのように決めても契約自由の原則で可能ですが、手形は右四種類以外の満期を記載すると、たとえ当事者が納得づくで決めたことであっても、手形としては無効、すなわち手形でなくなってしまいます。

・期日の特定が必要

満期は期日であって期間ではないので、ずばり何日という特定ができなければならず、何日から何日まで、とか、引渡しと引き換えにというような条件をつけられないのです。

期日ですから該当日が日曜・祝日、正月三日間のように、ふつう取引の行なわれない日に当たることもあります。これは一向にさしつかえなく、ただ取引の便を考慮して、満期が休日の手形の支払請求は休日に次ぐ第一の取引日までなしえないこととされ、「支払いを為すべき日」という満期とは別の概念が生まれます。一般の休日は手形にとっても休日になるのです。

・満期の誤記をしたとき

多くの手形は、支払期日欄に○年○月○日と確定した日が記載されます。すなわち確定日支払手形です。間違えそうもないのですが、暦にない日を記入したりして裁判沙汰になる例は昔も今も絶えません。

厳格な要式、外観を重視する手形は、軽率な誤記でもおいそれとは訂正できません。たとえば四月三一日というような記載は、月の末日つまり四月三〇日として有効であるとされていますが、二年も三年も裁判で争いのモトになるのでは、何のための手形かわからなくなります。迅速な決済を受けるためには受取人も手形の記載に注意すべきです。

・満期の記載がないとき

厄介なことに、手形には白地手形といって、記載すべき事項をあとで所持人に補充させることにして、その部分を空白にしたまま流通に置くことが認められています。満期についてもそうです。弁済期日を保留にしたまま、おって決められた日を所持人のほうで補充することにして、とりあえず手形を発行します。一見したところ満期の記載がありません。

では、このような手形は無効かというと、別に有害余計な満期を記載したわけではないので、手形法は特にそういう手形は一覧払いの手形とみなす、ということにしています。

そこで、一見したところ満期の記載のない手形は、白地手形であって後日補充されることによって一覧払手形以外の手形になるのか、補充させる意思のなかった一覧払いの手形なのか問題が起こります。

どちらにしても手形が有効ならば関係ないではないかと思われるかもしれませんが、満期がちがえば支払呈示の時期がちがい、時効期間の始めもちがってきます。手形の寿命に響くことです。

白地部分を補充して支払呈示をしたが拒絶されたので、裏書人に償還請求をした場合、もし一年以上たって補充したとすると、この手形は一覧払手形であり、振出日から一年内に支払呈示がなされなかったから償還請求権などないぞ、と抵抗される心配があります。

今日では、白地手形とみる立場が有効ですが、問題点の所在は知っておくべきです。

・満期の変更はできるのか

満期は弁済期日ですから、その時が来たら現金の用意が必要ですが、取引の常として期日を延ばしてほしい、という事態は起こりうることです。

一般の借用証書、契約証書などにおいても、弁済期の定めを過ぎてしまえば履行遅滞、契約不履行という問題になりますが、手形の場合はそれ以上に銀行を通して取立てに出し手形交換所の交換にまわされると、もし資金不足の状態ですと不渡処分→銀行取引停止処分という取引界における致命的な制裁が控えています。

したがって、満期の延長すなわち支払猶予は、非常にせっぱつまった交渉とならざるを得ません。手形所持人としても手形の権利行使は、所定の日に所定の手続きをふまないと、せっかく手形に認められている特権がフイになってしまいます。

手形をめぐる紛争はこうした差し迫った事情下における手形授受に関して生ずることが多く、満期の変更もその一つの事情です。満期を変更するにあたって全手形債務者の同意を得ていないと、手形の変造という問題を生じます。

・手形の書換えで注意すること

満期をいじるのは好ましくないというので、満期じたいを変更せず、手形の書換え、延期手形の差入れを行なう場合でも、旧手形・新手形の関係はどうなるかは複雑な問題です。

単に支払延期のために、旧手形を回収せずに新手形に書き換えられたとき、新旧両手形の所持人は、新旧いずれの手形によっても手形上の権利を行使でき（もっとも旧手形の請求に対しては支払猶予の抗弁を受けるが）、ただし一方の手形によって手形金の支払いを受けたときは重ねてその支払いを受けられず、支払うほうは新旧手形をともに返還請求できるというのが最高裁判例です。

しかし、この種の判例には他に特段の事情がないかぎりというようなワクがはめられていることが多く、新旧手形がそれぞれ別人の手に渡ったりすると、専門家の手をわずらわさないと解きほぐせないほど厄介になります。

満期と支払いの手続き

・支払いの実情はどうなっているか

手形は、満期において手形金額が支払われることによって、その一命をまっとうします。それも煩雑な手続きを要しないで迅速に支払われることがあるべき姿です。銀行に振り込む（取立委任する）だけでいわば自動的に支払いを得ている実情は、まさに手形法の理念である支払いの確実性と流通性の安全強化を示すものです。

けれども、手形を利用する者としては、手形支払いの仕組みはマスターしておかなければなりません。銀行による取立て・支払いは、健全な手形を、いわば規格品を大量に一括処理するものですから、不健全なあるいは手形法の規格からはずれた手形はオフリミットされ、そうなると手形所持人は自ら直接取立てにまわらなければなりません。

いつまでに、どこへ行って、どのようなかたちで請求するのか、手形債務者もそのような請求に対し払う義務があるのかどうか、基本的な知識を説明しておきます。

・手形債務は取立債務

手形上の債務は取立債務といって、債務者の営業所または住所で履行されるべきものです。したがって、持ってくるのを待つのではなく、こちらから取りに行くという態勢でのぞまなければなりません。

貸金の返済担保のために手形を受け取り、原因関係においては貸金は貸主のもとに持参して弁済する約束をしても、手形上に貸主方払いを明記しておかないかぎり、その権利を行使あるいは保全をするためには、やはり手形所持人のほうで行動を起こし、以下に述べるような支払いのための呈示をしておく必要があります。

・支払いの呈示が必要

手形金支払いの基礎は、支払いのための呈示です。手形債務者に手形を見せて払ってくれと請求します。

支払呈示期間も決まっていて、前述した支払いをなすべき日およびこれに次ぐ二取引日内です。

どこに呈示するか。手形に記載された支払地における約束手形の振出人（為替手形の引受人）の営業所、営業所がないときは住所・居所です。これが基本型です。ではなぜ銀行に振り込むか。約束手形の振出人は手形を振り出すにあたり、支払場所として自分と当座取引のある銀行の営業所を指定しています。これは自分が振り出した手形の支払いはその銀行店舗で銀行に行なわせる、と宣言しているわけで、この場合は、そこで呈示する必要があります。したがって、支払場所の銀行に直接呈示しても適法な呈示です（店頭呈示）。

しかし今日、手形取引をする者は受取人・所持人も取引先の銀行をもっているのが普通です。そして取立ては自分でしなくても他人に依頼してもさしつかえないので、手形・小切手の取立てに関してはいわばプロである取引銀行に取立てを委任するわけです。

・手形交換所における呈示

では委任を受けた銀行は支払銀行の店頭に直接呈示するかというと、そのようなことをしていたのでは人手がいくらあっても足りるものではありません。

そこで一定の地域の銀行が申し合わせて、毎日一定の時間に一定の場所に集まって、手形・小切手を持ち寄り、自行が支払うものと他行が支払うものとを交換し合う制度ができています。これが手形交換所で、銀行どうしの手形・小切手の交換は、すべて手形交換所規則にしたがって行なわれます。

そして、法務大臣の指定した手形交換所における呈示は、法律上、支払場所に直接呈示したのと同じ効力が認められているのです。

持ち帰った支払銀行は、振出人の当座預金口座と照合して残高があればこれを引き落とし、ここに支払いは完了します。

ところが、残高が不足したり、振出人のほうで支払いに応じかねる事情があれば、支払拒絶として持ち出した銀行に返還されることになり、ここに不渡りという問題が生じます(第五章参照)。

手形交換所の規則は、手形の安全確実な決済、不良手形の淘汰のために、たいへん厳しいもので、加盟金融機関もそれに拘束されていますから、手形交換所にまわされると、その手形の支払いはちょっと待ってくれ、ということは非常に難かしくなります。くわしいことは不渡り対策の章で勉強してください。

・完全な手形の呈示が必要

呈示期間内に呈示場所に呈示したと思って安心していると、思わぬ失敗をしていることがあります。

それは手形に記入もれがあって、つまり白地手形のまま支払呈示してしまうケースです。適法な支払呈示として効力をもつためには、手形要件を完備した手形を見せなければなりません。未完の欠陥手形では空振りです。

そのような欠陥は、取立てを依頼された金融機関のほうで、自ら白地を補充するか、白地を補充してくださいと依頼者に促すべきではないかと思われるかもしれません。白地手形のまま支払呈示がなされたために、遡求権を行使できなくなった手形所持人が、手形取引の専門家である金融機関は、善良な管理者の注意義務として、白地補充の義務あるいは補充を促す義務があり、それを怠ったために手形金の回収ができなくなったのだから同額の損害賠償をせよ、と訴えた例があります。

しかし、裁判所は、取立委任を受けた金融機関にそのような義務はないと判決していますし、金融機関の当座勘定規定や取立規定には、通常、白地はあらかじめ補充してください、当方は補充する義務を負いません、という特約規定もあるので、支払いのための取立てにまわすときは、自ら手形の点検整備を忘れてはなりません。

・支払呈示期間を経過すると

呈示期間内に適法な呈示をしなかった場合は、どうなるでしょうか。

振出人に、実は今、資金の都合がつかないから一〇日待ってくれないかと頼まれ、強引に取立てにまわして不渡りになるよりもと考えて事実上猶予していたとか、軽率にも忘れていた、あるいは手形をなくして探すのに手間どったためなどいろいろな場合が予想されます。一〇日待ったが無駄だった、あるいは、後で手形が見つかったというとき、それからでも支払呈示ができるかというと、それはできます。

呈示期間が過ぎたからといって、ただの紙切れに化してしまうわけではありません。しかし、その効果は、約束手形を例にとると、振出人に対する場合と、裏書人に対する場合とで異なり、裏書人に関するかぎり致命傷になります。

つまり満期に適法な支払呈示のなされなかった手形による支払いは、場合を分けて考える必要があるのです。

為替手形の引受人、約束手形の振出人の手形金支払い義務は、これはもう絶対的なもので（主たる債務者という）、のちに述べる時効にかからないかぎり支払わなくてはならないものです。期間が過ぎたら、所持人はこれら手形義務者の営業所、営業所がないときは住所、居所におもむき、支払呈示をすればよいのです。

○○銀行××支店という支払場所の記載は、その手形の支払呈示期間における支払いについてだけ効力があり、呈示期間経過後における支払いのための呈示は、支払地内にある手形の主たる債務者の営業所または住所においてすることを要し、支払場所に呈示しても、債務者を遅滞に付する効力がない（遅延損害金がとれない）というのが最高裁大法廷の判例です。呈示期間経過後、銀行に取立てにまわしても、呈示期間経過後ということで返却され、不渡処分にもなりません。

主たる債務者に対する関係では、満期日以後の法定利息がつかない、呈示しないと遅延損害金がとれないというだけですから、そうあわてることもなく、訴訟を起こして訴状の送達によって遅滞に付することもあります。

・遡求権行使のためには呈示が不可欠

主たる債務者以外の手形上の債務者（手形の裏書人、保証人、為替手形の振出人ら）は、主たる債務者が払わないときに二次的に支払義務を負うもので、従たる債務者です。しかも、手形が満期に適法に支払呈示されたにもかかわらず、主たる債務者が支払わなかった、という場合にかぎって責任を負います。

裏書人らに対する支払請求権を遡求権（償還請求権）といいます。なじみにくい言葉ですが、振出人が払わないなら裏書人に責任とってもらおうという権利です。請求できる金額は、手形金、利息の記載があるときはその利息、年六分の率による満期以後（満期当日を含む）の利息、その他支払拒絶の通知に要した費用などです。

手形には必ず裏書人、保証人がいるとはかぎりませんが、なかには主たる債務者よりも裏書人の信用でもっている手形もあり、主たる債務者が不渡りを出して倒産したとしても、裏書人から回収する道は残されています。そして、このような従たる債務者に遡求権を行使しようとするならば、たとえ満期に支払呈示しても支払拒絶になることがわかっていても、所定の期間内に適法な支払呈示はしておかなければなりません。拒絶証書の作成も本来必要なのですが、ほとんどは手形は「拒絶証書不要」として免除されています。

裏書人らは支払いを拒絶しても、引受人、振出人とちがって不渡処分、取引停止処分という制裁はありませんから、所持人のわずかな手続きミスでもとらえて争ってくることが多いので、慎重に期間を徒過しないうちに支払呈示手続きをする必要があります。

・支払いと支払人の調査義務はどこまでか

満期の支払いには、手形法特有の制度があって、支払う相手が正当な権利者かどうかという点の調査確認の程度が緩和されています。

すなわち手形所持人の形式的資格を調査すれば足ります。手形の要式、裏書の連続の整否、自分の署名捺印がある場合にその真正だけ注意深く調査すれば、所持人の実質的資格である裏書人の署名捺印の真偽、呈示者と同一人か否かなどを調査する義務はありません。

形式的資格のある所持人に支払ったときは、あとで実質的に正当な権利者が現われても二重払いの危険はありません。

金融機関が支払担当者になっている場合、手形法の調査義務のほか、取引先との約定により委託の趣旨に従って注意義務をつくして支払ったかどうかが問題になります。

金融機関がもう少し注意してくれたら……、事前に連絡してくれたら……という不満から金融機関に損害賠償を請求するケースがありますが、金融機関は取引をするにあたり種々の免責条件をつけており、かりにそうした免責条件にもかかわらず金融機関に責任ありと判決されるにしても、時間も費用もかかります。

したがって、常日頃取引先の金融機関とは連絡交渉を密にして、好ましいお得意さんになっていることがのぞまれます。

・満期前の支払いと注意点

手形は満期の支払いを原則とし、所持人のほうでも満期前には支払いを受ける義務がありません。

双方の合意で支払う場合でも、支払人の調査義務は所持人の形式的資格だけでなく、実質的に正当な権利者か否かの点にも及びます。

・手形と引換えに支払う

手形金の支払いは、手形と引き換えでなければ、する必要はありません。

手形や小切手のような有価証券は、権利と証券が結びついたものですが、特に手形・小切手は有価証券の典型として、有価証券の特徴を完備しています。前述した支払呈示もその一つといえるもので、証券上の権利の行使のためには証券の呈示を必要とするという呈示証券であることを示しています。

一方、証券の債務者は、証券と引き換えでなければ債務を履行しなくてよいとされ、受戻証券であることが手形法に明記されています。同じ有価証券でも、記名株券はいったん名義書換えをした以上、権利の行使をするつど証券の呈示を必要としませんし、配当金を払うからといって会社が株券の受戻しを請求できるものではないのです。

手形と引き換えでなければ支払う必要がないということは、手形を回収しないで支払うと非常に危険だということです。手形が自分の手許に戻ってこないかぎり、二重払いのピンチがおとずれます。手形上に受取証明する記載をさせ、かつ手形を回収するのが正解です。別途に領収証をもらっても、その人にしか通用しないことを知っておいてください。

ただし、特別な場合ですが、手形金の一部支払いということもあって、その場合は手形所持人も残りの支払請求に手形が必要ですから、手形を交付するわけにいかず、支払人は手形上に一部支払いの事実を記載させ、別に受取証書を発行させることになります。

これは逆の立場からみると、手形をなくしてしまうと支払ってもらえないということです。除権決定をとるか、手形債務者に頼み込んで、二重払いのご迷惑はかけませんという証しをたてないかぎり、容易には聞き入れてもらえない筋合いの交渉にならざるをえません。

・手形で相殺するとき

手形は受戻証券で、手形と引き換えに支払うという点は、手形で相殺する場合にもあてはまります。

たとえば、約束手形の所持人が、振出人に対して何か別口の債務を負担しているとき、両方の債務が弁済期にあれば、手形債権で相殺することができます。手形債権どうしでももちろんかまいません。

この場合、一般の相殺にあっては、私のA債権とあなたのB債権を相殺します、という一方的な意思表示をするだけで、A、B両債権は消滅するという効果を生じます。けれども手形債権を自働債権（ぶつけられるほうは受働債権といいます）として相殺するときは、意思表示だけでは効力がなく、手形を呈示交付して相殺の意思表示をしなければならないとされています。

相殺は債権債務を消滅させる点で、手形金の現実の支払いと実質的に同じなので、手形と引き換えになすべきなのです。

手形の時効はどうなっているか

・時効期間にはいろいろある

時効によって権利が消滅するのは、手形債権にかぎったことではありません。手形は短い期間で消滅するといわれますが、民法の中には手形債権よりも短い期間を定めている債権があり、手形債権が特にいちじるしく短いとは必ずしもいえません。

しかし、民事一般の債権が一〇年、商行為による債権が五年で消滅するというのにくらべれば、たしかに短期消滅時効といえるでしょう。

手形の時効は、後述するとおり約束手形の振出人、為替手形の引受人に対する請求権は三年、遡求権の行使は、所持人がするときは一年、遡求義務を果たした裏書人が再遡求するときは六か月というように、ケースによって期間が異なり、また、時効期間の初日もちがっていますから、よく記憶しておいてください。

・時効の中断はどうするか

時効は、時効の中断といって進行する時の経過にストップをかけることができます。この中断の方法は、民法の原則にしたがい、請求、差押え、承認などいくつかあります。別にはっきりした時効を中断させようという意思がなくても、裁判で請求したり、手形にもとづいて仮差押えをしたりすると、自動的に時効中断となります。民法の中断方法をよくわきまえておくことです。

時効中断の場合に、手形特有の問題として、特に支払請求による中断について、手形の呈示つまり手形を見せて催促する必要があるかということが議論されます。手形を呈示するとなると、内容証明郵便で催促しただけでは足りません。

しかし、この問題は、時効中断のためにする催告については必ずしも手形の呈示を必要としないという最高裁判例で実務上はいちおう結着がつきましたし、また火事などで手形をなくしてしまった状態で訴訟を起こした場合でも、

手形・小切手の時効期間一覧表

	権利の種類		時効の期間の初日	期間
約束手形	振出人に対する請求権		満期の日	3年
	裏書人に対する遡求権	ⓐ所持人からする場合	拒絶証書の日付。拒絶証書作成義務免除のときは満期の日	1年
		ⓑ遡求義務を履行して手形を受け戻した裏書人からする場合	手形を受け戻した日または訴を受けた日	6か月
為替手形	引受人に対する請求権		満期の日	3年
	振出人及び裏書人に対する遡求権	ⓐ所持人からする場合	支払拒絶・引受拒絶等拒絶証書の日付。拒絶証書作成義務免除のときは満期の日	1年
		ⓑ遡求義務を履行して手形を受け戻した裏書人からする場合	手形を受け戻した日または訴を受けた日	6か月
小切手	振出人・裏書人・保証人に対する所持人からする遡求権		呈示期間経過の日の翌日	6か月
	小切手を受け戻した者からする他の小切手債務者に対する再遡求権		手形を受け戻した日または訴を受けた日	6か月
	支払保証人に対する請求権		呈示期間経過の日の翌日	1年

手形の所持を失っても手形上の権利を失うわけではないから、時効中断の効力はあるという判例も出て（ただし裁判で審理が終わるまでには手形の所持を回復するか除権決定を得なければならない）、こと時効中断の方法に関するかぎり手形債権だから特に面倒な点はなくなりました。

・時効の援用とはなにか

時効については、期間が経過してしまうと一巻の終わりと観念してしまう人がいますが、時効によって利益を受ける債務者が、時効にかかったから支払いかねる、という意思を表明してはじめて効力を発揮するものです。これを時効の援用といいます。

したがって、時効期間が過ぎてからでも請求することはかまいませんし、だめでもともとと思って請求したところ一部の支払いで話合いがついた場合もあります。取引に淡白は禁物です。

・時効中断の効力はどうなるか

手形時効の中断は、中断をした相手に対してだけ効果があります。

このことは、手形債務独立の原則の一つの現われであって、手形債務者の義務はそれぞれ別個独立とされているところから、時効もそれぞれ独立に進行します。

たとえば、約束手形の振出人に対する時効期間は三年で、裏書人に対するそれは一年なので、振出人に対して時効を中断しておけば裏書人に対しても三年間は効力があるかというと、全然効果はありません。裏書人には裏書人に対して直接中断しなければなりません。

さらに注意を要するのは、主たる債務者に対する請求権が時効で消滅してしまうと、従たる債務者の手形上の債務も、主人と運命を共にして消えてしまうことです。約束手形の振出人は倒産して全然相手にならないというので、裏書人だけ相手に訴訟していた場合、長引いて三年以上経過してしまうと、裏書人への請求もできなくなり、苦労が水泡に帰す危険があります。

・原因債権の時効との関係はどうか

手形債権の時効に神経をつかうときは、同時に、手形を振り出す原因となった取引関係の債権の時効についても気を配らなければなりません。手形債権と原因債権両にらみの必要があります。

当事者にしてみると、別々の権利関係という意識がうすいかもしれませんが、法律的には完全に別々の権利で、独立独歩しているのです。手形が原因債務の支払いに代えて、つまり代物弁済として振り出されて、その時点で原因債権が消滅し、手形債権だけがあるというケースはまれな場合です。

厄介なことに、手形債権の時効期間がいろいろあるように、原因債権の時効期間もさまざまなのです。民事債権は一〇年、商事債権は五年といわれますが、商品の代金債権は二年、請負人の工事に関する債権は三年、運送賃は一年などいろいろ特別な短期時効がありますから注意してください。

たとえば、商品販売代金支払いのために、その支払期限を満期とする約束手形を受け取ったとします。振出人が倒産してその手形が不渡りになっても、満期から三年間は振出人の手形金支払債務は消えません。

そこで、かりに二年経過して振出人が立ち直ったので、あらためて請求した場合、原因となった商品売掛債権の時効を中断しておかないと、原因債務が時効で消滅したからその支払いのための手形金の支払義務も消滅したという抗弁を受けてしまいます。

したがって、特に短期消滅時効にかかる原因債権は手形より先に中断しておかなければなりません。

では、右の例で不渡りになってすぐ支払督促の申立てなり手形訴訟を起こして、支払督促なり判決を得てそれが確定した場合、二年内にあらためて原因債権の時効を中断する必要があるかというと、最高裁は、そこまでする必要はない、判決が確定すると時効期間は一〇年に延びるので(一〇年内なら強制執行ができる)、このような場合は原因債権の時効期間も一〇年に延びると判決しています。

手形所持人としては、振出人の現状では今すぐ強制執行しても効果がないと思っても、比較的容易に得られる支払督促や手形判決を得ておくと、原因債権の時効期間もずっと延びるので役に立つと思われます。

・利得償還請求権とはどういうものか

最後に、時効期間も過ぎてしまったらどうなるかということ、そこまで放っておくほうが悪いという見方もあるでしょうが、手形債権は特に短い消滅時効であり、またその権利の保全についても一定の厳格な形式があり、それに従わなかったために、つい手形上の権利を失くしてしまうことがあります。

一方、手形を振り出すには、売買、貸金その他のそれ相当の原因があり、手形上の債務者は、手形金を支払わないですむことになると種々の財産上の利益を受けることになります。

そこで短期の時効、手続上の瑕疵のために手形上の権利を失った場合、手形所持人と手形債務者の間の公平をはかるために、手形の時効消滅によって現実に利益を得た手形債務者に対し、その利得を返してくれと請求することが認められています。これを利得償還請求権といいます。

ただし、具体的に利得償還請求権を行使する場合を考えますと必ずしも容易ではなく、手形債権が時効になったからといって、いつでも簡単に認められるわけではありません。いろいろな条件があります。すべての手形債務者に対する手形上、または民法上の権利を失った場合でなければならないなど難解な点が多いので、こういう事態になれば専門家に任せざるを得ないでしょう。

図解◉手形による請求を拒否できる場合

★手形で請求を受けた債務者が手形の支払いを断わる理由として
認められる事由

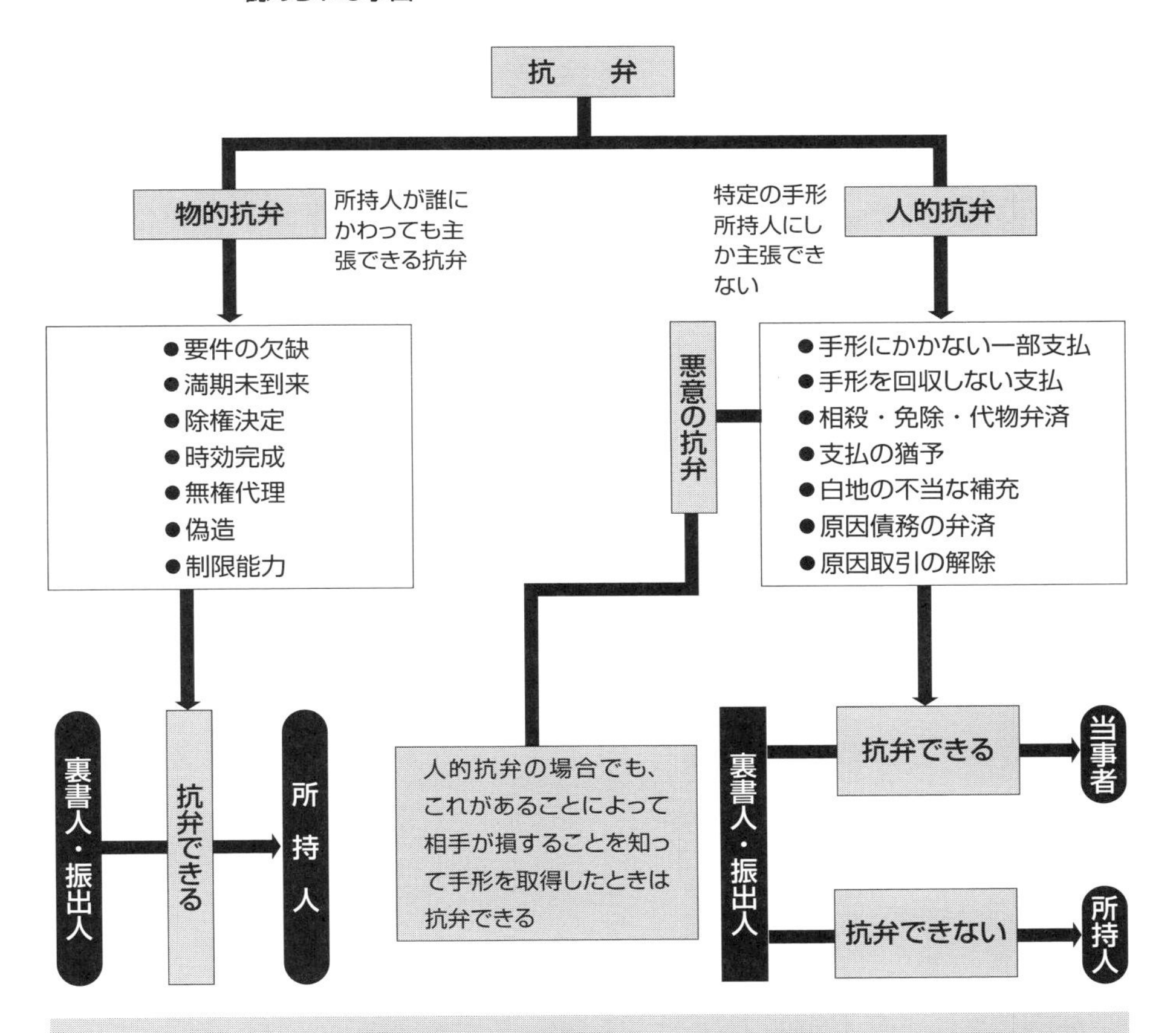

人的抗弁と物的抗弁

手形行為がなされるには、その背後に**原因関係**がある。例えば、品物を買いその支払いのために約束手形を振り出す場合などである。このような場合に、手形は振り出したが品物が来ないので、手形金の支払いをストップさせたいときがある。

このような場合の支払い請求の拒否の理由を**人的抗弁**という。しかし、手形が善意の第三者に譲渡された場合、このような抗弁は認められない（人的抗弁の切断）。原因関係消滅の抗弁や所持人が無権利者だという抗弁である。

これに対して、**物的抗弁**とは手形債務者が誰からの請求に対しても支払いを拒絶できる抗弁をいう。例えば、偽造・変造、無権代理、制限能力、意思能力や手形要件の欠缺などのケースがある。

手形の満期と支払いをめぐる各種の問題

手形の満期の種類と満期の効力

弁護士　有吉春代
弁護士　平山信一
弁護士　竹原茂雄

満期の記載における注意点は何か

▼四つの種類が法定されている

　手形の満期とは、どういうことをいうのですか。支払期日と同じでしょうか。記載方法で注意するのはどんな点ですか。また、日曜・祭日が満期でも通用するでしょうか。

満期の意味と支払期日　手形金がいつ支払われるかによって、その手形の信用は厚くもなり薄くもなります。手形上に支払いのあるべき時期として記載された日を満期といいます。

　手形所持人は満期に支払いを受ける権利があるもので、本質は手形債務の弁済期日にほかなりません。

　手形用紙をみると、支払地、支払場所などとならんで、支払期日という欄があります。そこに通常は平成○年○月○日と記載します。これが満期の典型です。支払期日という表現の方が意味をわかりやすく表わしていますが、手形法は満期という表現です。

　「支払ヲ為スベキ日」と「支払ノ日」、手形法には、似たような表現として右の二つがあります。「満期」と「支払いをなすべき日」は一致しているのが通常ですが、たとえば、満期が日曜・祭日に当たるときは、これに次ぐ第一の取引日が支払いをなすべき日となり、両者は別の日になります。

　五月三日（祭日）が満期の手形は、四日も休日、五日も祝日のため同月六日が支払いをなすべき日です。

　また「支払の日」は現実に手形が支払われた日のことです。

満期の種類は四種類　満期の種類は、手形法上つぎの四種類にかぎられています（手形法三三条）。

①　確定日払い　「何年何月何日」というように、確定した特定の日を満期とするもので、もっとも通常の記載方法

です。

② 一覧払い　所持人が支払いのために呈示した日を満期とするもので、「一覧次第」「呈示あり次第」などと記載します。振出し後はいつでも払うという性格で、小切手はすべて一覧払いとされています。

③ 一覧後定期払い　所持人が一覧のために手形を呈示した日から、手形に記載した一定の期間を経過した日を満期とするもので、「一覧後三〇日」「呈示後二か月」などと記載します。

④ 日付後定期払い　振出日から、手形に記載した一定の期間を経過した日を満期とするもので、「三か月後」「日付より五〇日払い」などと記載します。振出日が確定しているので、実質上は①の確定日払いと同じことになります。

四種類以外の満期の手形は無効　手形の満期は右の四種類に限定されていて、それと異なる満期を記載しますと、単に満期の記載が無効になるのではなくて、手形じたいが無効になってしまいます。たとえば、「工事完成の日」、「登記完了の日」などと手形上に特定されない日を記載したり、「自何年何月何日至何年何月何日」と期間を限ったりする満期は記載してはなりません。

また、一通の手形に満期は一つで、分割払いの定めも許されません。額面一〇〇万円の手形に、「何年何月何日及び何月何日限り二回払い」などと記載すると手形が無効になります。

暦にない日が満期の場合　確定日払いの記載において、日曜・祝日が満期に当たるのはかまいませんが、うっかりして暦にない四月三一日とか平年の二月二九日と記載した場合は問題です。無効とする見解もありますが、月の末日の表示として有効とする見解もあり、最高裁判例は、昭和四〇年二月二九日の記載について、「同年が平年であることにかんがみると、同年二月末日を記載したもの」と解釈して有効であるとしています（昭和四四・三・四）。

満期の記載がない手形はどうなるか

▼救済の道をつくっている

手形を振り出すとき、満期は必ず記載しなければなりませんか。資金ぐりのめどがついた時点で満期を記入してもらうこととして、支払期日欄を空白のまま振り出した手形はどのような効力がありますか。

一覧払いとみなされる　満期の記載がない手形の効力についてはいろいろな問題があります。手形には満期を記載すべきもので、しかも種類は四つに限定されていることは前問で述べたとおりです。手形は厳格な要式証券で、手形法で決められた一定の事項の記載もれがあったり、よけいな事項を記載したりすると、手形全部が無効になるのが原則です。けれども、あまり厳格に解釈して手形を無効にしてしまうと、かえって手形の流通性をそこないますから、手形法もいくつか救済の道をつくっています。

　その一つが満期の記載がない場合で、そのときは一覧払いの手形（前問・満期の種類②）とみなすことにしています。満期の記載を欠いても手形は無効になりません。念のためですが、これは有害な記載のない満期が白紙状態の場合です。

白地手形の可能性も

　このように手形法の救済規定によって、いつでも一覧払いの手形になるかというと、そうもいきません。

　というのは、手形はいわゆる白地手形（第一章白地手形の項参照）が認められているので、満期についても、後日所持人に補充させる意思で、わざわざ支払期日欄を空白のまま振り出した手形かもしれないからです。

　もしそうであれば、たとえば所持人が後日、何年何月何日と補充することによって、その手形は確定日払いの手形となり、一覧払いの手形とすることはできません。

一覧払手形か白地手形か

　このように一見したところ満期の記載のない手形は、二通りの手形の見方があるので、どちらの手形とみるのが正当か、見解の分かれるところです。

　大勢としては、手形用紙に不動文字で満期日とか支払期日欄が印刷されていて、その部分を抹消した跡がなく、単に空白にしたままの手形は、白地手形とみるべきものとしています。判例も白地手形とみるものがほとんどですが、補充されないかぎりは一覧払いと認めるほかないとするものもあります。

　実際問題としても、支払証券である小切手とちがって、手形は振り出したあとはいつでも払うという例は少なく、ある程度の期限をつけるのが通常ですから、原則的には満期が白地の手形とみるほうが、取引の実情と当事者の常識に合っていると思われます。

　これを区別する実益はあるのでしょうか。一覧払いでも白地式でも、手形は有効なのだからよいではないかと思われるかもしれませんが、権利を行使する期間や方法にちがいが生じます。

　一覧払いの手形は、満期の記載がないままで権利の行使ができますが、原則として振出日から一年内に支払呈示をしないと、不渡りのときに裏書人に対して遡求権を行使できなくなります。

　白地手形は、そのままでは不完全な手形ですから、支払呈示をするときには、きちんと満期を補充して完全な手形にしなければなりません。一覧払手形とちがって、一年内に支払呈示すべしという規定はなく、満期が白地のため時効期間の起算点がありませんが、いつまであたためていてもいいかというと、そういうわけではなく、満期を補充する権利、つまり補充権じたいが時効にかかります。三年、五年、二〇年といろいろ説がありますが、最高裁判例は商法五二二条を準用して、振出日から五年としています（昭和四四・二・二〇判決）。

　いずれにせよ、満期を記載しないで振り出す側は、一覧払いのつもりならむしろその旨をはっきり記載し、満期の記載のない手形の所持人の側はできるだけ振出日から一年内に行動を起こすようにすべきです。

満期を訂正して手形を振り出せるのか

▼当事者間では問題ない

いったん手形に記載した満期を変更することができますか。新手形を切らずに、満期だけを訂正、書き直しても有効でしょうか。裏書人がいるときはどうなりますか。

満期の変更とその方法　満期が近づいても、支払資金調達の都合上満期を延ばしてもらいたいことがあります。支払いを猶予してもらう方法は、手形の書換えが多いと思われますが、満期の変更という方法もあります。

満期の変更とは、手形の同一性を失わないで、手形上の満期の記載じたいを有効に変更することです。

手形法には満期の変更について特別の規定はないのですが、判例は満期の変更ということを認めています。

このように満期の変更は、手形上の満期の記載を変更することで、支払期日欄に記載された旧満期を二本の線で抹消し、新しい満期を記入して、変更に同意した者が訂正印を押すというのが通常の方法です。

旧満期を抹消した形跡がなく、ただ満期欄上部の欄外に新期日を記載して押印したにすぎない場合について、最近の判例は、「支払期日欄の欄外に別の日付を表わす数字の副記があるけれども、従前の支払期日を示す数字を抹消することなくして（前記の押印によって抹消の効果が生ずるものではないことはいうをまたない）なされた右の副記によって、既存の手形上の権利関係に変動が生ずる理はないのであるから、この副記自体は、無意味な記載として扱うほかない」

と述べて、旧期日の抹消忘れは満期の変更の効果を生じないとしています（東京高判・昭和五六・五・二七）。

満期の変更と効果　いろいろな場合を想定しなければなりません。約束手形を例にとると、

① 振出人と受取人＝所持人だけの場合は、当然変更の効果が生じます。もっとも、こういう場合は、満期を変更しなくても事実上支払いを猶予することによって、期限の猶予の目的が達せられるでしょう。

② 振出人と裏書人と所持人が関与している場合は、満期の変更に同意した当事者間だけに有効です。全員の同意は必要ないのです。

振出人Ａの約束手形がＢ→Ｃ→Ｄと渡り、Ａ、Ｂの支払猶予の求めをＤが承諾し、支払期日欄を訂正してＡ、Ｂが捺印したケースで、判例は、満期は有効に変更されたものと認めています（大判昭和一二・一一・二四）。

したがって、新期日に支払呈示をしてＡが支払いを拒絶すると、ＤはＢに対し遡求権を行使できます。ではＣに対してはどうなるか。

右の判例はＣの立場についてはなにも言及していませんが、学説は、Ｃに対しては手形の変造になると解釈しています。

手形の変造になると、変造前の署名者は変造前の文言にしたがって責任を負うに

すぎません（第六章参照）。

最高裁判所も、振出人甲が保証の意味で乙に裏書をしてもらって丙に交付し、のちに甲、丙のみの合意で満期を変更し、丙は新満期日に支払呈示をしたところ支払いを拒絶されたので、裏書人乙に請求したケースで、このような場合は、乙は訂正前の満期にしたがって遡求権保全手続きがとられることを条件に遡求義務を負う、として旧満期に適法な支払呈示がなかったから乙は支払義務を負わないと判決しています（昭和五〇・八・二九）。

裏書人がある場合は、万一のとき裏書人に請求するためには、必ず裏書人の同意を得るか、また、同意が得られないときは、期日未到来で支払拒絶されることが予測されても、旧満期に支払呈示をしなければなりません。

手形金の支払いはどのようにして行なわれるか

▼手形交換所での決済

私は取引先から手形を受け取りましたが、手形金の現実の支払いはどのようになされるのでしょうか。銀行を通さないと払ってもらえないものですか。

手形債務は取立債務　手形は満期が到来するまでは満期に現金化されるであろうという信用、期待で流通しています。支払いはこの期待の現実化の手続きですが一定のきまりがあります。

手形は転々と流通するのが特性の一つですから、支払いを約束した約束手形の振出人あるいは支払いを引き受けた為替手形の引受人も、満期において誰が手形の所持人（権利者）かわかりません。他へまわさないでくれ、といって手形を振り出すことは手形本来の使い方ではありませんし、他へまわってしまえばそれまでです。

こういう特性から、手形金は、支払いを求めるほうで、自分が手形の正当な権利者であることを示して請求しなければなりません。つまり、手形債務は持参債務ではなく、債権者が積極的になる必要がある取立債権なのです。

支払呈示が基本型　満期における手形の所持人が、本来の支払者として予定されている者（為替手形の支払人・引受人、約束手形の振出人）に対し手形を見せることを、支払いのための呈示あるいは支払呈示といいます。支払呈示を受けて手形金を支払う、これが基本型です。実際上は、所持人は自己の取引銀行に持ち込んで、取立ては銀行まかせにしていますが、取立て、支払いの原則的な法知識は知っておかなければなりません。

手形法では支払地（支払場所を含む一定の広さをもった地域）の記載は必要ですが、支払担当者と支払場所の記載は必ずしも必要でなく（第一章手形の要件の項参照）、手形の所持人は、支払地内の振出人（約束手形）、引受人（為替手形）の営業所・住所・居所（この順序による）をさがして、そこで振出人・引受人に支払呈示すべしということになっています。

しかし、これはおたがいに不便で実用的でありません。

そこで振出人・引受人は、営業所・住

所以外で第三者に支払いを担当させることができます。第三者方払い手形で実際はこのほうがほとんどです。

というのは、手形を振り出すには、銀行（同視される金融機関を含む）と当座取引をして統一手形用紙をもらわなければならず、これには支払地のほか、支払場所として甲銀行A支店というような記載があります。特に約束手形では不動文字で印刷されています。

これは甲銀行のA支店を支払場所とし、同時に甲銀行を支払担当者とする趣旨であると解釈されています。こういう手形は、甲銀行A支店に支払呈示しなければなりません。

手形交換所で呈示される　手形の所持人は、手形を甲銀行A支店に直接持って行って呈示してもなんらさしつかえなく、線引小切手のように、初顔の客に対する受入れ、支払いの制限はありません。しかし、安全信用第一の銀行としては、正当な所持人か否か身元調査的なことをせざるを得ず、所持人としても面倒なので、自分の当座取引のある銀行に振り込んで取立てを依頼するのが通常です。

受け入れた銀行は、加盟している手形交換所に他の手形や小切手といっしょにまとめて持ち込み、そこで呈示します。手形交換所における手形の呈示は、特に手形法によって支払いのための呈示の効力が認められているのです。

支払担当銀行はその手形を持ち帰り、振出人の口座から引き落とし、ここに手形の支払いは完了することになります。

満期に手形を取立てに回すのを忘れたが

▼振出人には請求できる

うっかりして手形を期日に取立てにまわすのを忘れたら、手形はどうなりますか。支払いの呈示期間と呈示の効果について教えてください。

呈示期間と呈示の効果　手形を取立てにまわすというのは、支払いのために呈示することに帰着します。一覧払手形は、原則として振出日から一年以内です。振出日の翌日でも可能です。

それ以外の手形（確定日払い、日付後定期払い、一覧後定期払い）は、支払いをなすべき日およびこれに次ぐ二取引日内、つまり三日間です。支払いをなすべき日は、満期の日が法定の休日に当たらないときはそれと一致しますが、満期が日曜・祭日・振替休日などに当たると次の日になります。連休になったときには連休あけの日です（最判・昭和五四・一二・二〇）。これに次ぐ二取引日も休日は含みません。

呈示する時間は、相手方の取引時間内です（商法五二〇条）。したがって、呈示先が銀行の場合は、銀行の営業時間内ということになります。

右の支払呈示期間内に呈示されなかった場合はどうなるかというと、約束手形の振出人のような手形上の主たる債務者と裏書人のような遡求義務者とでは効果がちがいます。

①　主たる債務者に対する場合　約束手形の振出人、為替手形の引受人は、手

形上の主たる債務者（絶対的支払義務者ともいいます）といわれ、満期においては当然に支払いをなすべき義務があり、支払呈示期間の適法な支払呈示がなくても、前述した満期から三年という時効にかからないかぎり、手形金の支払いを免れることはできません。

したがって、必ずしも支払呈示期間の呈示は必要ないのですが、これを欠くことによって、満期の日からの法定利息をとることができなくなりますし、呈示期間内に銀行を通して取立てにまわすと、支払拒絶に対しては、不渡りによる銀行取引停止処分の制裁があり、支払いを事実上強制する効果がありますから、この手形特有の支払確保手段をみすみす捨てるような不利益は覚悟しなければなりません。

主たる債務者から、ちょっと振り込むのを待ってくれないかと頼まれたときは、つぎに述べる裏書人との関係もよく考えて、慎重な判断を要します。

② 遡求義務者に対する場合　主たる債務者が満期に支払いを拒絶したときは、手形所持人は裏書人にかかっていけるということはご存知でしょう。これを遡求とか償還請求といいます。手形の流通を川の流れとしてみると、下流の者が上流にいる者にさかのぼって請求して行くことになるので、遡求権といわれます。

為替手形では、振出人・裏書人が遡求義務者であり、約束手形では裏書人です。遡求義務者の責任はいわば従たる義務で、手形の流通性強化のために手形法が特に負担させた義務なので、所持人がこの義務を追及しようとするならば、支払呈示期間内に適法な支払呈示をして、支払いを拒絶されたことを拒絶証書で証明しなければなりません。

実際上は裏書欄に「拒絶証書不要」と刷り込まれているので、抹消されていないかぎり拒絶証書を作成する必要がなく、期間内の適法な呈示が遡求権行使のために欠かせない手続きということになります。

したがって、たとえ不渡りになることがわかっていても、裏書人に請求することを考慮するならば、期間内の呈示は怠ることができません。

完全な手形を呈示する　裏書人に対する請求に関して、支払呈示が有効にはたらくためには、完全な手形を呈示しなければなりません。白地手形ではだめです。特に振出日、受取人欄に例が多いのですが、必ず白地部分を補充してから呈示してください。

満期前に支払いを請求することはできるのか

▼実務では取り扱わない

約束手形の振出人の経営状態がおかしいという情報があります。満期はまだ来ていませんが、満期まで待たなければなりませんか。満期前の請求ができる場合があれば教えてください。

満期に払うのが原則　満期を決めるのは、満期までに手形金額に相当する資金を調達すればよい、今ある資金は安心して他に活用できるという効用があるからです。満期までは、支払う義務も、受け取る義務もありません。

ただし、支払ってはいけない、受け取ることができないということはないので、所持人と手形債務者が納得のうえで支払いをすることはできます。

この場合は、支払いに際して、手形所持人の形式的資格―(イ)手形が方式に適合しているか、(ロ)裏書は連続しているか、(ハ)自分の署名は真正か―のほかに、実質的資格―(イ)裏書の署名は真正か、(ロ)所持人に実質的権利があるか、(ハ)所持人と手形上の最終権利者は同一人か―まで調査確認しなければなりません。満期における支払いは、形式的資格だけ調査すれば、悪意・重過失のないかぎり二重払いの危険から解放されます。手形法はこの点を、満期前に支払いをなす支払人は、自己の危険においてこれをなすものとすると規定しています。

満期前に請求できる場合もある

手形は信用証券であって満期までは信用を流通させるものですから、手形の主たる債務者たるべき為替手形の引受人、約束手形の振出人の信用がゼロという状態になれば、満期まで待つことは意味がなく満期前でも請求できます。

手形法は、右引受人・振出人の身に、破産・支払停止・強制執行をしたが効果がない（何人による執行でもよい）という事態が生じたときは、そういう引受人が引き受けている手形あるいは振出人が振り出した手形の所持人は、その手形の満期がきていなくても、手形の裏書人に遡求権を行使できると規定しています。

これは、どうせ引受人、振出人には見込みがないので、償還請求を認めようというわけです。

信用をなくした引受人・振出人に対する満期前の請求については手形法には規定がないのですが、通説・判例は、満期前の現在請求を認めます。手形法は破産、支払停止を摘示していますが、不渡りを出して銀行取引停止処分になった場合も含まれると解釈してよいでしょう。

約束手形一七通の所持人が、そのうち七通が不渡りになったので、まだ満期がきていない一〇通分も含めて、振出人に対し、手形金および損害金の支払命令を申し立てたケースで、満期前の手形についても、振出人は支払停止の状態にあったと認めて請求を認容しています（東京地判・昭和五三・七・二一）。

ただ、経営状態がおかしいとか資金繰りが苦しそうという抽象的な評価では、手形の満期前請求は困難です。手形外で債権確保の手を打つべきです。

満期前の請求額満期前に請求できる場合は、請求額は割り引かれ、手形金の額面額から請求の日の日本銀行基準割引率による中間利息を控除した額になります。

破産の場合を除いて、支払停止、強制執行不奏効により満期前の遡求権を行使するためには、支払呈示はやはり必要です。そしてこの場合は、支払場所支払担当者の記載があっても、支払地における主たる債務者の営業所で直接呈示します。

銀行を通さずに手形金を支払うときの注意点は

▼資格審査と手形の回収

手形金を支払う場合どんな点に注意

したらよいでしょうか。相手が手形をなくしたり、一部金を支払うようなときはどうなりますか。

正当な権利者に払う

あまりに当然のことですが、民事一般の弁済のときとちがって、満期における手形金支払いの場合は、手形の流通性と迅速な決済の要請から、正当な権利者かどうかの調査程度は緩和されています。

すなわち、手形所持人の形式的資格を調査すればよいので、手形は完全か（手形要件の具備、白地部分の補充等）、裏書は形のうえで連続しているかという点に注意します。

はたして実質的にも正当な権利者か、たとえば、裏書人の署名捺印は偽造されていないか、というような点は調査する義務がありません。

したがって、支払先は形式的資格を備えているのを確認すれば、実質的には無権利者であることについて悪意または重大な過失がないかぎり免責されます。

この手形支払いの場合の「悪意」とは、通常の用語法である無権利者であることを単に知っているというだけではなくて、無権利であることを立証できる容易かつ確実な証拠をもっていることと一般に解釈されています。

また、重大な過失も、わずかな注意をすれば無権利であることとそれを立証する証拠を入手できたであろうに、それを怠った場合とされていますから、形式的資格の調査を慎重に行なえば大丈夫といえます。

手形を回収する

手形法は、手形金を全額支払うときは、手形所持人（手形権利者またはその代理人）に対して、手形の上に受取りを証明する記載をしてその手形を交付するよう請求することができると規定しています。

手形用紙の裏書欄の下段に受取りを記載する欄がありますが、必ずしもここに記載しなくても手形上受取りの事実がはっきり記載されておればよく、また、手形交換所を通して支払われた手形は、銀行の交換印の押捺をもって、受取証の記載に代えています。

手形法は手形の交付を請求できるとしていますが、必ず支払いと手形を交換するようにすべきです。

もちろん、手形と引き換えでなく支払っても、それは有効な弁済で手形債務を消滅させますが、手形を回収しておかないと、もしもその手形がまた流通におかれて善意の第三者の手に渡って請求されると、手形のあるところ権利ありとみられて二重払いの危険が大きいのです。

すでに支払済であるという抗弁を通すことが大変困難です。

したがって、請求者が手形をなくしてしまったというときは、やはり除権決定をとってもらって、そのうえで払うのが安全対策です（第六章手形の盗難・紛失の項参照）。

ただ、除権決定を得るには時間と面倒な手続きを要するので、請求者との取引関係その他の事情から、手形と交換でなくても支払うケースもあり得ることです。その際は二重払いの損失を受けることのないよう、相手から念書なり担保をとっておくような配慮がのぞまれます。

一部支払いの場合　呈示期間内の支払呈示に対しては、所持人は一部支払いを拒むことはできません。受領しない所持人のほうが受領遅滞（債権者遅滞）になり、引受人（約束手形の振出人）は提供した限度で遅滞の責を免れます。なお、呈示期間後の一部支払いについては必ずしも受領の義務はありません。

一部支払いの場合は、手形所持人も残額請求にあたり手形が必要ですから手形を交付するわけにいきません。そこで、支払うほうは、手形を呈示させて手形に一部支払いの事実を記載させ、かつ別に受取証書の交付を請求することができます。

これによって、その後に手形を取得した者に対しても一部支払済であることを主張できます。

手形上に記載しないと二重払いの危険があることは、手形を回収しないで全額支払った場合と同じです。

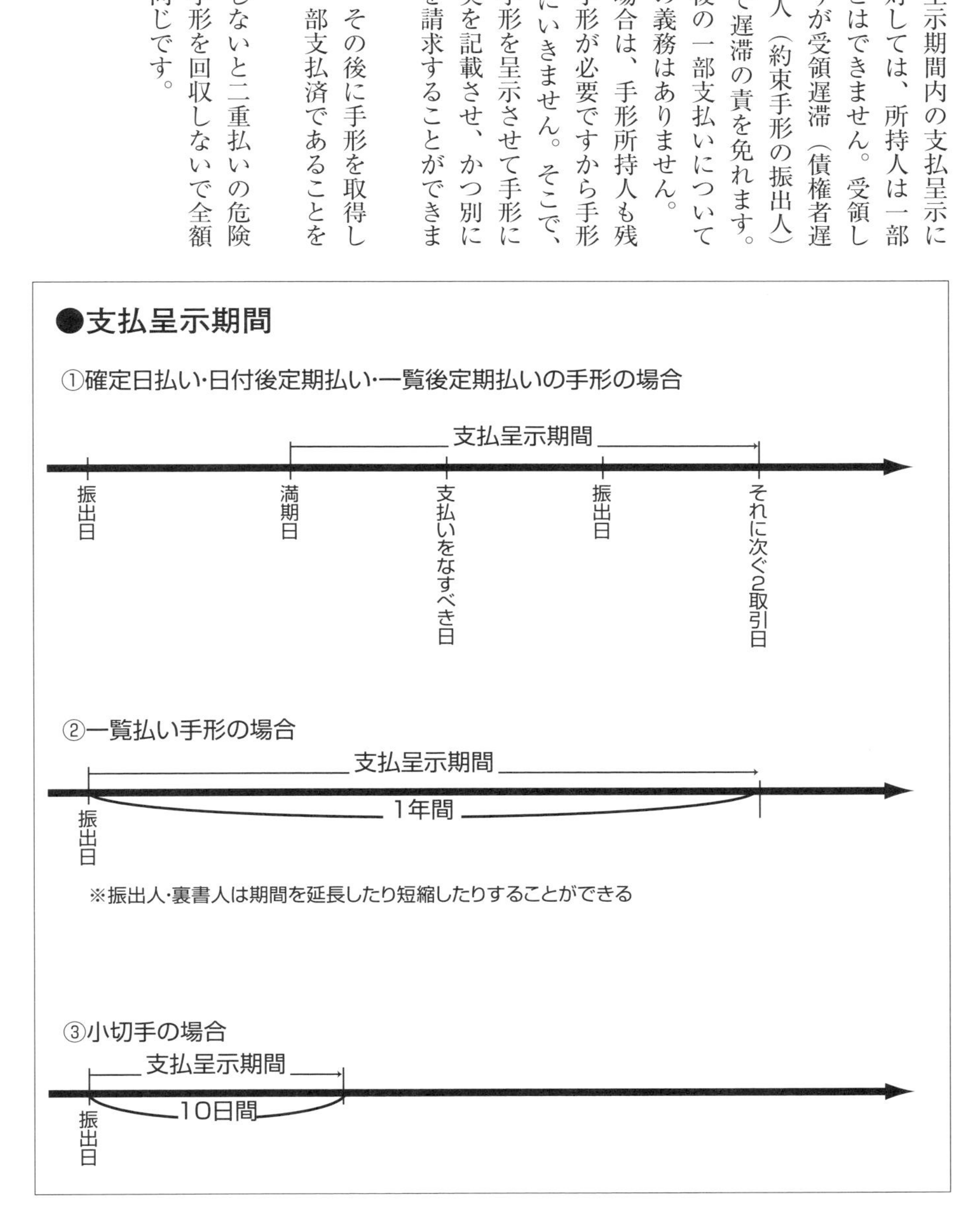

第3章 手形の満期と支払いをめぐる各種の問題

受取手形の取立てと支払いをめぐる問題

弁護士 香川一雄
弁護士 安西　勉

白地手形の取立てを銀行に依頼するときの注意

▼必ず白地部分を補充する

取引先から約束手形をもらいました。ところがこの手形には、「振出日」欄と受取人「……殿」とある欄がそれぞれ空白になっています。これをそのまま銀行に取立てに回してよいでしょうか。

なぜ白地手形が流通するか

その手形は、一般に「白地手形」と呼ばれているものです。本来記載されるべき欄が空白のままになっているため、そのように呼ばれるわけです。

それでは、なぜこのような手形が出されるのでしょうか。

その理由を、まず振出日について考えてみましょう。ふつう、資金ぐりの悪い会社は、振り出されてから支払期日までの期間が長い手形を振り出します。しかし振出日欄に日付が書かれていますと、その期間の長いことが手形面自体から明らかになってしまいます。これでは振出人が自分で資金ぐりの悪いことを宣伝しているようなものですから、わざと振出日を書かないのです。

つぎに「……殿」とある欄、これを「受取人」欄といいますが、この欄が空白になっている手形もときたま見られます。これは、受取人がその手形をよそへ回すときにさしつかえることがあるからです。

というのは、受取人欄にたとえば「A殿」と書かれた場合、Aさんがその手形をBさんに回すときは、手形の裏面にある「裏書人」欄に自分の名前を書かなければなりません。そうしないと、Bさんが手形を取立てに回すことができないからです。

しかし、裏書人欄に名前を書きますと、Aさんは原則としてその手形を保証したことになってしまいます（これを「裏書」といいます）。つまり、その手形が万一、不渡りになったときは、Aさんは振出人に代わってその手形金を支払わなければならないのです。もちろんその手形が、たとえば一流企業振出しの優良なものであれば、Aさんはそれをするのにためらう必要はありません。ところが、振出人の資金状態に不安があるときは、Aさんとしてはできたらそれをしたがらないでしょう。

　受取人欄に名前を書かないのは、右のAさんのような立場を考慮してのことです。つまり受取人欄が白地であれば、Aさんは裏書をしないでその手形をよそへ回すことができるのです。

裏書人がいれば必ず補充を

　それでは、白地手形をそのまま銀行に取立てに回してもかまわないのでしょうか。結論を述べれば、その手形の裏書人欄に名前が書かれていなければ、それでかまいません。取立てにとって、なんの不都合もないからです。

　ところがその手形に裏書人がいる場合には、事情は異なってきます。前に述べたように、裏書人は手形が不渡りとなったときは、振出人に代わって責任を負います。手形を持っている人としてはその分安心できます。保証人つきの手形を持っているようなものだからです。

　しかしながら、受取人欄や振出日欄などが空白となっているままに取立てに回しますと、せっかくの裏書人が無意味になってしまいます。つまり手形が期日に落ちれば問題はありませんが、不渡りとなったときには、裏書人に請求することができなくなってしまうのです。したがって、取立てに回す手形に裏書人がついているときには、以下の要領により、必ず白地の部分を補充しなければなりません。

振出日と受取人を補充するときの注意点

▼支払日より前の日付にする

　銀行に取立てに回す手形の中に、裏書人がついていて、振出日欄と受取人欄とが白地になっているものがあります。これを補充するには、どのような点に注意したらよいでしょうか。

振出日欄の補充

　振出日欄の補充は、それほどむずかしいことではありません。つまり「支払期日」と書かれている日付より前の日付であれば、どの日付を書いてもかまわないのです。ただし、つぎのようなことに注意すべきでしょう。

　まず右に述べたように、振出日は支払期日の前でなければいけません。たとえば、支払期日が平成三〇年五月一日となっている場合に、振出日を「平成三〇年七月一日」と書いてしまいますと、その手形は過去の日付を支払期日とする変なものになってしまいます。そうなっては、その手形が無効とされるおそれがあり、いずれにせよ面倒なことになってしまいます。

　支払期日よりも前の日付であれば、とくに何か月前でなければならないという制限はありません。一年も二年も前の日付でもかまいませんし、一日とか一週間前の日付でもよいのです。もっとも一日とか二年というのは不自然ですから、常識的には数か月ないし六か月くらい前の日付を書かれたほうが無難でしょう。

なおこの場合、本当に振り出された日がいつだったかということは、問題になりません。

右の平成三〇年五月一日が支払期日の手形の場合、手形所持人が適当に、たとえば平成三〇年二月一日を振出日欄に書けばよいのです。その手形が実は同年三月一日に振り出されたものであっても、いっこうにさしつかえないのです。

受取人欄の補充　手形の左上に「……殿」とある欄、これが受取人欄と呼ばれているものです。この欄の補充も、それほどむずかしいものではありません。まずその手形を裏返してください。その一番上に「表記金額を下記被裏書人またはその指図人へお支払いください。」とあり、それに続いて住所と氏名（もしくは会社名）が書かれています。これが「裏書人欄」というもので、裏書人が何人もいるときは、その最初の裏書人という意味で「第一裏書人」と呼ばれます。

受取人欄には、この裏書人（それが何人もいるときは第一裏書人）の欄に書かれている氏名（もしくは会社名）をそのまま引き写せばよいのです。この場合、裏書人が個人であるときは、その氏名をそのまま受取人欄に書きます（裏書人の印影はもちろんいりません）。また、裏書人が会社であるときは、その会社の名称だけをそのまま受取人欄に書きます（その会社の代表者氏名や印影はいりません）。

例をあげますと、裏書人欄に「山田太郎㊞」とあるときは、受取人欄には「山田太郎殿」とします。また、裏書人欄に「株式会社山田、代表取締役山田太郎㊞」とあるときは、受取人欄には「株式会社山田殿」とします。

なお、まれに、受取人欄や振出日欄以外の欄が白地になっている場合もないではありません。そのような場合や、補充の仕方に不安があるときは、取立てに回す取引銀行の担当者に相談すれば、親切に説明してくれるはずです（そのように聞くことは、少しも恥ずかしいことではありません）。

白地のままで取立てに回すとどうなるか

▼裏書人に遡求できない

振出日欄や受取人欄を白地にしたまま取立てに回すと、裏書人に請求できなくなるとのことですが、その理由がわかりません。どうして振出人と区別するのですか。

白地手形は未完成な手形　もっともな疑問であり、またご不満なことであると思います。しかし、逆に裏書人の方にとっても、そのことが死活問題なのです。まさか自分が責任を負うことはないだろうと思って裏書をした手形が不渡りになったのです。その心情には、よくある「連帯保証人の判をついたために破産した」人以上のものがあるでしょう。

このような裏書人の立場からしますと、自分の責任を追及してくる手形所持人は、いわば敵にあたるわけで、その敵のわずかな不備をも責めることによって自己の責任を回避したくなるのも人情でしょう。ご質問のような場合が、ちょうどこれにあたるのです。

それでは、振出日欄や受取人欄を白地にしたままに取立てに回したことがなぜ不備なのかといいますと、このような事項が白地のままにされている手形は、厳密には手形としては未完成なのです。というのは手形法は、手形が手形として認められるための要件として、手形金額、振出人、振出地、支払地、振出日、支払期日、受取人などが表示されていなければならないとしているからです。

これらの一つでも欠けているときは、そのままその手形を支払呈示することは、手形として不完全な手形を行使することになり無効です。もっとも右の各要件のうち、手形金額、振出人、振出地（振出人の肩書地で代えられています）、支払期日が空白になっていることはまずなく、支払地欄はあらかじめ印刷されていますから、ふつう空白のままに残されるのは、前々問で述べたとおり、受取人欄と振出日欄だけです。

しかしながら、たとえ右のうちの二つ、あるいは一つといえども、手形法の要求している要件が欠けている以上は、その手形は、法律上は完全なものとは認められないのです。よって裏書人に遡求できないことになります。

「そんな専門的なことがわかるはずがないじゃないか」と思われる気持ちも、わからないではありません。しかし、手形という制度は、世界各国で古くから商人が伝統的に作り上げてきたものであり、それらを統一したものが世界各国にもかなりの程度通用する現行手形法なのです。そこには、それなりの体系があるわけで、「わからなかったのだからどうにかしてくれ」との主張を、いちいち認めていたのでは、この体系自体がくずれてしまいかねないのです。

完全な手形による支払呈示

右のように述べたからといって、その白地手形の権利行使をできないというわけではありません。白地を補充し、完全な手形にして支払呈示をすれば、適法な支払呈示となりますので、振出人に対し、手形金を請求できることになります。そして、この場合は完全な手形による適法な支払呈示が行われたわけですから、仮に振出人に支払拒絶されても、裏書人に対して遡求することができます。

以上、ご質問に対する解答としては不十分であるとは思いますが、少なくとも手形を利用する際には、いろいろとうるさい制約がある理由の一端は、おわかりいただけたと思います。前問および前々問で述べたことは、それほど大変なことではありませんから、そこで述べた程度のことは、ぜひとも実行されることをおすすめします。

支払期日前の手形の呈示はどうするか

▼裏書人がいるときは注意

A振出しの約束手形を二通取立てに回しましたところ、期日の早いほうといっしょに、もう一つのほうも不渡返却されてきました。このもう一通の手形には、裏書人Bがついているのですが、Bに請求できるでしょうか。

不渡返却される場合　同一人の振出しにかかる手形数通をいっしょに取立てに回した場合、金融機関のほうでは、初めの一通が不渡りになれば、残りのものも一括して不渡返却するということも少なくないようです。この場合、各通ごとに念のため支払呈示をし、そのうえで各通ごとに不渡返却をしたほうが親切なのでしょう。しかし、いったん銀行取引が停止された以上、残りの手形も不渡りとなることは明らかであることから、手数をはぶくためにこのような処理がされるのだと思います。

支払呈示の仕方　しかしながら、一括して不渡返却される手形のうちに、裏書人のついているものがあるときは、所持人にとっては面倒なことになります。というのは、裏書人に対して請求をするためには、方式を厳格に守ったうえで支払呈示をしなければならないからです。

ところが、一括して不渡返却された手形のなかには、支払期日が未到来のものも含まれていることが往々にしてあります。そして、支払期日が未到来の手形について支払呈示をするためには、銀行に取立てに回しただけでは不十分なのです。いいかえれば、裏書人に対する関係では、それをしただけでは、方式を厳格に守って支払呈示をしたことにはならず、それだけでは裏書人に請求する要件を満たしていないことになるのです。

それでは、支払期日が未到来の手形については、どのようにして支払呈示をすればよいのでしょうか。支払期日が到来している手形の場合には、支払場所として記載されている銀行で呈示すればよく、手形交換に回せば自動的にそうされているため、通常は問題にならないことなのですが、金融機関が不親切にも期日未到来の手形を不渡返却し、呈示の面倒を見てくれなかったため、手形の所持人であるあなたとしては、このような心配をしなければならないわけです。

そこであなたは、本則に立ちかえって、その手形の支払期日およびその後二日以内（この二日間に休日があればその日を除いた二日以内となります）に、その手形面に「支払場所」として記載されている金融機関に出かけ、手形を持参してその支払いを求めることが必要となります。もちろんその支払いは拒絶されるでしょうが、そのことを銀行の担当者に書面などで証明しておいてもらうべきです。

拒絶証書の作成が必要な場合には、これを作成することになります。

支払期日前の遡求　もしその手形の支払期日がずっと先になっていて、あなたとしては、それまで待てないという事情があるならば、あなたは今すぐにBに請求することもできないではありません。例えば①Aが破産手続き開始の決定を受けた場合や②Aが支払停止をした場合や③Aの財産に対する強制執行が効を奏しなかった場合などは、支払期日前でもBに対して遡求することができます。（手形法四三条二号参照）この場合、①においては支払呈示は不要ですが、②③の場合においては、支払呈示が必要です。このような支払呈示は、前述の支払期日およびその後二日以内の支払呈示ではありませんから、その手形上に記載されている支払場所に支払呈示するわけにはいきません。

右のような場合には、あなたとしては、Aの営業所、それがないときはその住所に出かけ、手形を持参してその支払いを求めるべきです。もちろんすでに不渡処分を受けているくらいですから、Aが支払ってくれるはずもなく、またそもそもAもしくはその使用人や家族さえもいないのがふつうでしょう。しかしながら、いかに奇妙に見えようとも、支払期日前にBに請求するからには、このような手続きが要求されるのです。なお、この場合には、証明書を書いてくれる人もいないでしょうから、日記帳などにそのことを記録すればよいでしょう。

以上、とても奇妙なことに感じられると思いますが、前問で述べたように、裏書人に請求するためには、奇妙なほどの厳格さが求められるのです。そして、いざ裏書人との間で訴訟になったときは、以上に述べたことが重要な意味を持ってくるのです。

支払期日直前に取立てに回さないよう頼まれたが

▼振出人の資力が問題

取引先A社から代金支払いのための約束手形の振出しを受けています。その支払期日が近づいたのですが、A社より「あの手形は依頼返却してほしい」との申入れがありました。どのようなことなのでしょうか。

依頼返却とはなにか　おそらくあなたの取引先A社は、資金繰りが悪いのでしょう。要するにA社は、その手形を期日に落としたくないのです。その理由としては、この手形が間違って振り出された場合もありますが、大部分の場合、依頼返却は、振出人の資金ぐりの都合上行なわれます。

依頼返却は、形の上では、手形所持人であるあなたの取引銀行からの依頼によることになっています。つまりあなたが取引銀行を通じて、その手形の取立てを撤回することをお願いする形になるわけです。

もっとも、実質的にはその撤回は、A社がお願いするべきことで、あなたはやむを得ず、形式上そのようなお願いをすることを承諾するのであり、これが依頼返却という制度です。

依頼返却の効果　手形振出人が期日に手形を落とさないことを「不渡り」といいます。その大部分の場合は、振出人の資金ぐりの都合上そうなるのですが、このようなことが六か月以内に二度重なると、その振出人は銀行取引を二年間停止されてしまいます。そしてこうなりますと、銀行との当座取引をすることもできず、いわゆる倒産状態にあるものとみなされ、商業人としての生命を奪われたのと等しいことになってしまいます。

右に述べたように、手形の不渡りは振出人にとって重大なことですので、依頼返却は、このような不渡処分を回避するために多用されています。つまり、あなたのような手形所持人の温情によって、いったん取立てに回した手形を返却するのです。そうしますと、とりあえず振出人としては、不渡処分を免れるわけです。

もちろん、あなたは依頼返却に応じる以上、たとえば一か月先の新しい手形の交付を受け、しかもその手形金額に一か月分の金利を上乗せするなどの方法により、損をしないようにしてもらうべきです。そうして、その新しい手形が期日に落ちれば、あなたとしては現実に損をしなかったことになるでしょう。

一方、振出人であるA社としては、その一か月の間に資金繰りの手当てをすることも不可能とはかぎりませんから、そのようにうまく行ったときには、両者とも損をしないですむわけです。

依頼返却に応じるべきか

もっとも、右に述べたことは、振出人が結局資金繰りに成功した場合についてのことであり、それが失敗したときは、いずれにせよあなたは手形金を支払ってもらえず、一方振出人は不渡処分を免れません。もし、あなたが初めの手形の支払期日に強硬に依頼返却を拒絶し、それにより振出人が不渡処分をおそれて、無理をしてでも手形を落としたであろう可能性を考えると、あなたとしては温情に負けて重大な損をしたことになります。

要は、振出人の資力および信用力にかかるわけです。へたな温情が共倒れの結果を招くことにもなりかねませんから、あなたとしては、これらの事情を調査され、また取引銀行とも相談をされたうえ、慎重に結論を下すべきでしょう。

依頼返却すると裏書人に請求できないのか

▼支払いの呈示が必要

いったん依頼返却に応じると、裏書人に請求することができなくなってしまうという話を聞きました。本当にそうなのでしょうか。

裏書人に対する遡求権

依頼返却の意味については前問で述べました。一方、手形に裏書人がついているときには、手形不渡りの場合に裏書人に請求できること、またその場合でも呈示が不完全であるときは、その請求ができなくなることについては、前々問で述べたとおりです。

それでは、依頼返却の場合に、手形の呈示の効力が失われ、それがためにせっかくの裏書人に対する権利を失ってしまうのでしょうか。そうだとすると、温情によりしてやったことが、命取りにもなりかねず、不合理なことでもあります。

結論を述べれば、手形の場合にはそのようなことはありません。というのは「依頼返却」といっても、前問で述べたように実質的には振出人のお願いでそうするのであって、その場合、所持人が「裏書人に対する権利は放棄する」とは考えられないからです。従って、不渡処分回避の目的でなされた依頼返却の場合、支払呈示の効力は失われず、所持人は裏書人に対して遡求することができるのです。

但し、その場合には、拒絶証書の作成等、遡求の為の要件を備えていることが必要です。

書替手形と旧手形の返還

依頼返却が行なわれる場合、たとえば一か月先を支払期日とする新手形が振出人より交付され、一方、旧手形はそれと引き換えに振出人に返還されるのがふつうです。この新しい手形を書替手形といいますが、その場合、旧手形に裏書人がついているときは、所持人としてはその旧手形を返還するべきではありません。右に述べたように、依頼返却に応じても裏書人に対する権利は失わないといっても、その裏書のある手形自体を失えば、その権利も失ったと同じことになってしまうからです。もっとも裏書人も協力してくれて、その新手形にも旧手形と同様に裏書してくれれば、旧手形は不要になることが多いでしょう。しかし、裏書人の資力がいつ悪化するともかぎりませんから、そのような場合であっても、旧手形は一応手許におかれた方が賢明というべきです。この場合、手形が二通あるからといって手形上の権利を二度行使できるわけではありませんので、いずれかの手形債権を行使する際に、もう一方も振出人に返還することになります。

小切手の場合は別問題

以上手形の依頼返却について述べましたが、小切手の場合には、そうはならないこともあることに注意するべきです。というのは、手形の裏面には必ず「拒絶証書不要」という文字が印刷されており、この言葉のくわしい説明ははぶきますが、要するに手形の場合には、呈示の手続きの一部が簡略化されているのです。そのため、右に述べたように、手形を依頼返却しても、裏書人に対する権利は失われません。

ところが、小切手の場合には、この「拒絶証書不要」の文字がない場合があります。この場合には支払呈示の手続きが厳格であることから、裏書人に対する権利が失われてしまうのです。

ちなみに、小切手の場合には手形と異なり、所持人が取立てのために裏書する場合以外には、裏書人というものがほとんどありません。しかし、小切手にあっては、その振出人が裏書人と同様の立場にあるのです。そのため振出人がお願いをした結果、依頼返却が行なわれ、それによりその振出人の「裏書人と同様の責任」がなくなるのかどうかという奇妙な問題も起こり得ます。

右のような場合には、その振出人の「裏書人と同様の責任」を否定することは、あまりにも不合理であるため、それは肯定されます。しかし、依頼返却を振出人が所持人にお願いしたということが証明されない以上は、右の責任は否定されてしまいます。このような場合には、小切手所持人としては、依頼返却が振出人のお願いによるものであることを証明する旨の書面を取っておくべきです。

手形を焼却・紛失した相手方への支払いは

▼二重払いの危険がある

約束手形をAに振り出したところ、期日になってAが「あの手形は間違って焼却してしまったので、とりあえず支払ってくれませんか」といってきました。支払ってもよいのでしょうか。

支払いは手形と引き換えに

ふつうの場合には、手形の決済は、あな

たとAさんそれぞれの取引銀行および手形交換所を通じて行なわれます。そしてその場合、あなたの預金から自動的に手形金額が引き落とされるのですが、その際には必ずAさんからあなたの振り出した手形が提出され、いわばそれと引き換えにAさんに手形金が支払われるのです。

ところが、ご質問の場合には、Aさんは手形を紛失してしまったため、手形交換の方式によることができず、仕方なしに直接あなたの所へきたのでしょう。それでは、あなたはAさんの依頼に応じなければならないかといいますと、もちろんそうではありません。手形振出人としては、手形と引き換えでなければ支払いには応じないという権利があるのです。あなたは通常の場合には、手形交換を通じてこの権利を行使しているのであり、ただそれにまかせきりにしているために、そのことに気づかないだけなのです。

手形には善意取得がある　それでは、あなたのほうから進んでAさんに支払ってあげることには、何らかの危険はないでしょうか。前述のようにあなたに手形と引き換えに支払う権利があるといっても、あなたがこの権利を放棄して支払うことは、いっこうにさしつかえありません。もしAさんが、あなたにとって大事なお得意さんであり、その気分を害したくないというのであれば、そうしてもかまわないわけです。

ただしそうはいっても、あなたが二重払いの危険をおかしてまでもそうする必要はありません。というのは、もしAさんのいっていることに嘘もしくは間違いがあり、その手形が事情を知らない第三者の手許にわたっているときは、あなたとしては、たとえすでにAさんに支払っていたとしても、この第三者にも二重に支払わなければならなくなってしまうのです。

たとえば、Aさんは、実は紛失したのを焼却したものと勘違いをしていたところ、その手形を拾得した者がこれを事情を知らない第三者に裏書譲渡してしまったというような場合がそれであり、この場合その第三者は、その手形を「善意取得」したことになるのです。あなたは、たとえAさんに支払った後であっても、善意取得をした者から支払いを求められれば、この者に対しても二重に支払わなければならないのです。

したがって、あなたとしては、Aさんがよほど信用できる人物であって、嘘や勘違いなどあり得ない、あるいは勘違いであるためにあなたが善意取得者に対して二重払いをした以上は責任を感じて手形金を返してくれるであろうというような事情でもないかぎりは、Aさんの依頼に応じることは危険でしょう。

それでは、もしAさんが真にその手形を焼却してしまったのだとして、Aさんとしては、どのようにしたら手形金を支払ってもらえるのでしょうか。これについては、つぎの項目をお読みください。

手形を紛失したときの請求手続きはどうするか

▼簡易裁判所への申立て

取引先からもらっていた手形を誤って焼却してしまいました。振出人の所へ相談に行ったところ、「手形がなければ支払えない」とのことです。どうしたらよいのでしょうか。

引換え支払いの原則

前問でも述べましたように、手形振出人は、手形と引き換えでなければ、手形金を支払う必要がないというのが原則です。その手形を善意取得した者が出てきたときには、振出人としてはこの者にも二重に支払いをしなければならなくなってしまうからです。もっとも、あなたが本当に手形を焼却したのだとしたら、その善意取得ということはあり得ませんから、振出人としても支払ってくれてもよさそうなものです。しかし振出人に対して、そのように信用しろと要求するのも無理な話ですから、振出人のいうほうに理があります。

除権決定制度の活用

しかし、だからといってあなたがどうやっても手形金を支払ってもらえないというのでは、もちろん不合理です。あなたは現金を焼却したというわけではなく、振出人としては、いずれその手形金額を支払うべき立場にあるからです。

そこで、手形を所持していなくても権利行使できる方法として「除権決定」という制度があります。この制度は、裁判所が「仮りにその手形があったとしても、手形としての効力を認めない」と宣言するものです。手形としての効果がなくなる以上は、善意取得ということもあり得ないわけですから、振出人の「善意取得者が出て来たら二重払いの危険がある」との主張は、理由がなくなってしまいます。

あなたとしては、この除権決定を得さえすれば、堂々と振出人に対して、手形金の支払を請求できることになります。

ちなみにこの制度は、手形の滅失（焼却の場合はもちろん、切り刻んだり、汚してわからなくしてしまった場合も含みます）の場合ばかりでなく、盗難、紛失の場合にも、利用することができます。

ただし、滅失の場合以外には、除権決定が出るまでの間に善意取得をしたと主張する者が出てくるおそれもあり、その主張が認められれば、善意取得者の方が優先してしまいます。

また、除権決定前に手形を善意取得した者が、除権決定が出された後に出てくることもあり得ないことではなく、そのような場合にも、やはり善意取得者が優先されてしまいます。

しかし、除権決定後はその手形を善意取得することはできませんので、手形の滅失・紛失・盗難に気付いたらすぐに除権決定をとるようにすることが肝要です。

除権決定をとる手続き

除権決定をとるには、その手形の支払地を管轄する簡易裁判所で、公示催告という手続きをしなくてはなりません。この手続きは、手形だけでなく小切手など他の有価証券にも認められています（以前は株券も同じ手続きでしたが、株券については株券失効制度が新設されました）。この公示催告の手続き自体はそれほどむずかしいものではなく、素人でもできますし、また裁判所の許可を得れば、弁護士以外の者を代理人として手続きをしてもらうこともできます。

この手続きをとるにあたっては、手形振出人の振出証明書のほか、火災による滅失ならば消防署の罹災証明書、そうでないならば滅失についての責任者等の報告書、また紛失や盗難の場合ならば、郵便局の未到着証明書あるいは紛失についての責任者の報告書、警察署の盗難届受理証明書など、要するにその手形が本当に滅失または紛失もしくは盗難にあったことを示す書類、そのほか手形の目録や陳述書等が必要となります。

詳細は、各簡易裁判所によって取扱いが異なり、裁判所によっては書式を用意しているところもありますから、管轄の簡易裁判所の係に相談されたらよいでしょう。

除権決定の申立書

公示催告申立書

（手形・小切手・債権）事件

〒　　－

住　所

申立人

申立の趣旨

別紙目録記載の証券について、公示催告手続開始及び公示催告決定のうえ、除権決定を求める。

申立ての理由

申立人は、別紙目録記載の証券の最終所持人であるが、
平成　　年　　月　　日午前時分から同日午後　　時　　分までの間に、

において、上記証券を、盗難され、紛失し・催災にあい、
現在に至るも発見できないから、除権決定を求めるために、公示催告の申立てをする。

添付書類（該当欄に✔を記入し（　）内の該当項目を ○ で囲む）

- □　証明書（振出・譲渡・裏書・発行・交付・売渡）　通
- □　届出受理証明書（遺失・盗難・罹災）　通
- □　陳述書（上申書）　通
- □　登記簿（謄本・抄本）等資格証明書　通
- □　戸籍（謄本・抄本）住民票　通
- □　委任状　通

平成　　年　　月　　日

申立人（代表者・代理人）　　印

○○簡易裁判所御中

第3章 手形の各種の時効と時効を中断する法

手形の満期と支払いをめぐる各種の問題

弁護士　石原　輝
弁護士　石原俊也

手形は何年で時効にかかるのか

▼為替手形の引受人と約束手形の振出人は満期の日から三年

手形上の権利は、とくに短い消滅時効にかかるそうですが、どのくらいの期間でしょうか。期間の計算方法も説明してください。

短期の消滅時効　手形債権にかぎりませんが、どんな債権でも、いつまでも取り立てないでいると時効で消え行く運命となります。一般に、民事債権は一〇年、商事債権は五年といわれます。もっとも民事債権でも債権の種類によって、三年とか二年、一年という短い時効期間が決められています。

手形債権については、手形上の債務者が手形法によって厳格な責任を負わされており、容易なことでは免責されないので、手形法も責任は厳しいかわりにその期間は短い、という立場で特に短期の時効期間を定めています。

手形所持人はこの期間内に権利を行使しないと、紙切れをあたためていたことになってしまいます。

いろいろな場合がある　手形の時効は、誰が誰に対して請求するかによって、時効の起算日と時効期間がちがうので、よく注意する必要があります。

① 為替手形の引受人、約束手形の振出人は、手形の主たる債務者とか絶対的支払義務者といわれ、この両者に対しては満期の日から三年

② 手形所持人が、①の引受人あるいは振出人に支払いを拒絶されたため、自分の前の裏書人や為替手形の振出人に請求(遡求権行使あるいは償還金請求)する場合は、拒絶証書の日付から、また拒絶証書作成の義務が免除されているとき(実際は手形の裏面の裏書欄に拒絶証書不要という不動文字が印刷されているからこのケースがほとんど)は満期の日から一年

③　②の請求を受けて償還金（手形金プラス満期以後の利息など）を払った裏書人がさらに自分の前の裏書人や為替手形の振出人に請求（再遡求という）する場合は、手形を受け戻した日、または②の請求につき訴えを受けた日から六か月でそれぞれ消滅時効にかかります。

短期の計算方法　満期の日から、受け戻した日からという場合、その初日は算入せず（初日不算入の原則）、その翌日を起算日としてそれから三年、一年、六か月後の応答日の前日の終了をもって時効は完成します。

満期が平成一四年四月三〇日の約束手形の振出人に対する請求権は、起算日五月一日で、三年後の応答日一七年五月一日前日である四月三〇日の終了をまって時効にかかります。

うるう年の二月二八日が満期ですと、起算日が二月二九日となり、それから一年、三年後に応答日がありませんが、その場合はその月の末日つまり二月二八日の終了によって時効完成とします。満期が休日であっても、その翌日を起算日とします。満期が休日ですとこれにつぐ第一の取引日まで支払呈示ができず、民法の原則では「消滅時効は、権利を行使することができる時から進行する」となっていますが（一六六条一項）、手形の時効には適用がないとされています。

また、時効期間の末日が休日であっても延長は認められません。この点も民法で「期間は、その翌日に満了する」と規定していますが（一四二条）、手形には適用されないというのが通説です。

したがって、時効完成の日が休日でも、その日のうちに時効中断の手続きをとらなければなりません。

前裏書人への買戻し請求はいつまでできるか

▼受戻した日から六か月以内に

第三者振出しの約束手形を商品代として裏書譲渡を受けましたが、割引のため裏書譲渡しました。ところが振出人が倒産して不渡りになったので買い戻しましたが、前裏書人に買い戻してもらいたいと思います。いつまでに請求すればよいでしょうか。

裏書人の権利と時効　ふつう為替手形や約束手形を割り引いたときは、銀行や信用金庫のように買戻しの特約をしないかぎり、割引手形を買い戻す義務はありません。

したがって、不渡りになったから買戻しをしたといっても、それは裏書人としての遡求義務を履行した趣旨でしょう。

裏書人は所持人から約束手形を受け戻したときは、前裏書人や振出人にさらに遡求義務の履行を求めることができます。この請求権は自分が受戻しをした日から六か月で時効にかかりますから六か月以内に請求しなければなりません。

ここに受戻しというのは、債権者に手形金を支払って満足させたというだけではなく、現実に約束手形の返還を受けたことであって、受戻した日はその手形の返還を受けた日をさします。

もっとも遡求権を行使するためには、

一般的に所持人は拒絶証書作成の日につぐ四取引日以内に、あるいは無費用償還文句のあるときは呈示の日につぐ四取引日内に、自己の裏書人および振出人に対して引受拒絶または支払拒絶があったことを通知する必要があります。

また、各裏書人は通知を受けた日につぐ二取引日内に前の通知者全員の名称および宛所を示して自分が受けた通知を自分の裏書人に通知し、順次振出人に至るまで通知を繰りかえすことになります（手形法四五条一項、七七条一項）。

もっとも、約束手形の振出人は手形債務者であって、遡求義務者ではありませんから通知義務はなく、また引受拒絶ということもないことはもちろんです。

通知の方法としては口頭でも文書でもよいのですが、争いが残っても困るので書留郵便にするか、もっと明確にするため内容証明郵便によるのがよいでしょう。

この通知義務を解怠し、期間後に通知したり、あるいは全然通知しなかった場合でも、遡求権がなくなるということはありません（手形法四五条六項）。ただし、通知義務を解怠したことによって遡求義務者に損害が発生したときは、賠償責任を負担することがあるので注意が必要です（同条同項但書）。

支払呈示をしなかった手形の時効はいつか

▼満期日から三年で時効になる

約束手形を所持しています。特別の事情があって満期の日に振り込まなかったのですが、権利はありますか。あるとすればいつまで請求できるものでしょうか。

未呈示手形と時効　約束手形や為替手形は呈示証券といって手形面上支払場所と記載されている場所に当該手形を示して請求することが必要です。

ただし、銀行を通じて手形交換所で交換決裁するというのが一般的であって、これも支払いのための呈示としての効力が認められています（手形法三八条二項、七七条一項）。

手形を振り込むというのは、銀行を通じてこの手形交換にかけることを意味しますが、振り込まなかったことは結局呈示しなかったことです。

呈示期間は支払いをなすべき日またはこれにつぐ二取引日ということになっていますから（手形法三八条一項、七七条一項）、満期の日が休日のときは、その翌日が支払いをなすべき日となり、その日を入れて三日間です。

もっとも、裏書人が満期前に被裏書人から買い戻し、裏書はそのままにして取立委任の趣旨で被裏書人に取立委任をして満期の日に呈示したときは再遡求ではなく、隠れた取立委任裏書として満期の日から一年の時効にかかります（手形法七〇条二項）。手形を適法な呈示期間に呈示しなかったときは、裏書人に対する遡求権がなくなって、裏書人に請求することはできなくなります。

これは消滅時効とは関係なく手続きの不備によって権利を失ったものです。為替手形の引受人および約束手形の振出人に対しては呈示の有無にかかわらず満期の日から三年で時効消滅します。

したがって、所持する手形が満期の日が三年以内のものであるならば、さっそく仮差押えするなり、訴訟を起こすなり、中断手続きをとった方がよいでしょう。ただし適法な呈示をしなかったために、手形法上の年六分の法定利息を満期の日から請求することができず、現実に呈示した後の遅延利息を付加請求できるだけとなります。あるいは訴状送達の翌日からの遅延損害金を付加請求することができるだけです。

支払いを猶予した手形の時効はどうなるか

▼手形面上の満期日から進行

約束手形を所持していますが、振出人と裏書人が来てジャンプしてくれというので、満期日を一年延長する念書を関係者全員で取り交わしました。一年後呈示すると不渡りとなったので裏書人に請求したところ、時効になっているので払わないといっています。

支払猶予の特約と時効　手形上の権利の時効は満期の日から進行します。しかも満期の日というのは手形面に支払期日として記載された日をいい、支払いをなすべき日とちがって、その日が休日であろうがなかろうがお構いなしです。

手形関係者が話合いで満期の日を延長したとしても、手形面上満期日を変更し、かつ関係者全員が訂正印を押捺しないかぎり、満期日の変更とはいえず、単なる支払猶予とみるべきでしょう。

裁判例や学説では、手形関係者全員の合意による満期の変更があった場合、時効は変更された満期の日から進行する、と考えるのもあれば、手形外の変更は満期の変更とならず手形面記載の満期日から進行する、と考えるものもあります。

手形関係者全員の合意による満期の変更があったとき、所持人が手形面の満期日に呈示しても、支払猶予があった旨の抗弁は人的抗弁として対抗できるので、所持人は支払いを求めることができません。したがって時効は、猶予期間中停止されていると考えた方が実際的です。

しかし、所持人がそのような合意のあることをかくして第三者に裏書譲渡したときは、その所持人は手形面記載の満期日に呈示をするでしょうし、支払猶予の特約があった、という抗弁は対抗できません。したがって、この場合は時効も満期の日から進行すると考えられます。

このような問題があるので、手形のジャンプを申し込まれたときは、必ず手形関係者全員で手形面上の満期日を訂正し訂正印を押捺することが必要です。

裏書人に無断でしたジャンプ手形の時効は

▼変更前の満期から一年で時効

約束手形の振出人からジャンプしてくれと頼まれました。裏書人に連絡するひまがなかったので、満期日を一年延長し振出人の訂正印をとりました。一年後振り込んだのですが、振出人が倒産していたため不渡りとなりました。裏書人はそんなジャンプの話は知らない。すでに時効にかかっているから払えないといっています。

手形の変造と時効　手形をジャンプする方法としては、満期日を変更した新しい手形を差し入れさせる方法と、手形面の満期日を訂正変更する方法の二つがあります。

手形関係人が複数のときは、新しい手形を差し入れさせるにしても、手形要件を変更するにしても、関係者全員の行為がないとその全員に対して効力がありません。

本件では振出人のジャンプ申し出について、所持人だけが承諾しているので、振出人と所持人の間では有効に満期日が変更になったといえるのですが、裏書人からみると、手形の裏書後に満期日の部分が変造されたということになります。手形の変造の場合、変造前に手形関係者として署名捺印した者は変造前の文言について責任があり、変造後に署名捺印した者は変造後の文言によって責任を負うことになっています（手形法六九条）。

したがって、裏書人は変更前の満期日について責任を負うので時効もそのときから進行することになります。この場合、振出人は、手形の所持人に対しては変更後の満期日における責任を負い、裏書人に対しては変更前の満期日による責任を負うという二重の責任を負うことになります。

所持人としても、裏書人に対する遡求権保全という手続きをとるためには変更前の満期日に呈示しなくてはならず、そのため裏書人が受け戻して振出人に再遡求してきたとき、振出人は変更前の満期日を基礎として責任を負い、満期が変更されたという抗弁を出せないことになります。

手形所持人と裏書人との間で満期前に支払猶予の特約をしたとき、時効期間の起算日はどうなるでしょうか。これには、満期説と猶予期間満了説と二通りあります。

最高裁判所は、約束手形の所持人と裏書人との間において支払猶予の特約がされた場合は、所持人の裏書人に対する手形上の請求権の消滅時効起算点は猶予期間満了のときであるとしています（最高裁第二小廷昭和五五・五・三〇判決）。

白地手形の補充権の時効はいつまでか

▼補充権の時効は五年が通説

友人に金を貸し借用証代わりに約束手形を受け取りました。返済期限を決めなかったので、満期日も白地にしてあり、あとで入れるということにしていましたが、はや四年以上経過しています。いまから補充しても時効だなどといわれないでしょうか。

補充権と時効　手形要件（金額、満期日、支払地、振出地、支払場所、振出日、受取人など）の全部または一部が未記入のまま振り出された為替手形や約束手形を、白地手形といいます。統一手形制度の採用で支払地と支払場所が白地という手形は皆無ですが、その他の部分が白地というものはよくあります。

このような白地手形は受取人などが後で補充記入してよいという前提で振り出されているので、この補充する権利を補充権といいます。この補充権も、権利という以上時効があると考えてよいわけですが、満期日の記載のある手形は、振出人の責任は満期の日から三年、裏書人の責任は満期の日から一年で、それぞれ時効にかかるとされていますので、それまでにその余の部分を補充しなければ、権利行使ができなくなります。

問題は満期日の白地の場合ですが、時効そのものは満期の日から進行するので、満期白地では満期がなく、いつまでたっても時効が始まらないことになります。

このようなことでは困るので、補充権行使にもなんとか制限をつける必要があります。ところで補充権を民法上の債権だと考えると、消滅時効も一〇年ということになりますが（民法一六七条一項）、判例や多くの学説では補充権も「手形その他の商業証券に関する行為」（商法五〇一条四号）に該当し、五年間の消滅時効にかかると考えています（商法五二二条）。

したがって、満期白地の約束手形などは、振出日から五年の間補充権行使が可能であり、さらに補充権行使後の満期日から三年間は振出人に対し、また適法な呈示があったときは満期後一年間は裏書人に対して、権利行使ができることになります。

ただし、振出の日から三年で時効にかかるという考え方もありますから注意してください。

手形の保証人には時効がないのか

▼振出人と同じく三年で時効に

約束手形の振出人に頼まれて手形保証をしましたが、振出人は倒産して行方不明になりました。なんでも所持人は振出人に訴訟を起こしても回収できなかったということで、三年以上も経過してから私に請求してきました。保証人には時効がないのでしょうか。

手形保証人の責任　手形保証人の責任は主たる債務の支払いを保証するものですから（手形法三〇条、七七条三項）、主たる手形債務者と同一の責任を負います（手形法三二条一項、七七条三項）。

もっとも、手形保証というのは、手形面（手形用紙の表面または裏面あるいは補箋を付して）に保証の趣旨を明記して署名捺印することが必要です（手形法三一条、七七条三項）。

したがって、単に念書などで保証契約をした場合は、民法上の保証ということになります。

保証は裏書人などの手形の署名者でも第三者でもできます。

裏書人欄に振出人保証のためと記載して署名捺印すれば振出人のために手形保証をしたものとみてよく、為替手形の引受人や約束手形の振出人について手形保証もできますし、為替手形の振出人に対しても手形保証ができます。

このほか、保証目的で単純に裏書することもあるでしょうが、この場合は裏書人としての責任を負うだけで、手形保証人としての責任はありません。

手形保証人の責任の消滅時効は、主たる債務者が為替手形の引受人や約束手形の振出人の場合は満期の日から三年ですが、為替手形の振出人の場合は満期の日から一年です。

本件の場合、所持人はすでに振出人に対して訴訟を起こして勝訴判決をとり、強制執行をしたが回収できなかったようなので、振出人の債務の時効は請求によりいったん中断し、確定判決をまって改めて時効が進行することになります。そして新しく進行する時効は一〇年です（民法一七四条の二）。

ところで、民法上では主たる債務者の時効の中断は保証人にも効力がありますが（民法四五七条）、手形保証においては、主たる債務者に対する時効の中断は保証人に効力がなく（手形法七一条）、時効は別個独立に進行します。

したがって、保証人は満期の日から三年以上経過しているときは、消滅時効を援用して支払いを拒むことができます。

手形訴訟中の時効に関し注意する点はなにか

▼遡求権の消滅時効に注意する

約束手形の裏書人として所持人から訴えを提起されました。結局、敗訴して強制執行され手形金を支払ったのですが、前裏書人に請求したいと思います。満期の日からだいぶ時間が経過していますが、いつまで請求できますか。

裏書人の遡求と訴訟告知　裏書人が自己の前裏書人あるいは振出人（為替手形）に遡求請求する場合、遡求権は、自己が受戻しをした日あるいは訴えを受けた日から六か月で時効消滅します（手形法七〇条）。

ここで訴えを受けた日というのは、訴状の送達を受けた日を意味しますから、訴状の送達を受けた日から前裏書人に対する時効は進行し、六か月で時効消滅してしまいます。為替手形の振出人に対する権利も、同じように六か月で時効消滅してしまうことになります。

このように前裏書人など遡求義務者に対する再遡求の時効は非常に短いので、裁判で争っていて判決が出るのが訴状送達後六か月を経過したり、敗訴判決に対して異議申立てあるいは控訴などをして判決の確定が遅くなり、一年も二年も経過してからやっと支払い手形を受け戻してから、さて前裏書人に請求しようなどということでは、請求権が消滅時効にかかっていて回収不能となります。

そこでこのような場合は、訴状が送達されたら、ただちに前裏書人あるいは為替手形の振出人に対して訴訟告知（民訴法五三条）をすることによって時効を中断させることができます。

訴訟係属中は、訴訟告知を受けた前裏書人あるいは為替手形の振出人に対する遡求権は時効にかかりませんが、判決が確定した時点で時効は進行し、それらの者に対する権利は六か月で時効にかかります（手形法八六条）。

したがって、敗訴した裏書人は判決確定後六か月以内に手形を受け戻し、一般原則にしたがって時効中断の手続きをとる必要があります。

時効をとめる方法にはなにがあるか

▼請求・差押え・承認などがある

不渡りになった手形をかかえ、振出人と裏書人からは、そのうちなんとか払うからといわれて延び延びになり、一年近くなります。時効が心配ですが、それをとめるにはどういう方法がありますか。

時効の中断事由　進んで行く時効をストップさせることを時効の中断といいます。三年で時効になる場合、二年目に中断すると、中断した事由が終わった時点からまた三年たたないと時効にかかりません。

時効を止めるには手形債権も民法一四七条～一五六条に従います。大別すると、①請求、②差押え、仮差押えまたは仮処分、③承認、という方法があり、それぞれやり方が規定されています。

請求は、㋑裁判上の請求（手形訴訟あるいは通常訴訟の提起）、㋺支払督促の申立て、㋩訴え提起前の和解の申立て、㋥破産手続参加、㋭催告、に分かれています。

㋑から㋭のどれをとっても時効は中断しますが、㋑は訴えの却下または取下げたとき、㋺は仮執行の申立てをしないとき、㋩は相手方の不出頭または和解不成立後一か月以内に訴えを提起しないとき、㋥は取消しまたは却下されたとき、㋭はその後六か月間に右㋑㋺㋩㋥または前記①のいずれかの手段をとらないときには、時効を中断する効力を失います。

催告しただけでは危険　催告は、裁判外の手続きで、「払ってくれ」という請求ですから、誰でも簡単に行なえる手段です。口頭や電話、請求書などでも理論上はさしつかえありません。

しかし後日の証拠のため配達証明付内容証明郵便で催告するのがよく、これが一の矢です。注意するのはこれではまだ完全ではなく、前述したようにそれから六か月以内に何らかの裁判上の手段をとらなければなりません。六か月ごとに内容証明郵便で催告してもだめです。

債務の承認は確実　手形訴訟その他裁判にかけて請求することがもっとも確実で、そういう場合は弁護士が代理するのが通常ですから中断しそこなったという危険は避けられるでしょうが、当事者間で行なうときは、できれば前記③の承認が安全確実です。

支払猶予または分割払いの申し出、手形金の一部または利息だけの支払いなども手形債務の承認として時効中断の事由となります。六か月以内に裁判上の手段に訴える必要もありません。

手形の呈示・所持の必要性　手形債権の時効を中断するためには、手形そのものを見せなければならないのかという問題があります。手形は呈示証券といって、手形上の権利を行使する者は手形を呈示しなければならないという基本的な性質があるからです。

しかし今日の実務上では、最高裁の大法廷判例（昭三八・一・三〇判決）に従って裁判上、裁判外を問わず時効を中断するには手形を呈示しなくてもよい（もちろん呈示するのがベター）ことになっています。

では、手形を紛失、盗難などで手元からなくしてしまったときはどうでしょうか。呈示しなくても、呈示しようと思えばいつでもできる状態になければならないかという問題です。この点も最高裁判例（昭三九・一・二四判決）は、自分の意思によらないで手形の所持を失っても、手形上の権利を失うものではないから、時効を中断するには手形の所持も必要ではないとしています。

盗難手形とわかって警察に押収されても、手形が手元になくとも中断のために訴訟などの手形請求をする必要はあります。

ただし時効の中断には手形が必要なくても、最終的に支払いを受けるためには、手形の所持を回復するか、除権決定を得なければなりません。

勝訴判決確定の後も注意　なお手形訴訟で勝訴判決が確定したときは、その後の消滅時効は前述のように一〇年になりますが、その後多少の弁済があったときも、消滅時効の起算日は最後の支払があった時点から一〇年となります。

しかし、その後弁済が滞れば一〇年の消滅時効期間を経過してしまうので再訴の必要性が出てきます。

確定判決があるときは再訴は原則として二重起訴になって許されませんが、時効中断の目的なら許されると考えられています。この場合、裁判例では、一〇年の半分ぐらい経過しただけでは訴による中断の必要性はなく、訴の利益がないといわれています（大阪地裁平一〇・九・二四判決）。

とはいっても、あまり遅くなると手違いで忘れることもあるので、少なくとも時効期間満了前六か月ぐらいまでには訴を起こす必要があるでしょう。

このことも考えると、判決があるからいいやとばかり、手形その他の債権証書を捨てたり紛失したりしないよう、注意した方がよいといえます。

内容証明郵便による催告で時効は中断するか

▼一回限りで六か月間は中断

約束手形を取立てにまわしたところ、取引停止後の理由で不渡りになりました。調査したら裏書人に資力がありそうなので内容証明郵便で買い戻すよう催促しました。内容証明郵便にも時効中断の効力はありますか。

内容証明郵便では不十分　手形上の権利の時効も一般の債権の時効と同じく民法上の一般原則である請求、差押え、仮差押え、仮処分、承認等によって中断させることができます（民法一四七～一五六条）。

内容証明郵便による請求は、いわゆる催告といわれるもので、その後六か月以内に、裁判上の請求、和解のためにする呼出しもしくは任意出頭、破産手続参加、差押え、仮差押えまたは仮処分のような手続きをとらないと時効中断の効力はありません。

この場合問題になるのは、手形は呈示証券なので、内容証明郵便による催告だけで手形を呈示しない場合は中断の効力がないのではないか、という心配があります。

この点については、最高裁判所昭和三八年一月三〇日判決（民集一七巻一号九九ページ）で時効中断のための裁判外の請求については、手形の呈示の必要なし、と判示していますので、内容証明郵便のみによる請求も中断の効力ありとしてよいでしょう。

なお、内容証明郵便による請求を六か月ごとに繰り返しても中断を継続させることはできず、催告後六か月以内に裁判上の請求など法定の中断手続きをとる必要があります。

裏書人に払ってもらいたい場合の時効中断方法は

▼振出人にも中断の手続きを

振出人には支払能力がないので裏書人と交渉中ですが長引きそうです。時効の中断は裏書人にしておけばよいでしょうか。振出人には貸金債権があるのですが、こちらの方はどうなりますか。

中断の効果が及ぶ者の範囲　約束手形の振出人は倒産してしまったので回収を諦め、ほこ先を裏書人に向けて償還請求の訴訟をやっているが、なかなからちがあかず、そうするうちに満期から三年以上たってしまうとどうなるでしょう。もちろん相手にした裏書人に対しては裁判上の請求ですから時効は中断しています。

しかし、約束手形の振出人は手形の主たる債務者ですから、振出人に対する権利が時効で消滅すると、裏書人に対する償還請求権も消滅してしまうというのが通説・判例（大審院昭八・四・六判決）です。支払能力がないからといって振出人に対する権利を放置していると、元も子もなくしてしまう危険があるので、やはり長引きそうなときは、振出人に対しても時効中断の手続きだけはとっておくようにしなければなりません。

では約束手形の振出人、為替手形の引受人に対する時効を中断しておけば裏書人に対しては別に必要がないかというとそうもいきません。

時効の中断は、中断の事由を生じた者に対してだけ有効です。約束手形の振出人に対してだけ請求していたけれども、効果が上がらないので裏書人に請求しようとしても、もし満期から一年以上経過していると、「時効だよ」という抗弁を受けても仕方がありません。

したがって、手形上の債務者が数人存在するときは、中には無資力の者がいて差し当たって相手にしないときでも、時の経過によっていつ信用を回復するかわかりませんので、全員に対し個々に時効の気配りをする必要があります。

手形訴訟や支払督促の申立てをする場合、手形上の債務者全員を被告や相手方にするのは、現実に回収を狙う相手は一人であっても、他の者に対して時効中断の効果だけは及ぼしておくという実益があります。

手形債権と原因債権の時効関係　手形債権と手形を振り出した原因債権とは別個の権利です。時効期間も別々に定められていて、手形の時効期間より長い債権もあれば短い債権もあります。

たとえば卸売商が小売商に売った商品代金は二年で時効にかかります。このような場合は、原因となった売買代金債権についても時効を中断しておかなければ、手形債権は時効にかかっていなくても、原因債務消滅を理由に手形金の支払いを拒むことができます。

逆に手形債権が時効にかかっても、原因債権（民事貸金は一〇年、商事貸金は五年）が時効消滅していなければ、そちらの請求は可能です。

手形上の請求と原因債権に対する時効中断　ところで手形債権と原因債権とが併存している場合に、手形債権にもとづいて差押え、仮差押えなり訴訟を提起したとき、それは手形債権の時効中断になるのは当然として、同時に原因関係の債権の時効をも中断させる効果があるかという問題があります。

判例はわかれていて一石二鳥の効果を認めないものもありますが、肯定する判例もあるようです（大阪高判・昭和五〇・三・一九、東京高判・昭和五二・七・二七）。

また最高裁判例も、手形上の権利を行使して裁判で手形債権が確定した時は、民法一七四条の二によってその時効期間は裁判確定の時から一〇年にのびるので、これに応じて原因債権の消滅時効期間も同じくその時から一〇年に変更されると解釈しています（昭和五三・一・二三判決）。

二年で時効にかかる前記商品売買代金債権でも、その支払いのための手形債権のほうを行使して支払督促なり手形判決を確定させてしまえば、時効期間が一〇年にのびるというのですから債権者にとっては好都合です。

手形が時効になった場合なにか打つ手はないか

▼利得償還請求という手がある

手形が時効にかかってしまったらもはや請求できないものでしょうか。利得償還権があると聞きましたが、この権利はどのような場合に認められるのですか。

時効の援用が必要　実際、月日の経過するのは早いもので、三年や一年の期間はうっかりしているとすぐ経過してしまいます。しまった！　時効だ、とがく然とするのですが、時効にかかったらもはや請求もできないということはなく、振出人や裏書人にそれからでも払ってくれと請求することはなんらさしつかえありません。

時効には援用という制度があって、債務者のほうで「時効にかかっているから払いかねます」と持ち出して、はじめて効果を発揮するのです。債務者が払えば当然受領してよく（不当利得にならない）、裁判になっても債務者が時効を援用しないかぎり、裁判所は時効だから請求を棄却するという裁判はできません。まあいちるの望みでしょうが、請求すること自体を諦めることはありません。

利得償還請求権とは　利得償還請求権というのは手形上の権利が、手続きの欠缺または時効によって消滅してしまったときに、権利を失った手形債権者（所持人）とそのために利益を得た債務者（振出人、引受人、裏書人）間の公平を図るために手形法が特に認めた請求権です。

ただし、利得償還請求権は、「手形が時効にかかった、じゃあ利得償還だ」というように単純なものではなく、いろいろな条件・問題点があり手形法でも難解な分野です。

他に損失回復の方法がないこと　たとえば、手形上の債務者が、振出人・引受人・裏書人など数人いる場合に、その一人に対する請求権が時効にかかったとき、その者に利得償還請求ができるわけではありません。為替手形の所持人が、振出人に対する遡求権を時効で失っても、引受人があるときは振出人に利得償還請求はできません（大判・昭和一三・五・一〇）。すべての手形上の債務者に対する権利が消滅したときです。名古屋がダメなら京都があるという状況では利得償還請求はできません。

また、手形上の債権が時効にかかっても、原因債権が残っているときはそちらを取り立てればよく、やはり利得償還はできません。

手形の授受に関して利得を生じたこと　では原因債権も時効によって消滅した場合はどうでしょうか。

最高裁判例（昭和三八・五・二一判決）は、手形上の権利が時効によって消滅した後、原因となった消費貸借上の債権もまた時効によって消滅しているとしても、その貸金債権の消滅は、貸主（手形所持人）がその行使を怠った結果にほかならず、借主（手形振出人）が手形上の権利の消滅によって利得したものではないと述べて、利得償還請求権を否定しています。

権利者がここまで怠慢では救いようがなく自業自得になってしまいます。

限られたケースとなる　したがって、利得償還請求ができるのは限られたケースになってきます。たとえば、原因関係債務の支払いにかえて（代物弁済として手形を振り出した場合）振り出された手形が時効にかかったときは、手形振出しによって原因債務も消滅していますから、振出人は結局債務の支払いを免れることになり、手形の時効によって利得したということになります。

また、甲が代金債務支払いのため乙に振り出し、乙が丙に割引譲渡したとき（ただし買戻し特約等の原因関係を残さないとき）は、丙が甲・乙に対する手形上の権利を時効消滅させると、乙は遡求義務を免れて譲渡金額を確実に自分のものとし、その結果甲も代金債務を免れることになりますから、手形の時効によって利得を得たことになり、丙は甲に対し利得償還請求をすることができます（最判・昭和四三・三・二一）。

時効になった手形で相手の債務を相殺できるか

▼両債権が弁済期にあれば可能

私は甲会社振出しの約束手形を所持

していましたが、私の方も甲会社に対して支払うべき債務があるので、私の持っている約束手形と私の支払うべき債務が相殺になるからと思って、安心していたところ、その約束手形債権が時効にかかってしまいました。このような場合、私としては甲会社に対して相殺を主張して、支払いを拒否することができますか。

相殺することはできる

一般的にみて、両当事者が相互に債権債務をもっており、それがともに弁済期にあるときは、同じ金額について支払いをするのを免れることができます。これを、法律上は、相殺といっております。

ご質問の場合にも、あなたは甲会社に対し債務を負っており、また、反対に甲会社もあなたに対し甲会社が振り出した手形を決済しなければならず、相互に債権債務を有していることになり、これを相殺できるのは法律上、当然のことです。

ところが、このように相殺に適する状態にあった両債権のうち、手形債権の方が先に時効により消滅してしまった場合にどうなるのかといいますと、民法で「時効によって消滅した債権がその消滅以前に相殺に適するようになっていた場合には、その債権者は、相殺をすることができる」と規定しておりますから（五〇八条）、先に一方の債権が時効により消滅したとしても、両債権をもって相殺することができます。

ただ、ここで注意しなければならないことは、手形債権の相殺には、原則として、手形の交付を相殺の効力発生要件として要求されていることです。というのは、手形は流通性を持っているものですから、手形の交付がないと二重払いの危険を負わされるからです。

もっとも、右の原則は例外があります。その第一は、手形債権の一部をもって相殺するときには手形の交付は必要でありません。

しかし、この場合にも、債務者は請求者が正当な手形所持人であることを確めるためと、手形上に一部支払いの記載をするために手形の呈示は必要とされます。

あなたが甲会社に対して、お互いに債権債務を持っていたわけですから、今までの説明によりご質問の結果がどうなるかということは明らかになったと思いますが、結論からみて、あなたは甲会社に対し、あなたが負担する債務を支払う必要はなく、甲会社から請求を受けた場合には、すでに時効により消滅して手形の債務をもって相殺することができます。

このことは、相殺ができる状態にある債権債務が存在するときには、普通その債権債務の関係は、すでに決済されているかのように考えるのが当然ですから、その信頼を保護するためといえます。ただし、以上のような理由ですから、消滅時効にかかった債権を譲り受けて、これをもって相殺しようと思っても、それは許されません。

反対に、あなたの方の債権が時効にかかって消滅したのではなく、甲会社のあなたへの債権が時効にかかって消滅したとしても、あなたの方で相殺することもできます。これは一般にあなたの方で時効の利益を放棄したものとみるべきだからです。

以上述べてきましたが、最後に申しあげたい点は、時効によって消滅した債権でも相殺できますが、その前提として、両方の債権債務がいずれも弁済期にあることが必要とされます。

したがって、相殺をしようとする債権が弁済期にあることは絶対に必要となりますが、相殺をされる方の債権については、弁済期が未到来でも期限の利益を放棄すれば相殺できることになります。

［書式］所持人が裏書人に手形の不渡りを通知する内容証明郵便

平成○年○月○日

東京都×区×町●丁目●番●号

××株式会社

代表取締役　××××殿

東京都○区○町○丁目○番○号

○○株式会社

代表取締役　○○○○○　㊞

通知書

後記約束手形人の所持人である当社は、平成○年○月○日支払いを求めるため支払場所の銀行へ呈示したところ、その支払いを拒絶されたので、裏書人である貴社に対し、ここに通知いたします。

記（手形の表示）

額　面	金 ５００万円
振出人	△△株式会社
振出日	平成○年△月△日
振出地	東京都 ○ 区
支払地	東京都 ○ 区
支払場所	○○ 銀行 × × 支店
支払期日	平成○年 ○ 月× 日

受取人（兼）第一裏書人　貴社

第４章

手形の不渡り・事故対策と手形訴訟

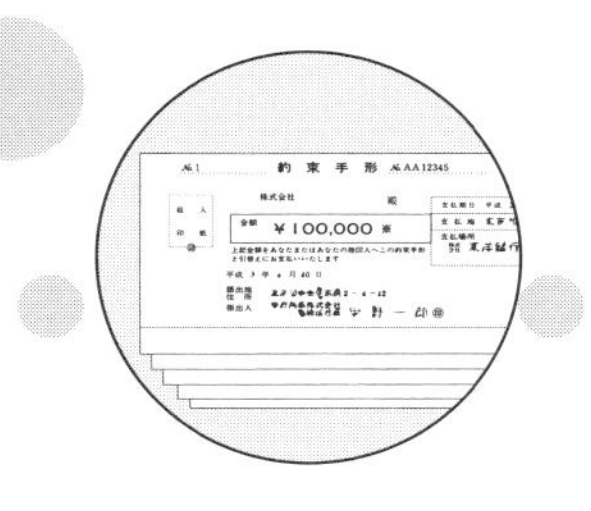

- ●基本ポイント—手形の不渡り・事故対策
- ●不渡りになりそうなときの予防対策
- ●受取手形が不渡りになったときの対策と回収法

手形の不渡り・事故対策

弁護士　高瀬武通
弁護士　山崎郁雄
弁護士　竹原茂雄

手形はどんな場合に不渡りとなるか

手形を持っている人（所持人）が、手形を取立てにまわしたけれども、支払ってもらえなかったことを法律上は支払拒絶といい、世間ではこれを手形の不渡り、または不渡りとよんでいます。不渡りとなるにはなんらかの理由があるはずですが、その理由は、つぎの三つのグループに分類することができます。

第一グループ＝資金関係を理由とする場合

(1)　資金不足

①手形の金額が、当座預金の残高よりも多い場合。

②当座勘定残高はあるが、そのなかには資金化されない他店券（小切手）入金がふくまれている場合。

③当座貸越契約が結ばれているが、その貸越限度額より手形の金額が多い場合。

(2)　取引なし

①支払場所の銀行と当座勘定取引がない場合。

②従来の当座勘定取引契約が、支払呈示された手形の振出日の前または後に解除されていた場合。

第二グループ＝取引関係を理由とする場合

(1)　契約不履行　たとえば、AがBに対して建築請負代金の一部を前渡金として約束手形で支払ったところ、Bが仕事をしない場合、Aは契約不履行を理由にこの手形の支払いを拒絶することができます。

(2)　詐取　割り引いてやるといった口実で、手形をパクられたような場合。

(3)　紛失　手形をなくした場合。

(4)　盗難　手形を盗まれた場合。

(5)　偽造　手形を振り出す権限のない者が勝手に手形を振り出した場合。

(6)　変造　権限のない者が手形の記載文句を勝手に変えた場合。

(7)　印鑑相違　押してある印が銀行への届出印とちがう場合。

(8)　金額欄記載方法相違　金額欄にアラビア数字をチェックライター以外のもので記入した場合。

(9)　約定用紙相違　銀行が交付した所定の手形用紙（統一

手形用紙）以外の用紙を使用した場合。

第三グループ＝その他の理由による場合

(1)　依頼返却　手形の所持人が、取立てに出してはならない手形を誤って手形交換所にまわしたので、所持人が手形を取りもどす場合。

(2)　法律によって支払いを禁止されている場合　支払人が会社更生法、民事再生法、破産法などの法律にもとづき、これらの申立てをして、裁判所が会社財産の保全処分命令を出したとき。

この処分がなされると、すでに振り出してあった手形の支払いをすることも禁止されることがあります。

(3)　呈示期間経過後　支払期日およびそれにつづく二取引日を経過した後に支払呈示された場合。

(4)　形式不備　振出日および受取人以外の手形要件（必要的記載事項）が手形の表に記載されていない場合。

(5)　裏書不備　裏書に必要な要件が裏書欄に記載されていない場合。

(6)　期日未到来　支払期日がくる前に支払呈示された場合。

不渡りになるとどんな問題が生ずるか

A（振出人）↓B（受取人兼裏書人）↓C（所持人）という約束手形があるとしましょう。もし、この手形が不渡りになると、つぎのような問題が起こります。

(1)　**手形交換所対A**

手形交換所は、Aの不渡りの理由いかんによっては、その手形を不渡処分とし、Aに制裁をくわえます。

Aが不渡処分をまぬがれるためには、支払銀行（統一手形用紙の表面に支払場所として印刷されている○○銀行△△支店のこと）を通じて手形交換所に異議申立提供金をつんで異議申立てをしなければなりません。

(2)　**支払銀行対A**

Aが取引停止処分になった場合、支払銀行は、Aとの当座勘定取引契約を解除します。

(3)　**C対A**

CはAに対して支払いを求め、払われない場合は手形訴訟を起こすことになります。

(4)　**C対B**

Cは裏書人のBに対して遡求（そきゅう）権を行使して支払いを求め、払われない場合は手形訴訟を起こします。

以上の四つのうち、(1)と(2)は手形振出人であるAの問題であるのに対して、(3)と(4)は手形所持人であるCの問題である、という受け取り方もできます。

不渡りと振出人の手の打ち方

振出人の手の打ち方を、前述の不渡り理由別のグループごとに考えてみましょう。

第一グループ＝資金関係を理由とする場合

資金不足と取引なしの場合は、手のほどこしようがありません。ただちに不渡処分を受け、それが第一回目であれば不渡報告（黄紙）にのせられ、第二回目（第一回目から六か月以内）のときは取引停止処分になり、取引停止報告（白紙）にのせられます。

第二グループ＝取引関係を理由とする場合

この場合には、異議申立制度を利用して不渡処分を受けないように手を打ったうえで支払いを拒絶するみちが開かれています。そのためには、つぎのような手続きをふまなければなりません。

〈第一段階〉

支払銀行に事情をくわしく説明し、支払いを拒絶する旨を告げたうえで、手形金額と同額の現金を銀行にあずけます。この金のことを異議申立預託金（よたくきん）とよびます。

〈第二段階〉

支払銀行は、「第二号不渡届」を手形交換所に出す際、あらかじめ異議の申立てをする旨を予告します。

つぎに、支払銀行は、約束手形の交換日（支払期日）から起算して営業日三日目の営業時限（平日は午後三時、土曜日は休み）までに、振出人のあずけた異議申立預託金を引当て（担保）にして、自行のお金で手形金額と同額の異議申立提供金をそえ、異議申立書を手形交換所に提出します。

このような手続きがふまれた場合は、たとえ手形の支払いを拒絶しても不渡処分を受けないですむのです。

ただし、⑸偽造と⑹変造の場合にかぎっては、振出人は異議申立預託金を支払銀行につまなくても異議申立手続きをすれば、支払いを拒絶できることになっています。

これは、偽造された者や変造された者にとっては、手形上の責任を負わないにもかかわらず預託金をつまねばならないとすると、金額が多いときは、そのために金繰りがつかなくなり、真正に振り出した手形の決済までつかなくなるおそれがあるからです。

なお、第二グループの⑴ないし⑼の理由がある場合でも、異議申立手続きをふまないで支払いを拒絶すれば、不渡処分を受けてしまいます。

言葉をかえれば、異議申立預託金をつむ場合（原則）とつまない場合（例外）の区別はあっても、異議申立手続きそのものは省略できない、というわけです。

第三グループ＝その他の理由による場合

前述の第三グループとしてまとめた⑴ないし⑹の理由によるときは、たとえ支払いを拒絶しても、そもそも不渡処分の対象になりません。

したがって、異議申立手続きをとる必要はなく、まして や、異議申立預託金をつむ必要もないのです。

不渡りと所持人の手の打ち方

A（振出人）→B（受取人兼第一裏書人）→C（第二裏書人）→D（第三裏書人）→E（所持人）という約束手形があるとしましょう。

支払期日が来たので、Eは自分の取引銀行に取立てをたのみました。ところが、「資金不足」という理由で、その手形は不渡りとなってしまいました。

この場合、Eのとるべき手段としては、

① 振出人であるAから回収する
② 裏書人のB・C・Dから回収する
③ AおよびB・C・Dから回収する

という三つがあります。

しかし、Aが不渡りを出して倒産した場合は、通常、Aには資産がないため、裏書人から回収するという②か③の方法をえらばざるをえないでしょう。このように手形が支払期日に支払われなかったとき、手形の所持人は裏書人に対して手形金その他の費用の支払いを求めることができますが、これを遡求（そきゅう）または償還（しょうかん）請求といいます（手形法七七条一項四号、四三条～五四条）。

手形の流通を川の流れにたとえると、下流にいる者が自分より上流にいる者に対して「支払え」と請求するので、さかのぼって請求するという意味で遡求というのです。

そして、手形の所持人であるEは遡求権者、裏書人であるB・C・Dは遡求義務者となります。

その場合、振出人であるAは、主たる債務者ではありますが、遡求義務者ではありません。もっとも、これは約束手形の場合であり、為替手形では振出人と裏書人とが遡求義務者となり、引受人が主たる債務者となります。

さて、手形の所持人であるEが、この遡求権を行使するには、つぎの条件が必要です。

(1) 支払いのための適法な呈示をしたこと。

支払期日およびそれにつづく二取引日、つまり呈示期間内に手形交換所に手形取立てにまわさなければなりません。なお、白地手形である場合は、その白地部分を補充して（書き入れて）から取立てにまわす、言葉をかえていえば、未完成手形を完成させたのちに取立てにまわすことを忘れてはなりません。補充しないままで取立てにまわすと、適法な呈示にはならず、したがって、裏書人に遡求できなくなるからです。

(2) 支払いを拒絶されたこと。

すなわち、手形が不渡りとなったこと。不渡りの理由は問いません。

(3) 拒絶証書を法定の期間内に作成すること。

支払いを拒絶された（不渡りとなった）という事実を公証人や執行官に証明してもらう文書を拒絶証書といいますが、この証書は呈示期間内に（支払期日とそれにつづく二取引日）につくってもらう必要があります。

これは、遡求義務者である裏書人にとって、支払いが拒絶されたかどうかは重大な関心事であるため、その事実を公権的に証明してもらい、裏書人を納得させようというねらいがあるのです。

しかし、統一手形用紙の裏書欄には、「拒絶証書不要」という文句が印刷されています。これには、どんな意味があるのでしょうか。

手形の所持人であるEにとって、法定期間内に拒絶証書をつくってもらうことは、たいへんめんどうなことです。

一方、振出人であるAが支払わなかったという情報を手形の裏書人であるB・C・Dがキャッチしようとすれば、手形にはられた支払拒絶の付箋（ふせん）や興信所の不渡日報などでも可能で、いちいち拒絶証書で証明してもらうまでもないケースが多いのです。

そこで、統一手紙用紙では、印刷されている「拒絶証書不要」の文句が抹消されていれば、法定期間内に拒絶証書をつくる必要がありますが、抹消されていなければ（実務では、これがほとんどです）、拒絶証書をつくるには及ばないことになっています。

(4) **遡求権が消滅時効にかかっていないこと。**

裏書人に対する遡求権は支払期日から一年で消滅時効にかかってしまいます。

したがって、そうならないように、請求（催告や手形訴訟の提起）、差押え、仮差押え、仮処分などの時効の中断を心がけなければなりません（民法一四七条）。催告は六か月以内に訴訟の提起などが必要です（民法一五三条参照）。

なお、(1)と(3)の手続きをとることを「遡求権の保全」といいます。

また、裏書人に遡求しても支払ってくれないときは、裏書人を被告として、手形訴訟を起こすことになります。

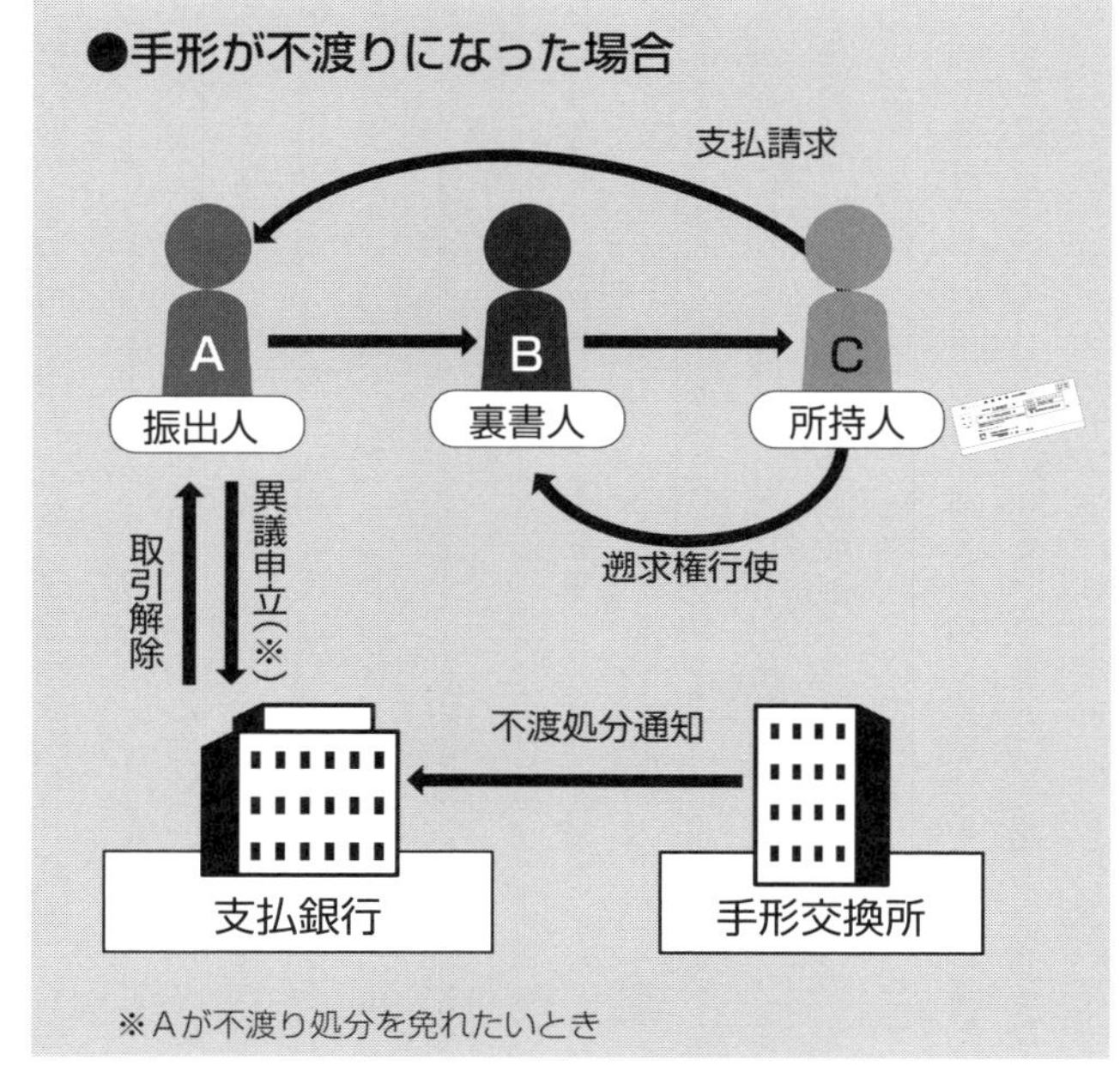

図解◉手形小切手訴訟の仕組み

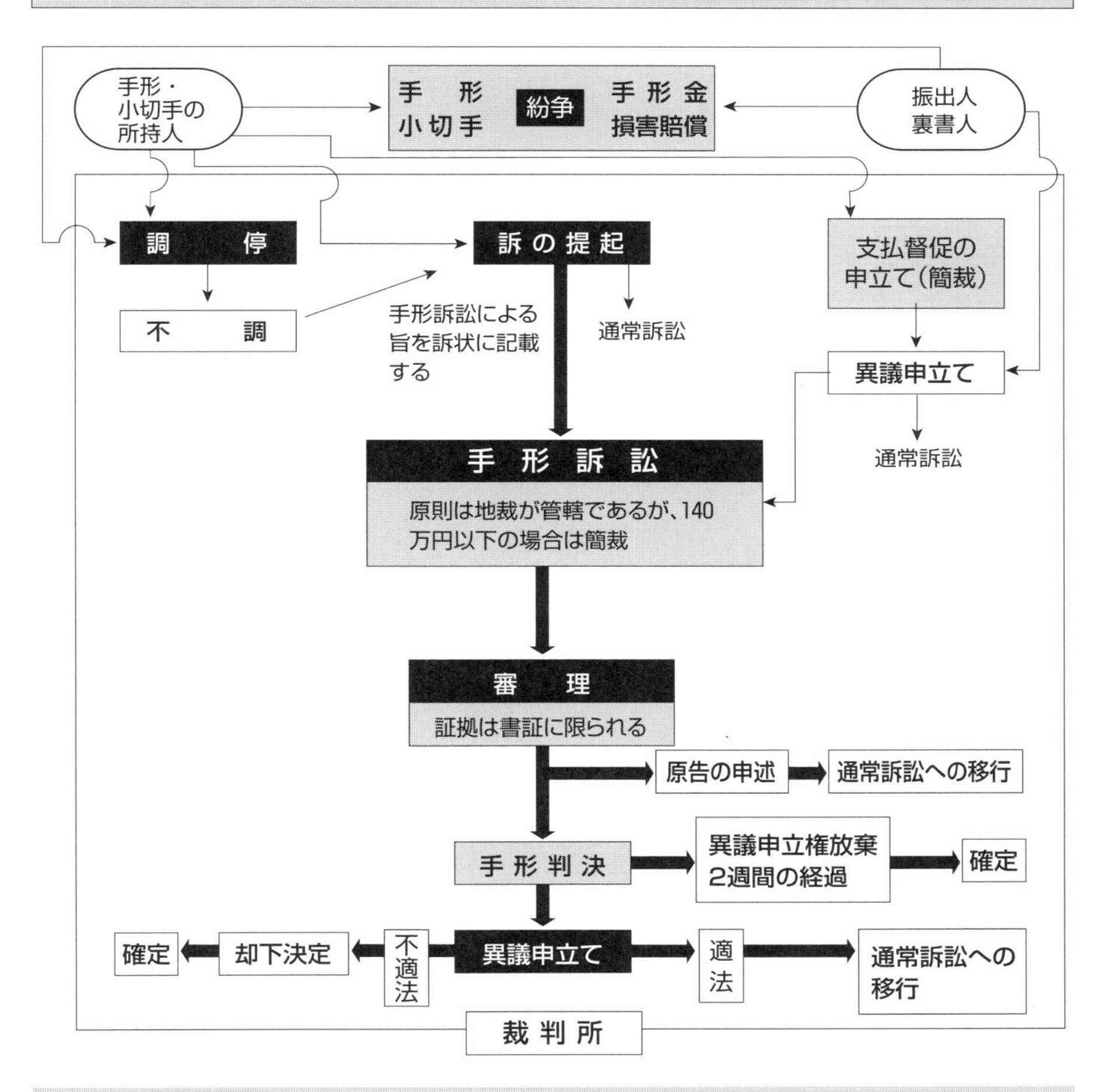

訴訟のポイント

▶証拠に制限がある

手形・小切手訴訟では、他の訴訟と異なり、証拠の制限があり、原則として書証のみに限られている。例外として、限られた立証事項について当事者本人などの尋問が許されるのみである。

▶訴訟のスピード化

また、訴訟手続きの進行のスピードが図られている。手形訴訟では訴状受理直後に、口頭弁論期日が指定され、当事者の呼出しがなされ、呼出状には期日前に当事者の主張や証拠申出および証拠調に必要な準備をすること、被告の答弁提出の催促が記載されていること、口頭弁論は最初の期日に弁論と証拠調べを完了することなどがきめられている。

▶仮執行宣言がつく

仮執行の制度が強化され、手形・小切手による金銭の支払請求と、これに附帯する法定利率による損害賠償の請求については、職権により原則として無担保の仮執行宣言をつけることが義務づけられている。また、異議申立てとか控訴とかの不服申立てに伴う執行停止などの処分についても、その要件が厳格になり、簡単には許されなくなっている。

手形の不渡り・事故対策と手形訴訟の仕方

手形が不渡りになりそうなときの予防対策

弁護士・中小企業診断士　高瀬武通
弁護士　山崎郁雄
弁護士　竹原茂雄

融手が原因で不渡処分を受けそうだが回避法は

▼不渡処分に対して異議申立て

融通手形の交換をやったところ、先方が倒産してしまいました。こちらも不渡りにしたいのですが、不渡処分を受けるのは困ります。不渡処分はどんな手続きでなされるのですか。また、これを回避するにはどうしたらよいでしょう。

不渡届の提出　手形の不渡りの事由にもいろいろありますが、とにかく、手形の支払場所となっている銀行（つまりあなたが当座取引をしている銀行です）は、手形交換所に対し、これこれの手形が不渡りとなった、という「不渡届」を出さなければなりません。

また、あなたの振り出した約束手形を割り引いた銀行、あるいは取立委任を受けた銀行（手形交換所に手形を交換のために持ってきますので、持出銀行といわれます）もまた、手形交換所に「不渡届」を出さなければなりません（東京手形交換所規則六三条）。

この不渡届にもとづいて、手形交換所は原則として、交換日から起算して営業日四日目に、不渡手形の振出人を「不渡報告」という書面に掲載して、参加銀行に配付します。これで手形不渡者のブラックリストに載ってしまったことになります。

もちろん、第一回目の不渡りの発生だけでは、まだ処分は受けません。

第一回目の不渡届が出た手形の交換日から六か月以内に、もう一度手形を不渡りにすると、二度目の不渡届が出されます。これにもとづき交換所は、取引停止処分をきめ、営業日四日目に「取引停止報告」という書面に振出人の名を載せて、参加銀行に配付して通知します（同規則六五条）。これでもう、銀行と当座取引や、借入れが不可能になるのです。これが銀行取引停止処分とよばれるものです。

　したがって、第一回目の不渡発生から、半年を超える期間を経過したのちに、第二回目の手形不渡りを出しても、取引停止処分は受けません。したがって、融手の数が一通か、あるいは数通でも支払期日が同一の日に集中しているなら、思い切って不渡りにしてしまうのも、一つの方法です。この手段は、金を積まなくてよい代わり、取引銀行の信用は失う、という欠点があります。


異議申立預託金　不渡回避の方法としては、金がないから不渡りにするのではない、ということを明確にするため、異議申立預託金を支払場所銀行を通じて手形交換所に提供して、不渡届（持出銀行が提出したもの）に対して、異議申立てをやらねばなりません。この手続きは、支払場所銀行にやってもらわねばなりません。交換日の翌々営業日までにお金を積んで、異議申立書を手形交換所に提出することになります（規則六六条）。

　異議申立提供金は、手形の額面金額と同額です。

　不渡りにする理由としては、契約不履行、詐取などの理由をつけることが多いようです。このような理由が法律上通用するかどうかは別問題ですが、融手の場合には、これらの理由がつけられます。

　適法に異議申立てがなされれば、不渡報告に掲載されずにすみます（規則六四条一号）。したがって、信用の失墜もなく、また取引停止処分を受ける心配もないことになります。

　もっとも、手形を詐取される、ということは、融通手形を発行していることを推定させるし、契約不履行は、不確実な取引もしくは手形の貸し借りをしていることを推測させます。そのため、取引銀行の信用は事実上低下するのは確かです。

　支払期日の違う二通の手形がある場合、金額の大きい方は通常の不渡りにして、金額の小さい方だけ異議申立預託金を提供して、異議申立てをして、うまく不渡処分を免れた例もあります。半年間に二度以上の不渡りの発生があった場合に取引停止処分になるという規則を悪用した事例です。

不渡り処分を回避するための依頼返却の方法とは

▼手形の所持人に返却を頼む

　月末にまわってくる支払手形を落とす資金のめどが立ちません。手形の所持人に依頼返却の手続きをとってもらえばよいと聞きましたが、具体的な方法をご教示ください。

依頼返却の手続き　依頼返却というのは、別途支払済みとか、書替え

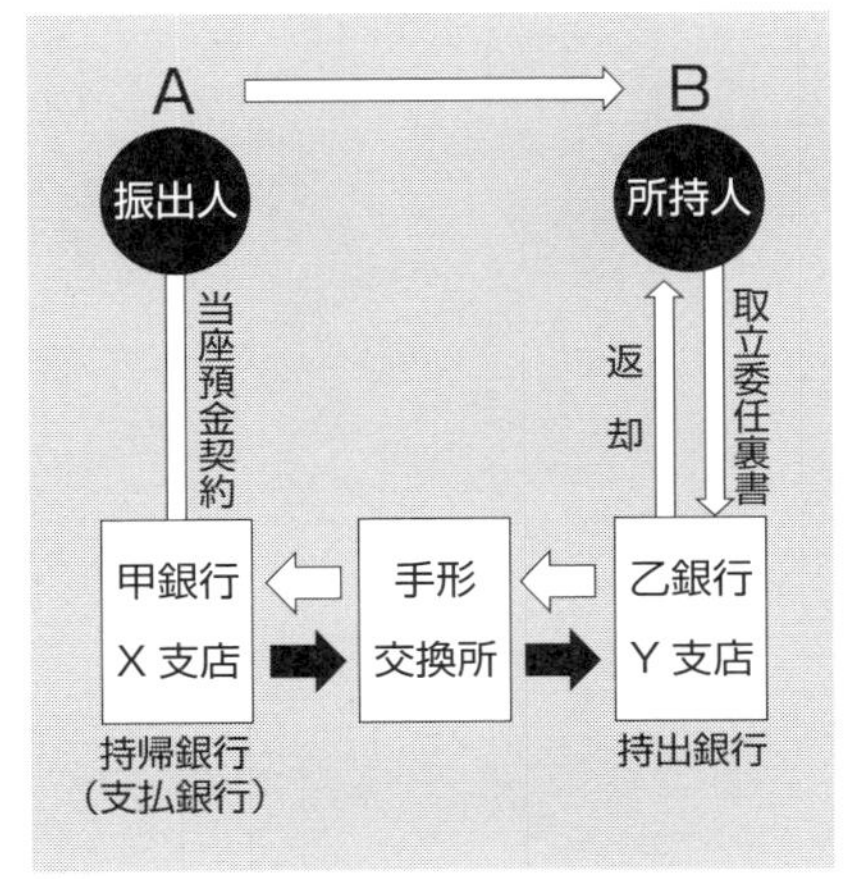

済みとかの理由があって、本来なら交換に持ち出すべきでなかった手形を誤って手形交換所に出してしまった場合に、持出銀行が持帰銀行にたのんで手形を返してもらい、交換を撤回して持出し前の状態にもどそうとするものです。

ところが依頼返却による手形の返却は不渡扱いとならないため、不渡処分をまぬがれるための手段として利用されることが多いといわれます。

簡単なモデルを設定して、ご説明しましょう。

振出人	A
支払場所（支払銀行）	甲銀行X支店
所持人	B
所持人の取引銀行	乙銀行Y支店

手順としては、振出人Aが資金の手当がつかない場合に、手形の所持人Bに頼み込んで依頼返却という形式をとってもらうわけです。

Bが取立てを委任した乙銀行Y支店（持出銀行）に依頼返却の申立てを行ないますと、持出銀行は、真にやむをえない理由があると判断したときは、持帰銀行である甲銀行X支店と協議したうえ、返却を依頼します。

そうすると、所持人→持出銀行→手形交換所→持帰銀行と流れた手形は、持帰銀行→手形交換所→持出銀行→所持人と逆流して、所持人Bの手にもどされるわけです。

タイミングが大切　なお、返却を依頼する時刻があまり遅いと、持帰銀行の交換持出処理が終了していて、依頼返却に応じてもらえないことがありますから、タイミングをはずさぬように注意してください。

不渡り回避策としては、次問に述べる手形の書替え（ジャンプ）をまず利用すべきで、依頼返却は最終のギリギリの非常手段と考えたほうが無難でしょう。

持出銀行が持帰銀行に対して依頼返却の連絡を失念したり、持帰銀行が持出銀行から依頼返却を頼まれたことを失念したため不渡りとなった場合は、どうすればよいのでしょうか。

依頼返却が不渡り回避策であるとの印象を銀行に与えてしまった場合は別ですが、普通は、銀行の取扱錯誤（ミス）として取消請求を銀行から手形交換所にしてもらえます。

手形交換所は、取消請求があると、不渡報告または取引停止報告への掲載前である場合には、掲載を中止し、すでに掲載済みであるときは、不渡処分や取引停止処分を取り消した旨をあらためて不渡報告や取引停止報告に掲載します。

手形のジャンプを頼むときの注意点は

▼新手形と旧手形は引換えに

手形のジャンプを所持人に頼まざるをえなくなりましたが、どんな点に注意したらよいでしょうか。

手形ジャンプの方法　手形のジャンプは、手形の書替えともいわれます。法律的にみますと、これは支払猶予です。三月三一日に返すべきお金が返せなくなった場合は、「六月三〇日まで待ってください」と申し込み、相手が「よろしい」と承諾すれば、それで支払猶予は成立します。ところが、手形の場合は、有価証券が存在していますから、そう簡単にはいかないのです。

手形のジャンプには、つぎの二つの方法があります。

一つは、支払期日を先にのばした新しい手形（新手形）を振り出し、これと前の手形（旧手形）とを交換するやり方です。つまり、新旧手形の交換です。

もう一つは、すでに振り出してある手形の支払期日を訂正する方法で、この場合は、新しい手形を振り出すことはしません。

ジャンプを頼むときの注意　それでは、手形のジャンプを頼むには、どのような点に留意して行なえばよいかを整理してみましょう。

① 取引が長い相手をえらぶこと。

② 買掛残が大きい相手をえらぶこと。

③ 相手の資力をよく考え、手形のジャンプに応ずるだけの資金的余力をもつか否かを判断すること。たとえば、相手が手形を銀行で割り引いてもらっているときは、その手形を買い戻したうえで、ジャンプに応ずることになりますから、買戻資金を調達しなければならないからです。

④ 手形金額があまり少ないものは、さけること。「こんなわずかな手形まで落とせないのか」と思われるのは愚です。相手は、どうせジャンプした手形は不渡りになるんだろうから、いっそのことジャンプを拒絶しよう、という気持になるかもしれません。

⑤ 相手は、代表者の個人保証や担保差入れを要求する公算が大きいから、それに対応する心がまえをあらかじめ、つくっておくこと。

⑥ 手形の直接の受取人が裏書譲渡し、それ以後転々としている手形の書替えは、現在の所持人のみならず裏書人全員の同意が必要となり、話合いがつかないことが多いので、さけること。

⑦ 新手形と引換えに、旧手形はできるだけ返してもらうこと。相手が新・旧の各手形を善意（ジャンプの事実を知らないこと）の第三者に裏書譲渡し、その第三者から支払えと要求されると、二重払いをしなければなりません。

そこで、もし、どうしても旧手形を返してもらえないときは、旧手形の表面に㋑「支払期日平成〇年〇月〇日金額金〇万円の手形と書替済み」、㋺「裏書禁止」、㋩「譲渡禁止」、㋥「指図禁止」の文句のいずれかを書きこませてもらい、振出人の印を押してください。

㋑を書けば、第三者は、書替え済みの旧手形であることを知ったうえで（悪意で）もらったことになりますから、振出人は支払いをこばむことができます。

㋺〜㋥のいずれかを書けば、相手がその手形を第三者に譲渡するときは、普通の債権（指名債権）を譲渡する方法によらねばならず（民法四六七条）、振出人は、書替え済みの旧手形であることを理由に支払いをこばめるからです。なお、支払期日の訂正という方法をとれば、このような問題は起こりません。

支払拒絶しても不渡りとならない場合はないか

▼裏書の連続がない場合など

偽造された手形や、詐取された手形は、支払いを拒絶しても、不渡処分を受けない、と聞きましたが、ほんとうでしょうか。また手形の記載に欠陥があるときはどうでしょうか。支払拒絶には常に手形金の供託が必要でしょうか。

要件の欠陥の場合　支払いの拒絶ができる場合は、大きく分類して、二つの場合が考えられます。

第一が、手形の要件のうち重大なものの記載に欠陥があったり、第三者が手形を偽造した場合などです。

第二が、手形の記載自体は法律に合致していても、手形所持人に対して、手形債権を支払わなくてよい取引関係や債権債務に関した理由がある場合です。一般には、契約不履行や、詐取されたなどという理由がつけられて不渡りとなる場合です。

まず、手形の要件の記載に欠陥がある場合を考えてみましょう。一般に流通している約束手形で、法律上必要とされる記載要件のうち、記載されずに取立てにまわってくるのが多いのは、振出日が白地の手形です。その次に、受取人の記載がなくて白地となっている場合です。

裁判所では厳格に解釈しますので、これらの記載を補充せずに、手形訴訟を起こすと、請求する側が敗訴になります。

しかし、実際の取引では、振出日や受取人白地の手形があまりにも多く出まわっているので、これを理由に支払拒絶を認めていたのでは大混乱になります。そこで手形交換所では、これらの場合には、支払拒絶を認めていません。裏書の日付が白地の場合も拒絶はできません。

振出人側として支払拒絶できる場合としては、裏書の連続が欠けている場合です。A会社を受取人として記載して振り出したのに、B会社が第一の裏書人になっていて、A社とB社とがつながらない場合です。これは手形が流通する過程でなんらかの不正行為があったことを推測させます。

第三者が偽造した手形がまわってきたときは、当然に支払いを拒絶できます。しかし原則として、異議申立預託金をつんで、銀行に異議申立提供金を提供してもらう必要があります。これを積まずにすますためには、つぎのような手続きが必要です。まず所轄の警察に対し、偽造についての告訴状または被害届を提出します。そしてこれらの届についての受理証明書を警察からもらい、銀行に届け出ている印鑑の写し、偽造された手形の写しなどを添付して、交換所に異議申立書を提出します。期間は交換日から翌々営業日以内です（東京手形交換所規則六六条一項但書、同施行細則七九条一項。ただし、受理証明書は一〇日以内）。交換所では不渡手形審査専門委員会の審議により免除するかどうか決定します。

取引上の理由による場合　商品代金として約束手形を振り出して売主に交付したが、商品が納入されなかった場合は、振出人は代金を支払う義務がありませんから、手形の支払いも拒絶できるはずです。手形を欺しとられた場合も同じことです。

手形交換所では、これらの理由が付された支払拒絶であっても、持出銀行から不渡届が出されれば、いちおう、不渡りの扱いをします。しかし、支払場所銀行が、異議申立提供金として、手形金額と同額の金を手形交換所に提供して、不渡報告の取消しを求める申立て、すなわち異議申立てをすれば、不渡りの扱いを免れることができます（同規則六六条）。

裏書の不連続や、偽造の場合は、異議申立提供金を積む必要がないのと比較すると、取引上の理由による支払拒絶は、手形金の準備が必要ですから、振出人にとって不利ですし、手形訴訟で敗訴して提供金を取られてしまうこともあります。

そのほか、支払いを拒絶できる不渡事由としては、期日未到来、依頼返却、呈示期間経過後などの理由があります。これらの詳細は、同規則施行細則七七条に列挙されています。

融通手形の支払いを拒絶できるか

▼融手はいずれにせよ危険

当社は他社との間で融通手形を交換しておりますが、相手の経営がおかしくなってきました。万一、相手が振り出した融手が不渡りとなった場合は、当社も自社が振り出した融手を不渡りにすることができますか。

融手と商手のちがい　AがBから三〇〇万円の製品を買い、その代金の支払いのために九〇日サイトの約束手形をBあてに振り出した——このような商取引（これを原因関係といいます）の代金決済のために振り出された手形を商業手形、略して商手とよびます。Bは月末にまわってくる支払手形を落とす資金が足りない。そこで、BはAから現金を借りるかわりに、Bあての約束手形を振り出してもらい、これを第三者Cに割り引いてもらって現金化した——このように、もっぱら第三者から金銭の融資を受けさせることを目的として振り出された手形を融通手形、略して融手といいます。

商手には原因関係がありますが、融手はその裏付けとなる原因関係がないところに最大の特徴があります。融手には、A→Bという一方通行型（好意手形）とA→B・B→Aという対面通行型（交換手形）とがあります。

むずかしい支払拒絶　では、融手は、いったい法律的に有効なのでしょうか。

手形の振出しにあたって、必ず記載しなければならない事項は、手形法によって、厳格にきめられています。これを絶対的記載事項または手形要件とよびます（手形法七五条）。この手形要件さえ完全に備わっていればその手形は有効です。

その振り出した目的が、商取引の代金決済のため（商手）であるか、あるいは第三者から金融を受けさせるため（融手）であるか、といったことは、手形の法的効力とは無関係です。

したがって、融通手形といえども、手

形要件さえ備わっていれば、法律的には完全に有効な手形です。なお、統一手形用紙を使って融手を振り出した場合は、たとえ手形要件の一部（たとえば、振出日や受取人）を欠いても、白地手形として有効です。

さて、貴社の振り出した融手を相手が第三者で割り引いてもらったり、裏書して第三者にまわした場合は、その第三者が融手であることを知っていようと（悪意）、知っていまいと（善意）、貴社は第三者に、支払いを拒絶することはできません（原則）。

融手というものは、前に述べたとおり、最初から第三者に割り引いてもらうことなどを予定して振り出された手形なのですから、その第三者が融手であることを知っていたか、知らなかったかは、そもそも問題にする余地はないからです。

もっとも、貴社と相手方との間で、各自が振り出した融手は、それぞれ振出人が支払うが、もし、相手がその振り出した融手の支払いをしないときは、貴社も自分が振り出した融手の支払いをしないという特約があったとします。

第三者が、①この特約のあること、②相手方振出しの融手が不渡りになったこと、あるいは、③相手方振出しの融手が不渡りになること、を知ったうえで（悪意）、貴社振出しの融手を取得したときは、貴社は支払いを拒絶することができます（例外）。

しかし、「悪意を主張する者は敗れる」という法諺（ほうげん＝法律に関するコトワザ）があるほどで、第三者の悪意を立証することは、実際には、きわめて困難です。

また、支払いを拒絶する場合には、手形金と同額の異議申立預託金を支払銀行につんだうえで、異議申立手続きをしないと、不渡処分を受けてしまいます。

不渡り前に手形の一部や特定の手形を支払えるか

▼銀行との話合いで可能

当社は万策つきて、月末に不渡りを出さざるをえなくなりましたが、月末にまわってくる手形のうち一枚の手形の一部や、特定の手形だけを支払うことができますか。

一部支払いはできない　額面三〇〇万円の約束手形が取立てにまわってきたとき、その一部の一〇〇万円だけを支払うことができるのでしょうか。

手形法では、手形金の一部支払いができるとされています（手形法七七条一項三号、三九条二項）。

しかし、貴社が支払銀行と結んだ「当座勘定規定」には、「手形、小切手の金額の一部支払いはいたしません」と明記してあるため、実務では、三〇〇万円の額面の手形に対して一〇〇万円だけを一部支払いすることは許されないのです。

したがって、もし、当座預金の額が三〇〇万円に満たなければ、その手形は全額不渡りとならざるをえないのです。

特定の手形の支払いは銀行との話合い　取立てにまわってきた数枚の手形のすべてを支払うだけの資金がない場合、そのうちの特定の手形だけを支払うことはできるのでしょうか。

　前に述べた当座勘定規定には、「同日に数通の手形、小切手等の支払いをする場合に、その総額が当座勘定の支払資金を超えるときは、そのいずれを支払うかは当行の任意とします」と書かれています。

　これを裏返せば、振出人としては、特定の手形だけ支払えと支払銀行に指示する権利がなく、支払銀行もそれに従う義務がないことを示しています。

　もっとも、実務では、銀行は振出人の意向を尊重して処理しているようですから、このような場合には、支払銀行に事情をよく説明して頼みこめば、これに応じてくれるものと思われます。

預託金をつんで支払拒絶をしたら仮差押えされた

▼異議申立ての訴訟を起こす

　機械代金の分割払いの手形を振り出していましたが、機械が故障したので、最後の一枚を、異議申立提供金をつんでもらい、契約不履行を理由に支払拒絶しました。先方は仮差押えという手段をとりました。対抗手段はないでしょうか。


異議訴訟で争う　手形所持人が、機械の売買の売主の場合ならば、手形金の支払拒絶については、いちおうの理由が立つことになります。したがって、契約不履行を理由に、異議申立提供金を積んでもらい、支払いを拒絶することは可能です。

　ところが、仮に手形の所持人が、機械の売主以外の第三者の場合、たとえば、その手形を割り引いた銀行、あるいはその手形の裏書譲渡を受けた売主の取引先などの場合は、契約不履行という抗弁（手形法上は人的抗弁という）は、成立しないのがふつうです。

　したがって、機械売買の当事者以外の第三者が異議申立預託金返還請求権を差し押えてきた場合は、手形金の支払いは免れないと考えるべきです。

　そこで、手形所持人が、機械の売主である場合について、対抗手段はないものか、考えてみましょう。手形の所持人は、異議申立預託金返還請求権を仮差押えしたのち、必ず、手形訴訟を提起してきます。

　これに対し、機械が故障したから、残代金は支払えない、という程度の主張では、手形訴訟はこちらの敗訴になります。

　ある程度具体的に、故障して修理費がこれだけかかったから、機械代金と相殺する、などという具体的な主張を抗弁として提出してみても、証拠調べの範囲がかぎられているため（民事訴訟法三五二条）、十分に立証することができません。

　そのため、一回の審理で、仮執行宣言つきの手形判決が出てしまうことが確実です。

　これに対しては、手形判決が送達された日から一四日以内に、同じ裁判所に異議の申立てをしなければなりません（同法三五七条）。

　この異議の申立てが受理されたあとは、通常の訴訟手続きになりますから、機械の故障によりこうむった損害を立証して、争うことができます（同法三六一条）。

手形判決には執行停止が必要　異議を申し立てただけでは、手続きとしては不十分です。つぎに、手形判決の執行停止命令を取らねばなりません。前に述べたように、手形判決においては、「金○○円を支払え」という主文には、必ず仮執行の宣言がついており、手形所持人は、異議申立預託金返還請求権を差し押えて、取り立ててしまいますから、この手続きをストップする必要があるのです。

　これは手形の支払人にとっては、大変苦痛なことです。というのは、裁判所が手形判決の執行停止命令を出すのを渋るばかりでなく、手形の額面金額ぐらいの金額を別に保証金として供託させることが多いからです。

　したがって、機械の売主、すなわち手形の所持人が、一流メーカーや一流商社の場合は、手形判決の執行停止を取らずに、機械の故障による損害賠償請求権の存在を抗弁とする異議訴訟だけをつづけていくのも、一つの方法です。

　というのは、相手方が資力十分ならば、いったん差押えで取られた異議申立預託金相当額を返還してもらうことができるからです。もちろんそのためには、異議訴訟で勝たねばなりません。

　機械の売主側が、倒産してしまったり、あるいは支払能力がないようなときは、異議訴訟で勝っても、いったん差押えで持っていかれた異議申立預託金が返ってくることは期待できません。金が寝ても、やはり手形判決の執行停止はやらなければいけません。

銀行の間違いで不渡処分になったとき

▼取引停止の解除と賠償請求

銀行に普通預金の残高や、定期預金の残高は十分にあったのですが、たまたま当座預金の残高がなかったので、不渡処分を受けてしまいました。銀行が連絡してくれれば、当座に振りかえて、不渡りを免れたのですが。銀行には責任はないのでしょうか。

銀行のミスかは疑問　純然たる銀行のミス、たとえば当座の残高を他の取引先の残高と見誤って不渡りにした場合、あるいは送金があったのに、当該当座預金口座に入れずに、他の口座に入金したので、資金不足として不渡りにした場合には、救済措置があります。

　前述のような支払場所銀行の純然たるミスによる不渡りの場合は、その銀行自身が手形交換所に対して「取扱錯誤」を理由として、不渡報告または、取引停止処分の取消しを請求しなければならないことになっています（東京手形交換所規則六八条一項）。

　この取消しの請求は、手形交換所に参加している銀行の義務となっており、このような、ミスに対しては、銀行は過怠金一万円の制裁を受けることになっています（同規則七四条一項二号）。

　これらの銀行の間違い、すなわち取扱錯誤は、いわば形式上のミスですから、その証明もかんたんに書類上可能です。ところが、銀行との連絡不十分の場合には、取扱錯誤による取消請求ができるか

〔異議申立書〕

No.

異　議　申　立　書

平成　　年　　月　　日

社団法人　東京銀行協会
東　京　手　形　交　換　所　　殿
（手形信用部）

支払銀行・支店名

押切印

索　引（かしら字）	下記の不渡届に対し、交換所規則第66条第1項の規定により異議申立提供金を添えて異議申立をいたします。		
	㈱　㈲　㈾　　㈱　㈲　㈾	交換日	平成　年　月　日
振出人等		種　類	小切手、約手、㊫手形、為手
	取締役社長　代表取締役 専務取締役　代表社員	金　額	百万　千　円
支払銀行	銀行 信用金庫 信用組合　　支店	不渡事由	偽造、変造、契約不履行、 詐取、紛失、盗難、 印鑑（署名鑑）相違、 その他（　　　　）
持出銀行	銀行 信用金庫 信用組合　　支店		
（交換所使用欄）			

（注）　各欄については、必要事項を記入し、該当する事項を○で囲む。

〔異議申立提供金返還請求依頼書〕

異議申立提供金返還請求依頼書

平成　　年　　月　　日

（支払銀行）　銀行
信用金庫
信用組合　　支店　殿

社団法人　東京銀行協会
東　京　手　形　交　換　所
（手形信用部）

索　引（かしら字）	下記の不渡届に対し、貴店から異議申立提供金をお預りしておりますが、持出銀行から不渡事故解消届が提出されましたから、提供金の返還請求手続をおとりください。		
	㈱　㈲　㈾　　㈱　㈲　㈾	交換日	平成　年　月　日
振出人等		種　類	小切手、約手、㊫手形、為手
	取締役社長　代表取締役 専務取締役　代表社員	金　額	百万　千　円
支払銀行	銀行 信用金庫 信用組合　　支店	不渡事由	偽造、変造、契約不履行、 詐取、紛失、盗難、 印鑑（署名鑑）相違、 その他（　　　　）
持出銀行	銀行 信用金庫 信用組合　　支店		
備　考			

は疑問です。

　通常は、銀行から、当座預金の残高が、まわってきた手形や小切手の額に比較して足りないときは、電話などで通知してくれるものです。重要な取引先のときは、普通預金の払戻請求書や、定期預金の解約の手続書類を持って、担当者がかけつけてくることもあるでしょう。

　しかし、これらの取扱いは、銀行のサービスにすぎません。従前このような扱いをしていたのに、今回はやらなかったからといって、銀行の連絡不十分だと、大上段から非難することは困難です。また、これらの連絡不十分による不渡りの発生について、不渡報告の取消し、あるいは取引停止処分の取消しという方法は、手形交換所の規則の上では見当たらないようです。


取引停止処分の解除請求　取引銀行としては、形式的には、当座預金の残高が少なければ、資金不足を理由に、手形または小切手の支払いを拒絶しても、ミスはないことになります。しかし、一方では、取引先に対する連絡不十分という過失の責を負わねばなりません。もっとも、このような連絡不十分のケースでは、水掛論になってしまい、取引先の方が不利になるおそれがあります。

　そこで考えられるのは、銀行に依頼して、取引停止処分解除の請求を、手形交換所に対して、申し立ててもらうことです。

　取引停止処分の解除の理由としては、いちじるしい信用の回復、その他相当の理由がある場合とされています（東京手形交換所規則七〇条一項）。

　取引停止処分の解除請求書には、

①　理由書
②　振出人の陳述書
③　預金残高証明書
④　理由書に書かれた事実の証明資料

が必要です(同規則施行細則八五条)。

　手形交換所では、解除請求書にもとづいて、不渡手形審査専門委員会の審議に付して検討します。そして、解除請求に十分の理由がある、と認められる場合は、取引停止処分を解除することになります。

　しかし、このような解除ではいったん失われた信用の回復はなかなか困難です。結局、銀行との間で、連絡不十分の過失責任をめぐって損害賠償請求などの争いや問題が残ることになります。

不渡手形を出すとどうなるか

▼六か月に二回出すと取引停止

　とうとう資金繰りがつかず不渡りを出してしまいました。今後、手形や小切手は使えないのでしょうか。


コンピュータにインプットされる　第一回目の不渡りを出してから六か月以内に第二回目の不渡りを出すと、取引停止処分になります（東京手形交換所規則六五条）。そうなると、つぎのような事態が生じます。

　取引停止処分の内容は、①その手形交換所加盟の各銀行の当座勘定取引契約は一方的に解除され、②二年間、当座勘定取引および貸付取引が禁止されます。

　したがって、手形も小切手も振り出せ

ず、銀行から融資のみちも閉ざされます。なお、専用約束手形口座（マルセン）は、月賦の支払専用の当座勘定ですが、これも利用できなくなります。

いったん取引停止処分を受けると、手形交換所内に設けられた「取引停止処分者照会センター」のコンピュータの記憶ファイルに組み込まれます。新しく当座勘定取引を開設する場合、銀行はこのセンターに照会しますから、規制の網の目をくぐることは不可能となります。

別会社やダミーも規制される　全国には一二一か所（平成二三年三月末現在法務大臣指定）の手形交換所がありますが、取引停止処分の効果は一つの交換所の加盟金融機関に及ぶだけで、他の交換所の加盟金融機関には及びません。

したがって、東京で不渡りを出しても、大阪の銀行を支払場所とする手形行為には影響はないのです。

ただし、現実には、東京で不渡りを出した情報は、大阪の銀行にキャッチされ、信用判断のうえで重要な意味をもつ結果になりましょう。

それなら別会社をつくったり、法人代表者ではなく、個人として手形を振り出せばよいではないか——と考えられるかもしれません。ところが、全国銀行協会が「当座取引純化のための申合せ」として、つぎのような決定をしています。

「取引停止処分を受けた法人の代表者または実質上代表者と認められる者が、他の法人を設立し、あるいは既存の法人を利用して代表者（実質上代表者と認められる者を含む）となり、その事業が取引停止処分を受けたものと実体が同一であると認められる場合は……当座取引および貸出しを差し控える。なお、取引停止処分を受けた個人が取引停止処分をまぬがれる目的をもって上記と同様の手段により、法人の代表者（実質上代表者と認められる者を含む）となり、実体上同一の事業を継続すると認められる場合も、同様の取扱いとする。」つまり、取引停止処分の抜け道がふさがれているのです。

取引停止処分がなされた後であっても、①振出人がいちじるしく信用を回復したとき（たとえば、倒産会社が一部上場会社の系列下に入り、資本、役員のすべてが入れかわり、経営が軌道にのった場合）、②その他相当の理由があるとき（たとえば、月賦のマルセン手形二四枚のうち一二枚まで支払ったところで、たまたまボーナスが入ったので、残金を一括支払った。本来なら残りの一二枚の手形が返還されるべきであるのに、割賦販売業者の事務上の手落ちで取立てにまわってしまった。ところが、振出人は、支払済みですから、口座を解約した後であった——といった場合）は取引停止処分が解除されることがあります。

取引停止処分を解除してもらうにはどうするか

▼二年待つか解除手続きを

私の会社は半年前に二度手形不渡りを出し、倒産しました。債権者のお情けで会社を再建できることになりましたが、どうしたら銀行取引停止処分を解除してもらい、銀行取引ができるでしょうか。

取引停止後二年間は不可　半年間に二回以上手形不渡りを発生させると、取引停止処分を受けます。これは東京および近辺の場合では、東京手形交換所規則によって定められた処分です（規則六二条）。

そして、この取引停止処分は、直接には、その手形交換所に参加しているすべての銀行を拘束するものです。

したがって、右規則にもとづいて、取引停止処分日から二年間は、当座勘定取引、および貸出しについての銀行取引を申し込んでも、通常、どこの銀行でも受け付けてくれません。

二年間、じっと待っていることはできない、というのであれば、第二会社を設立して、その会社名義で銀行と当座取引を開設するよりほかはありません。

その場合、第二会社の代表取締役社長には、倒産会社の代表取締役がそのまま就任することは避けなければなりません。取引停止処分を受けた法人の代表者が、別法人の代表者となって、当座取引の申込みがなされた場合、銀行は拒否するからです。

すなわち、交換所の規則の上では、取引停止処分を受けたのは、会社であって、代表者個人ではありません。会社が違えば、代表者が同じでもよいだろう、という理くつも成り立ちますが、それがダメなのです。

というのは、信用取引純化のための対策という申し合わせがあるからです。これによると、倒産会社の代表者が、第二会社（事業の実質は両者同一と認められる）の代表者となった場合は、この第二会社とも「当座取引および貸出しを差し控える」ということになっています。

処分の解除手続き　二年間待たない方法は、第二会社で取引する方法のほかに、取引停止処分の解除という手続きがあります。

これは、取引停止処分を受けた者が、主としていちじるしく信用を回復した場合、銀行が、その者に対する処分の解除を交換所に請求するものです（規則七〇条一項）。この請求には、信用を回復したという証明資料や、預金の残高証明書、理由書（証明書類付き）などを提出しなければなりません（施行細則八五条）。

解除の請求があった場合には、交換所では、不渡手形審査専門委員会の審議に付します。この委員会で、信用の回復がいちじるしいなどの理由があると認められれば、取引停止処分が解除されることになります。

これで自由に、当座取引の再開が可能になるのです。不渡倒産後、民事再生手続きで再生計画が認可され、債権者から一部の債権の免除を受けて、再スタートした、というような企業の場合は、信用の回復ということが、法的手続きの上から証明できますが、任意整理の場合などは、信用の回復の証明が困難だからです。

図解◉手形が不渡りになったときの手続き

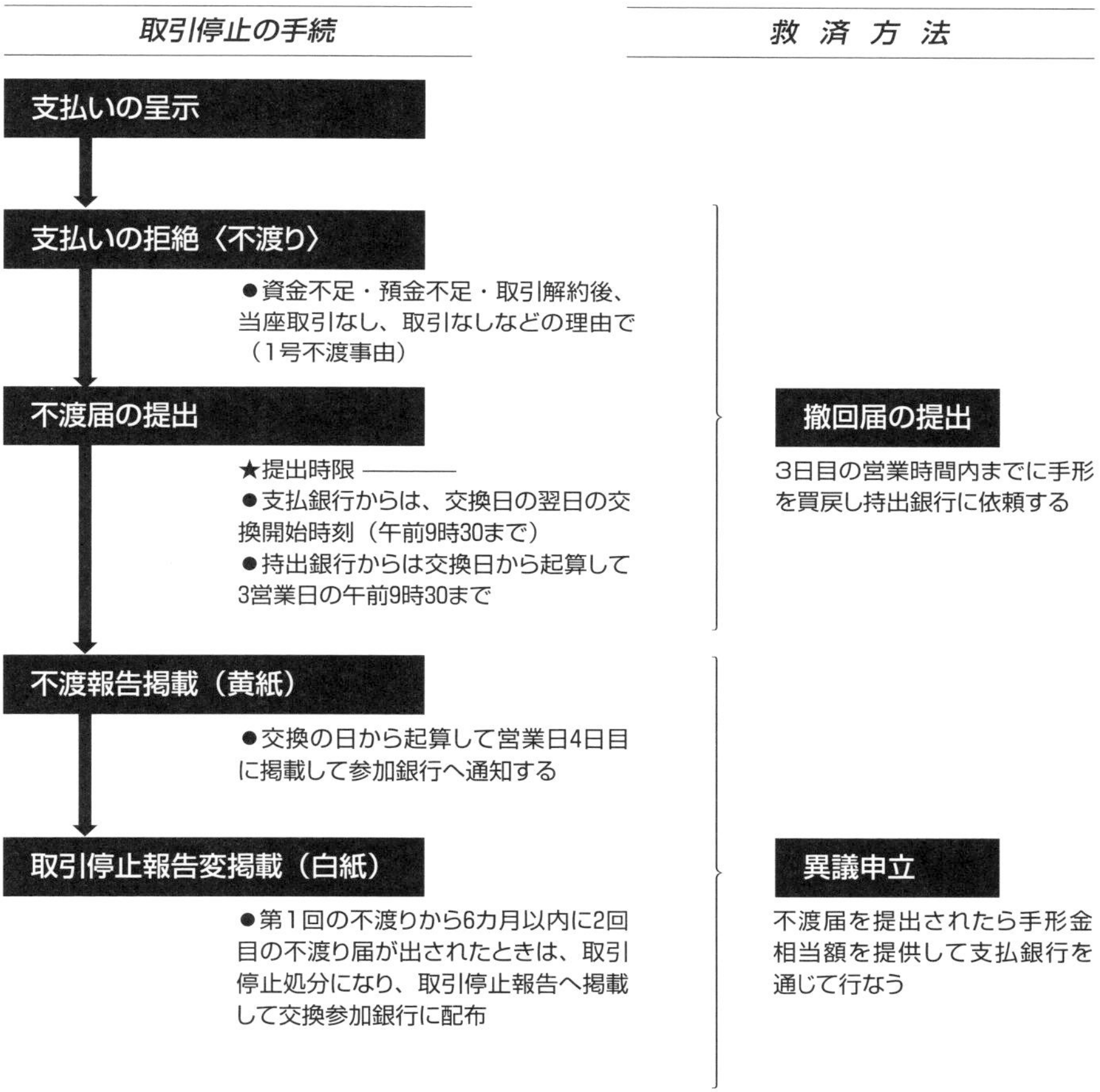

取引停止の手続	救済方法
支払いの呈示	
支払いの拒絶〈不渡り〉 ●資金不足・預金不足・取引解約後、当座取引なし、取引なしなどの理由で（1号不渡事由）	
不渡届の提出 ★提出時限 ―――― ●支払銀行からは、交換日の翌日の交換開始時刻（午前9時30まで） ●持出銀行からは交換日から起算して3営業日の午前9時30まで	**撤回届の提出** 3日目の営業時間内までに手形を買戻し持出銀行に依頼する
不渡報告掲載（黄紙） ●交換の日から起算して営業日4日目に掲載して参加銀行へ通知する	
取引停止報告変掲載（白紙） ●第1回の不渡りから6カ月以内に2回目の不渡り届が出されたときは、取引停止処分になり、取引停止報告へ掲載して交換参加銀行に配布	**異議申立** 不渡届を提出されたら手形金相当額を提供して支払銀行を通じて行なう

手形の不渡りと取引停止処分

手形の支払呈示をしたが、支払いを拒否されると、その手形は不渡りということになる。この不渡りを6ヶ月以内に2回出すと取引停止処分がなされる。取引停止処分は手形交換所が行ない、一般には倒産の象徴として見られている。

不渡事由には、第1号不渡事由（資金不足と取引なし）、第2号不渡事由（契約不履行、詐取紛失、印鑑相違、偽造・変造等）、0号不渡事由（形式不備、引受なし、破産・会社更生法等による弁済禁止、依頼返却、振出人死亡等）の3種類がある。

手形の不渡り・事故対策と手形訴訟の仕方

受取手形が不渡りになったときの対策と回収法

弁護士　佐藤圭吾

受取手形が不渡りになったときの対策

▼手形金の取立ての手を打つ

取引先から受け取った手形を、銀行に取立てに出していたら、不渡りとの連絡がありました。私は当然落ちるものと予定して、それに見合う金額の手形を私の取引先に振り出しています。私の振出手形も不渡りになると困るので、銀行にその金額を入金しましたが、不渡り手形の振出人会社は平常どおり仕事をしている様子です。どうしたらいいのでしょうか。

手形不渡りとは

商売をしている当事者にとっては、手形決済日になると、手形が落ちるかどうか大変神経を使うものです。手形を割引きに出していると買戻しをしなければならないし、銀行取引上信用がガタ落ちになります。

手形交換規則では一回不渡りを出すと、振出人の名前を掲載した不渡報告書を各銀行にまわす取扱いがなされています。手形取引が解約されないまでも、振出人の信用はいちじるしく害されることになります。一回目の不渡りから六か月以内に二回目の不渡りを出すと、銀行取引停止処分となり、事実上の倒産ということになります。すなわち二年間は、銀行との間で当座取引や貸付取引等はできなくなります。

したがって、受け取った手形が不渡りのときは、二回目かどうか確かめる必要があります。一回目であれば、手形金の回収のための保全をすれば回収も可能です。

ひとくちに手形不渡りといいますが、不渡事由は、手形交換規則・同細則に規定されているので、その事由を掲記します。

① 資金不足、取引なし（規則六三条一項・細則七七条三項）

資金不足とは、当座取引はあるけれ

ども、手形決済する資金がない場合で、取引なしは、当座取引がない場合です。これは二回目の不渡りで、取引が解約された後の呈示も含みます。

② 印鑑違い、金額記載方法相違、約定用紙相違

③ 偽造・変造
これは振出人等に手形債務の全部または一部の支払義務がないとして、手形所持人に「物的抗弁」を主張することができる場合です。

④ 契約不履行、詐取・紛失・盗難・取締役会承認等不存在
②と④の場合、振出人は手形の額面を支払銀行に預託しなければなりません。手形としては有効ですが、手形所持人に対して「人的抗弁」を主張できる事例です。

⑤ 細則七七条一項に規定された事由を列挙してみますと、形式不備、裏書不連続、呈示期間経過後、期日未到来、依頼返却、引受けなし、振出人死亡、会社更生・民事再生・破産等による保全処分その他があります。この場合は

〔書式1〕約束手形金にもとづく債権仮差押申請

印　紙

債権仮差押命令申立書

平成○年○月○日

○○地方裁判所御中

債権者○野○夫㊞

当事者の表示　　別紙当事者目録記載のとおり
請求債権の表示　　別紙請求債権目録記載のとおり
仮差押債権の表示　別紙仮差押債権目録記載のとおり

申立ての趣旨

債権者の債務者に対する前記債権の執行を保全するため債務者の第三債務者に対する前記債権は，仮に差押える。

第三債務者は債務者に対して仮差押えに係る債務の支払いをしてはならない。

との裁判を求める。

申立ての理由

第１　被保全権利

1　債権者は前記請求債権目録記載の約束手形1通を所持しており債務者は右手形を振り出した（甲1号証）。

2　債権者は右約束手形を支払期日にそれぞれ支払場所に呈示して支払を求めたところ支払場所である本件第三債務者から契約不履行を理由として支払いを拒絶されたもので，債務者は取引銀行である本件支払場所を通じて不渡処分を免れるため右約束手形金と同額の金員を社団法人東京銀行協会に預託して債権者に対抗するに至った。

第２　保全の必要性

債権者としては債務者から前記のような理由で対抗を受ける筋合はなく，債権者は御庁に債務者を相手方として前記約束手形訴訟を提起するべく準備しているが、債務者は本件手形債務の他にも相当の債務を負っている事情であるから，前記仮差押債権目録記載の債務者の債権が何時他の債権者から強制執行を受けるか分からずまた第三債務者側から相殺勘定の手続をとられたり返還請求債権を他に譲渡される恐れが十分考えられるので(甲２号証)，本案勝訴判決の執行保全の必要性から本申立に及ぶ次第である。

疎明方法

1　甲１号証　　約束手形
2　甲２号証　　上申書

添付書類

1　債務者資格証明　１通
2　債権者資格証明　１通

不渡届の提出を必要としません。

①の事由は第一号不渡事由、②～④の事由は第二号不渡事由、⑤の事由は○号不渡事由といわれています。

手形が不渡りになりますと、支払銀行の押切印のある付箋が手形表面の左肩に貼付されます。そこに不渡りの事由が記載されてあります。

この付箋はタテ九センチメートル、ヨコ三・三センチメートルに統一されています（規則五二条、細則五九条二号）。

不渡りは事実上の倒産　受取手形が不渡りになったら、振出人は倒産の一歩手前と考えて、手形をただの紙切れにしないため、手形金の取立手続きに着手しなければなりません。

前記②と④の事由の場合には、振出人が銀行に異議申立預託金を預託してありますので、仮差押えの保全手続きをとっておく必要があります。

預託金があるからと安心して放置していますと、振出人が倒産してしまった後は、この預託金は振出人の取引銀行から相殺されてしまう心配があります。

〔書式2〕不動産の場合

申立ての趣旨

債権者の債務者に対する別紙債権目録記載の債権の執行を保全するため，債務者所有名義の別紙物件目録記載の不動産は仮に差押える。

との裁判を求める。

〔書式3〕動産の場合

申立ての趣旨

債権者から債務者に対する前記債権の執行を保全するため前記請求債権額に満つるまで債務者所有の動産は仮に差押える。

との裁判を求める。

〔書式4〕当事者目録

当事者目録

〒１００－０００１　東京都○区○町一丁目１番１号

債　権　者　　甲　野　太　郎

電話０３－○○○○－○○○○

ＦＡＸ０３－○○○○－○○○○

〒１１１－１１１１　東京都×区×町三丁目３番３号

債　務　者　　乙　野　次　郎

電話０３－××××－××××

ＦＡＸ０３－××××－××××

〒１２３－０００５　東京都△区△町一丁目２番３号

第三債務者　　株式会社△△銀行

代表者代表取締役　　丙野三郎

（送達先）

〒１２３－０００６　東京都△区△町４番４号

株式会社△△銀行△△支店

〔書式5〕請求債権目録

請求債権目録

１　金１００万円也

但し下記１通の約束手形金

金　　額　　金１００万円也

支払期日　平成○年○月○日

支 払 地　東京都○区

支払場所　株式会社○○銀行○○支店

振 出 地　東京都○○区

振 出 日　平成○年○月○日

振 出 人　債務者

受取人兼第一裏書人　債権者

他方、預託金がない場合は、振出人の動産・不動産の資産や売掛金の債権譲渡や代理受領の書類を振出人に作成してもらうか、裏書人があるときは裏書人に通知催告をするなど、すみやかに保全手続きをすべきです。

仮差押え手続きは、手形金額一四〇万円以下のときは簡易裁判所に、一四〇万円を超えるときは地方裁判所に申し立て、保証金を供託しなければなりません。保証金は手形金額の約一〇～二〇パーセントの金額で、裁判所が手形取得の事情を考慮して決定します。

仮差押えはあくまでも仮の処分ですから、本訴を提起して、その判決を取得し、判決が確定すると、担保取消決定の申請をして、供託した保証金を取り戻すことができます。つぎに種々の仮差押えのひな型を掲げておきます。

〔書式6〕仮差押債権目録

> 仮差押債権目録
>
> 1 金１００万円也
>
> 但し債務者が別紙請求債権目録記載の各約束手形の不渡処分を免れるため社団法人東京銀行協会に提供させる目的で第三債務者（○○支店扱い）に預託した金員。

〔書式7〕売掛金債権の場合

> 仮差押債権目録
>
> 1　金１００万円也
>
> 但し債務者が第三債務者に対して平成○年○月末日までに○○を売掛け，債務者が第三債務者に対して取得した売掛金債権のうち弁済期の到来したものから頭書金額に満つるまで。

第三債務者が振出人の取引の相手方である場合でも基本的には同じことです。第三債務者の表示を取引の相手方に変更して、売掛金債権を仮差押えする場合は、差押え債権目録を〔書式7〕のようにします。

また、相手方の不動産や家財等の動産を仮差押えするときの「申立ての趣旨」は〔書式2〕と〔書式3〕のようになります。これには第三債務者の表示は不要です。

不動産の場合は、仮差押えの執行に登記が必要ですので、不動産の登記簿謄本を取り寄せ、正確に物件目録を表示する必要があります。

なお、裁判所に提出する書式は、A四判の用紙を縦長に使用し、一行三七字・一ページ二六行詰め、一二ポイントの大きさの文字で横書きとし、左側に三センチメートル、上部に三・五センチメートルの余白をとるのが望ましいとされています。

不渡手形を裁判で回収するにはどうするか

▼手形訴訟と通常訴訟の二方法

取引先から売掛金の回収のため手形を受け取ってきましたが、不渡りとなってしまいました。取引銀行に問い合わせをしたところ、契約不履行という理由で、振出人は手形金額を銀行協会に供託しているとのことです。このまま手形を所持していても紙切れ同然ですので、裁判で手形金額を回収しようと思います。その手続きについて教えてください。

手形訴訟の仕方　手形・小切手の裁判は簡易迅速にできるような仕組みになっています。原則として書証（文書による証拠）だけで、証人尋問の制限があり、振出人より偽造・変造の抗弁がでないかぎり一回で終結されます。したがって、本人でも簡単に訴訟ができます。それだけに、最初にきちんと書類を作成する必要があります。手形所持人から振出人に請求する場合の訴状のひな形を掲げておきます。

裁判所に提出する書式は、A四判の用紙を縦長に使用し、一行三七字・一ページ二六行詰め、一二ポイントの大きさの文字で横書きとし、左側に三センチメートル、上部に三・五センチメートルの余白をとるのが望ましいとされています。

なお、訴訟を提起するときは、手形の記載を確認して、白地のところは事前に補充しておく必要があります。

費用と裁判の期間　訴状には約束手形の表裏をコピーして添付します。

原告・被告が法人の場合は、資格証明書

〔書式8〕訴状

印紙

訴　状

平成○年○月○日

○○地方裁判所御中

原　告　　金森産業株式会社

代表者代表取締役　　金　森　一　郎　㊞

東京都中央区銀座一丁目１番１号

電話・ＦＡＸ０３－○○○○－○○○○

東京都中央区築地二丁目２番２号

被　告　　乙野工業株式会社

代表者代表取締役　乙野二郎

電話・ＦＡＸ０３－××××－××××

約束手形金請求事件

訴訟物の価額　１００万円

貼用印紙額　　　　１万円

請求の趣旨

被告は原告に対し金１００万円及びこれに対する平成○年２月27日より完済まで，年６分の割合による金員を支払え。

訴訟費用は被告の負担とする。

との判決並びに仮執行の宣言を求める。

本件訴訟は手形訴訟による裁判を求める。

請求の原因

１　原告は被告振出の別紙手形目録記載の手形１通を所持している（甲１号証）。

２　原告は支払期日に支払のため支払場所に右手形を呈示したが支払を拒絶された。

３　よって原告は被告に対し，右手形金元本と，これに対する満期の日から完済まで手形法所定の利息の支払を求める。

証拠方法

甲１号証　約束手形（写）

も添付しなければなりません。訴状ができあがったら、裁判所の受付に提出します。訴状は正本と副本二通提出しますので、あと一通を控えとして所持しておきます。訴状には印紙を貼用する必要がありますが、印紙の額は約束手形金の額によって違います。印紙の額と送達費用として予納する郵券を掲げておきました。

訴状を提出後、およそ一か月から二か月後に第一回口頭弁論の期日の呼出状が送達されます。手形訴訟による審理はほぼ第一回で終結になりますので、その一か月後には判決の言渡しがなされることになります。

判決言渡期日には出頭する必要はありません。判決正本が送達されるからです。

したがって、順調に経過すれば、準備手続期間を入れても約三か月から四か月で訴訟が終わることになります。そして判決には仮執行宣言が付与されるので、ただちに強制執行ができることになります。

しかし、手形訴訟の審理が終わってから、被告が異議申立てをすると通常の訴

〔書式9〕手形目録

手形目録

(1) 金　　額　１００万円也
(2) 満　　期　平成○年２月２７日
(3) 支 払 地　東京都中央区
(4) 支払場所　△△銀行△△支店
(5) 振 出 地　東京都中央区
(6) 振 出 日　平成×年１２月１２日
(7) 振 出 人　乙野工業株式会社
(8) 名宛人兼第一裏書人　金森産業株式会社

予納する郵券（東京地方裁判所の例）

通常訴訟のとき6,000円 当事者が1名増すごとに2,144円ずつ加算	500円	100円	82円	50円
	8枚	10枚	5枚	5枚
	20円	10円	2円	1円
	10枚	10枚	10枚	20枚

手数料額早見表（抜粋）　（単位：円）

訴額等＼手数料	訴えの提起	支払督促の申立て	借地非訟事件の申立て	民事調停・労働審判の申立て	控訴の提起	上告の提起
10万まで	1,000	500	400	500	1,500	2,000
20万	2,000	1,000	800	1,000	3,000	4,000
30万	3,000	1,500	1,200	1,500	4,500	6,000
40万	4,000	2,000	1,600	2,000	6,000	8,000
50万	5,000	2,500	2,000	2,500	7,500	10,000
60万	6,000	3,000	2,400	3,000	9,000	12,000
70万	7,000	3,500	2,800	3,500	10,500	14,000
80万	8,000	4,000	3,200	4,000	12,000	16,000
90万	9,000	4,500	3,600	4,500	13,500	18,000
100万	10,000	5,000	4,000	5,000	15,000	20,000
120万	11,000	5,500	4,400	5,500	16,500	22,000
140万	12,000	6,000	4,800	6,000	18,000	24,000
160万	13,000	6,500	5,200	6,500	19,500	26,000
180万	14,000	7,000	5,600	7,000	21,000	28,000
200万	15,000	7,500	6,000	7,500	22,500	30,000

出典：裁判所ホームページ

訟手続きによって審理が進められます（民事訴訟法三六一条）。

最初から通常の訴訟にすべきか　訴えを提起するときに約束手形訴訟によるか通常訴訟にするかを選択できます。

最初から通常訴訟による方が手数を省き有利になる場合もあります。被告から手形偽造の抗弁が提出されたとき、印影の鑑定をする必要があると思います。証拠制限があるので、原告本人が事情を知らないときは、手形の成立が立証できない可能性があり、原告敗訴になりかねません。

また、被告が抗弁を提出して、抗弁がある程度成り立つ可能性があるときは、手形判決で勝訴しても異議の申立てが予想されるので、通常訴訟で審理した方が結果的に早くなる場合もあります。

被告が口頭弁論期日に欠席し、訴状に対する答弁書を提出しないときは、欠席判決となり、被告の異議申立てにより通常訴訟に移行します。

最初から、通常訴訟で審理をし欠席判決を得ておくと、被告は控訴でしか争うことができません。異議申立てによる通常訴訟を省略することができます。

約束手形訴訟は簡単だと述べましたが、相手の抗弁によっては、かなり紛糾することもありますので、これが予想できるときは、やはり専門家（弁護士）に依頼する方が有利です。

どこの裁判所に提起するか　訴状を提出する裁判所ですが、一四〇万円以下の場合は簡易裁判所で、それを超える金額になりますと、地方裁判所が管轄することになります。

全国にいくつもある簡易裁判所や地方裁判所のどれに提起するかというと、被告の住所地か手形の支払地を管轄するところになります。裏書人がいて、振出人と一緒に裏書人をも被告にするときは、振出人か裏書人の住所地の裁判所で、原告に都合のよい方に訴えを提起することができます。

間違った管轄裁判所に訴えを提起しても、被告が管轄違いを争わず応訴をすれば、その裁判所に管轄が生じ、審理が受けられます（民事訴訟法四条一項・四項、五条、七条、一一条）。

不渡手形の裏書人への請求はどうするのか

▼請求して支払わなければ訴訟

請負代金の支払いとして、その一部を手形で受け取りました。ところが本人の手形ではなくA会社が振り出したもので、本人が手形に裏書をしております。

しかし支払期日が近くなったので、A会社の信用調査をしたところ、A会社は倒産し、銀行取引停止処分になっておりました。

この場合、本人（裏書人）に手形金を請求するには、どうしたらよいのでしょうか。

責任追及の要件　ご質問の場合、裏書人が、①裏書という手形行為をしたこと、②支払呈示期間内に支払いのための呈示をしたこと、③支払いがなかったこと、④拒絶証書作成義務が免除され

ていること（統一手形用紙には「拒絶証書不要」と印刷されています）⑤手形上の権利が自分に帰属する事実などを主張しなければならないのは当然のことです。

所持人から裏書人に請求する場合は、訴状のなかの「請求の原因」を〔書式10〕のように記載します。

〔書式10〕所持人から裏書人に請求する場合

請求の原因

1　原告は別紙手形目録記載の約束手形１通を所持している。

2　被告は拒絶証書作成義務を免除して右手形を裏書した。

3　原告は支払期日に支払場所に支払のため右手形を呈示したが支払を拒絶された。

4　よって，原告は被告に対し右手形金元本とこれに対する満期の日から完済まで手形法所定率による利息金の支払を求める。

複数の裏書人に請求するとき

裏書人が数人いても基本的には同じです。被告らは、手形行為の性質上「合同して」手形所持人に対して責任を負うことになっています（手形法四七条・七七条、小切手法四三条）。

この合同責任という耳慣れない言葉は、民法上の連帯責任と異なり、各手形債務者間には負担部分がなく、求償関係は生じません。手形債務者の一人に生じた事由のうち、債権者を満足させる事由については全手形債務者に効力を生じますが、それ以外の事由は他に影響がありません。

手形法所定の利息支払いの起算日は、

〔書式11〕複数の裏書人に請求する場合

請求の趣旨

被告らは原告に対し，合同して金１００万円とこれに対する平成○年○月○日から支払済まで年６分の割合による金員を支払え。

訴訟費用は被告らの負担とする。

との約束手形訴訟による判決並びに仮執行の宣言を求める。

請求の原因

1　原告は別紙手形目録記載の約束手形１通を所持している。

2　被告らは拒絶証書作成義務を免除して右手形に裏書をした。

3　原告は満期の日に支払場所で支払のため右手形を呈示したが支払を拒絶された。

4　よって被告らは原告に対し合同して右手形金元本とこれに対する満期の日から完済まで手形法所定率の利息金を支払う義務がある。

〔書式12〕手形目録

手形目録

金　　額　金１００万円也

満　　期　平成○年○月○日

支 払 地　東京都中央区

支払場所　○○銀行○○支店

振 出 地　東京都中央区

振 出 日　平成○年○月○日

振 出 人　甲野太郎

受取人兼第一裏書人　　被告乙野次郎

被裏書人兼第二裏書人　被告丙野三郎

手形所持人兼被裏書人　原告丁野四郎

手形の呈示日です。時として手形の呈示は満期の翌日になっている場合があります。これは手形の決済が満期から二取引日と定められているからです。

手形目録の記載については正確に記載する必要があります。裏書の連続があるかどうか、形式的な記載が大切だからです。裏書人が多い場合は、振出人と裏書人を選択して被告とすることができます。振出人や裏書人の中で資力のある者を狙い打ちにするのが有効な方法かと思います。不渡手形を受け取って放置しておきますと、振出人に対する請求より裏書人に対する請求の時効期間が短いので、裏書人に請求しようという場合には注意する必要があります。

手形の偽造と裏書人の責任　手形の振出しが偽造の場合は、手形は無効で、振出人は手形上の責任を負わないのですが、裏書譲渡をした裏書人は被裏書人である手形所持人に対して責任を負うことになります。手形行為独立の原則から当然のことで、裏書人だけを相手として訴訟をすることができます。

不渡手形の保証人への請求はどうするのか

▼請求して支払わなければ訴訟

手形を受け取ったのですが、振出人の信用が心配ですので、第三者に保証をさせようと思いますが、どのようにしたらよいでしょうか。また、保証をしてもらった場合に、手形が不渡りになったときの請求の方法を教えてください。

保証の方法　手形を受け取ったとき、その支払いを担保させるための保証にはいろいろな方法があります。実際

〔書式13〕手形保証人に請求する場合

請求の原因

1　原告は別紙目録記載の約束手形１通を所持している。

2　訴外甲野太郎は右約束手形を振出した。

3　被告は右手形上に振出人のために保証した。

4　原告は,満期の日に支払場所に支払のため右手形を呈示したが支払を拒絶された。

5　よって原告は被告に対し手形保証に基づき右約束手形金とこれに対する満期の日から完済まで手形法所定率による利息の支払を求める。

〔書式14〕振出人と保証人にあわせて請求する場合

請求の趣旨

被告両名は合同して原告に対し金○○円とこれに対する平成○年○月○日より右支払済まで年６分の割合による金員を支払え。

訴訟費用は被告両名の負担とする。

との約束手形訴訟による判決並びに仮執行の宣言を求める。

請求の原因

1　原告は別紙目録記載の約束手形１通を所持している。

2　被告甲野太郎は右約束手形を振出した。

3　被告乙野次郎は右手形に振出人被告甲野太郎のために保証をした。

4　原告は満期の日に支払場所に支払のため右手形を呈示したが支払を拒絶された。

5　よって原告は被告両者に対し合同して右約束手形金とこれに対する満期の日から完済まで手形法所定率による利息金の支払を求める。

には、保証の目的で裏書をさせたり、振出し・引受けをさせることがあります。これを「隠れた手形保証」というのです。しかし、手形上の責任は手形に記載された振出し・裏書等の表示にしたがって発生し、振出しや裏書が保証の目的であったという主張は、もっぱら人的抗弁ということになります。

手形上の保証は、手形面上または補箋でしなければなりません。保証は「保証」その他これと同一の意味をもって表示し、保証人が署名しなければなりません。手形の表面にした単なる署名は、振出人に対する保証とみなされます。そして誰のために保証をするか明確にしなければなりません。その表示がないときは、振出

〔書式15〕保証人や連帯保証人に請求する場合

請求の趣旨

被告両名は連帯して原告に対し金○○円とこれに対する平成○年○月○日より右支払済まで年６分の割合による金員を支払え。

訴訟費用は被告両名の負担とする。

との判決並びに仮執行の宣言を求める。

請求の原因

１　原告は被告甲野太郎が振出した別紙目録記載の約束手形１通を所持している。

２　原告は満期の日に支払場所に支払のため右手形を呈示したが支払を拒絶された。

３　被告乙野二郎は原告に対し平成○年○月○日原告に対する被告甲野太郎の手形債務につき連帯して支払う旨の保証をした。

４　よって原告は被告両名に対して連帯して右約束手形金とこれに対する満期の日から完済まで手形法所定率による利息金の支払を求める。

手形訴訟と証拠制限

手形訴訟では、その審理を促進するために、裁判所に提出できる証拠が制限されています（民訴法三五二条）。

この証拠制限の最大の特徴は、証拠調べが書証によるということです。書証は、その文書を読んで事実を判断する資料となるものですが、筆跡や印影を対照し、誰がつくった文書かを判断することも含まれています。

このほか、一般の訴訟であれば、自分の持っていない文書でも、裁判所に申し立てて、相手が持っている文書を提出するよう命じてもらうか、第三者から取り寄せてもらうことが認められていますが、手形訴訟ではこれが認められていません。

これが原則ですが、文書の真否または手形の呈示に関する事実については、当事者本人または訴訟において当事者を代表する法定代理人を尋問することができる（民訴法三五二条三項）だけで、証人尋問や鑑定などはしてもらえません。

したがって、証人にしたい人に証明書や陳述書を書いてもらい、これを書証として提出することも、証人回避文書として許されないことになります。手形の印影が銀行への届出印鑑と一致しているとの銀行の証明書は鑑定回避文書として許されませんが、銀行が届出印鑑票をコピーして証明をつけたものは対照物件として許されます。

人のためになしたものとされます。

このような手形上の保証については、保証人に手形訴訟で裁判をすることができますが、手形面に表示されず、別紙で保証書とか連帯保証書が入っているときは、通常の手形訴訟を提起することになります。

手形保証人に請求する場合の請求の原因は〔書式13〕のように記載します。振出人と保証人にあわせて約束手形金の請求をすることも、もちろんできます。この場合は、〔書式14〕のように表示します。

手形面でなく、別に保証や連帯保証をした者に通常の訴訟を提起する場合は、以上のような書式は通用しません。その場合は〔書式15〕のようになります。

異議申立提供金と異議申立預託金との違いは

▼交換所に提出するのが提供金

取引先から受け取った手形を銀行で割り引いておりましたところ、銀行から連絡があって、相手先では「異議申立提供金」を積んでいるから仮差押手続きをしてほしいとのことでした。

この「異議申立提供金」とはどんな性質のものでしょうか。「異議申立預託金」とは違うのでしょうか。

異議申立提供金とは

手形や小切手の振出人が手形・小切手の人的抗弁事由といわれる事情がある場合に、手形決済を拒絶するときは、取引銀行が手形交換所に異議申立てをなし、不渡手形金額相当額を取引銀行が提供します。これを異議申立提供金というのです。

取引銀行は異議申立提供金を交換所に提供すると同時に、振出人から同額の金額を預託させます。これを「異議申立預託金」と称するのです。

これによって交換所は不渡報告の掲載、または銀行取引停止処分をしないことになっています（規則六六条）。

預託金は取引銀行が預かりますが、相手方は、東京の場合は「社団法人東京銀行協会」、地方の場合は「社団法人全国地方銀行協会」です。

取引の実際では、手形交付の付箋に「契約不履行」とか「詐取」を理由として不渡りになった場合です。正常な契約をした後に対価として手形を発行したが、相手方がその契約の本旨にそった履行をしない場合を「契約不履行」と表示し、相手の甘言にのって手形をだまし取られたとか、だまされて契約を締結させられて、代金の支払いのために手形を交付してしまったときを「詐取」と表示するよう区別しています。

手形の偽造・変造、会社法上の保全処分の場合は、特別の定めにより異議申立提供金を提供する必要はありません。

異議申立提供金は、支払銀行の手形交換所に対する債権という性質を有します。後日、持出銀行が「不渡事故解消届」を提出し、提供金の返還事由が生じたとき、交換所は支払銀行に異議申立提供金を返還します。そこではじめて、取引銀行は預託者に異議申立預託金を返還することになっているのです。

したがって、不渡手形の所持人は、異議申立提供金の差押えはできず、差押えの対象となるのは、異議申立預託金です。

手形を不渡りにする手続き　振出人や為替手形の引受人は、契約不履行、詐取で不渡りにするときは、支払銀行にその旨を通知します。そして、銀行に不渡手形金額相当額を預託します。支払銀行は預託金を別段預金に受け入れ、振出人には「預り証」を交付します。振出人は、その際にはもちろん契約不履行と詐取の事実を申告します。

支払銀行は交換所に対し、異議申立書と不渡手形金額相当額の異議申立提供金を提出するのです。提供の時限は、手形の交換日の翌々営業日の営業時間（平日午後三時、土曜休行）までにします。

偽造・変造の場合は異議申立提供金が免除されますが、支払銀行は異議申立書につぎのような証拠資料を添付します。

① 告訴状写しおよび同受理証明書または警察署への被害届写しおよび受理証明書

② 振出人の陳述書（これは銀行に様式があります）

③ 当座勘定取引証明書

④ 届出印鑑または写し

⑤ 偽造または変造手形の写し

なお、異議申立提供金は異議申立ての日から二か年経過すると、手形交換所から支払銀行に返還されます。そうすると支払銀行は振出人に預託金を返還することになります。したがって二年間争っていると預託金がなくなる可能性がありますので、預託金の仮差押手続きをしておくべきでしょう。

示談による取戻し　振出人と所持人の間で和解ができたときは、和解書を作成し、支払銀行に持参します。すると持出銀行は「不渡事故解消届」を手形交換所に提出します。支払銀行は異議申立提供金の返還を受けた後に、異議申

〔書式16〕 判決の送達証明申請書

平成○年（手ワ）第○○○号　　　印　紙

原　告　　○野○夫

被　告　　×川×郎

送達証明申請書（判決正本）

平成○年○月○日

○○簡易裁判所民事第○室□□係　御中

原告　○　野　○　夫㊞

御庁上記事件につき，平成○年○月○日言い渡された判決の正本が，被告×川×郎に対して平成○年○月○日に送達されたことを証明してください。

〔書式17〕 執行文付与申請書

平成○年（手ワ）第○○○号　　　印　紙

債権者（申立人）　○野○夫

債務者（相手方）　×川×郎

執行文付与申請（単純執行文付与）

平成○年○月○日

○○簡易裁判所民事第○室□□係　御中

申請人　○　野　○　夫㊞

御庁上記事件の判決正本について,上記債権者のために上記債務者に対する執行文を付与してください。

立預託金を預託者の当座に入金することになります。

手形所持人が約束手形金を取得する場合は、振出人がすでに当座に入金されていても知らない振りをきめこむ場合があるので要注意です。もし手形所持人が預託金を取得する和解であるときは、和解書に明示して、支払銀行の担当者と連絡を密にしておくべきです。

手形訴訟で勝ったがその後はどうするか

▼なるべく早く強制執行をする

不渡手形をもらったので、弁護士さんに相談したところ、手形訴訟は簡単だからと手続きを教えてもらい、裁判をしました。判決正本が送られてきましたが、これからどうしたらよいのでしょうか。不渡事由は「契約不履行」と記されており、振出人は異議申立預託金を銀行に預けているそうです。

〔書式18〕債権差押え及び転付命令申立書

債権差押え及び転付命令申立書
平成×年×月×日
○○地方裁判所御中
申立債権者　金森産業株式会社
代表者代表取締役　金森一郎　㊞
当事者の表示別紙目録のとおり
請求債権の表示別紙目録のとおり
差押債権の表示別紙目録のとおり

債権者は,債務者に対し，別紙請求債権目録記載の執行力ある○○地方裁判所平成×年（手ワ）第３号約束手形金請求事件の判決正本に表示された上記請求債権を有しているが，債務者がその支払をしないので債務者が第三債務者に対して有する別紙差押債権目録記載の債権に対し，差押命令を求め，かつ差押えた債権につき券面額で債権者に転付されるよう命令を求める。

添付書類
１　執行力ある判決正本１通
２　同送達証明　１通
３　資格証明

〔書式19〕当事者目録

当事者目録
〒１００－０００１　東京都○区○町四丁目４番４号
債権者　金森産業株式会社
代表者代表取締役金森一郎
電　話　０３－○○○○－○○○○
ＦＡＸ　０３－○○○○－○○○○
〒１１１－１１１１　東京都×区×町三丁目３番３号
債務者　乙野工業株式会社
代表者代表取締役乙野二郎
電　話　０３－××××－××××
ＦＡＸ　０３－××××－××××
〒１２３－０００５　東京都△区△町一丁目２番３号
第三債務者株式会社△△銀行代表者
代表取締役丙野三郎
（送達先）〒１２３－０００６　中央区本町八丁目８番８号
株式会社△△銀行△△支店

ただちに強制執行の手続きをとる

判決正本を受け取ったからといって安心していてはいけません。判決に表示されている金額を、裁判所があなたに振り込んでくれるわけではありません。まして判決後に、相手が倒産したり財産を処分したりしたら、判決はまさに絵に描いた餅になってしまいます。なるべく早く強制執行の手続きをしなければなりません。

幸いに手形金額に相当する異議申立預託金があるのですから、その金額をとるよう手続きをすべきです。

強制執行には、動産・不動産の強制執行の申立て、債務者が第三者に持っている債権の差押えなど、いろいろな種類があります。異議申立預託金に対する強制執行は、債権に対する強制執行にあたります（民事執行法一四五条、一五九条以下）。

〔書式20〕請求債権目録

> 請求債権目録
>
> 1　金１００万円也
>
> 但し，債権者が債務者に対して有する○○地方裁判所平成○年（手ワ）第○○○号約束手形金請求事件の執行力ある判決正本に表示された約束手形金債権。

〔書式21〕差押債権目録

> 差押債権目録
>
> 1　金１００万円
>
> 但し，債務者が後記約束手形1通の不渡処分を免れるため，社団法人東京銀行協会に提供する目的で，第三債務者（株式会社△△銀行△△支店扱い）に預託した金員にして，第三債務者が同協会から返還を受けた際に，債務者から第三債務者に対して有する預託金返還請求権。
>
> 記（手形の表示）
>
> ⑴　金額１００万円也
> ⑵　満期平成○年○月○日
> ⑶　支払地及び振出地東京都中央区
> ⑷　支払場所△△銀行△△支店
> ⑸　振出日平成○年○月○日
> ⑹　振出人乙野工業株式会社
> ⑺　名宛人兼所持人金森産業株式会社

あなたが受領した手形判決には、頭書として事件番号が明記されてあります。「平成○年（手ワ）第○号」という表示がそれです。

そして、主文として表示された部分の中に、通常は「この判決は仮に執行することができる」という文句が入っています。これは、判決が確定する前でも強制執行ができるという意味です。

判決は、判決正本が相手に送達された日の翌日から二週間以内に不服申立てをしなければ、確定することになっています。仮執行の宣言は、この期間前でも、また相手が不服申立てをして再度審理が開始されても強制執行ができるという意味です。

強制執行は裁判所に申立てをしてから開始されますが、申立てをする前につぎのような手続きをしなければなりません。

①　判決正本の送達証明申請を出す。こ

の判決が相手方に何年何月何日に送達されたということを証明してもらいます。判決を言い渡した裁判所の書記官室に、〔書式16〕と〔書式17〕のような書類を出します。

② 裁判所から受領した判決正本送達証明書と判決正本を一緒に上記の申請をします。裁判所によっては①②を同時にしています。

①②の手続きが終わると、判決正本の末尾に裁判所が強制執行できる旨の文言を記載したものを添付し、返還してくれます。

つぎは強制執行の申立てをする手はずですが、〔書式18〕はそのひな型です。

この申立書は債務者の第三債務者に対する債権を自分のものにする趣旨ですので、第三債務者の表示を忘れないことが大切です。この第三債務者は約束手形の「支払場所」に表示された銀行が該当します。法人である当事者については資格証明（一か月以内のもの）を添付して、申請書とともに裁判所の執行係に申立てます。印紙四〇〇〇円を申立書に添付し、所定の郵券を予納します。裁判所は申立てにしたがって、差押債権者に支払いに代えて、券面額で差し押さえられた金銭債権を転付する命令を債務者ならびに第三債務者に送達します。

送達が終わると、債務者と第三債務者に送達された日時を明記した書類を、先に提出した判決正本と同時に郵送してきます。送達されてから一週間以内に当事者は「執行抗告」という不服申立てができるので、その期間の経過によって、転付命令が確定し（民事執行法一五九条五項、同一〇条）、はじめて第三債務者である支払銀行から約束手形金が受領できることになります。事前に電話連絡をし、転付命令が確定した証明および印鑑証明、

〔書式22〕期日未到来の手形の将来の給付を訴える場合

請求の趣旨

被告は原告に対し平成〇年〇月〇日限り金〇〇円と別紙目録記載の手形の呈示を条件に呈示の日の翌日から右支払済まで年６分の割合による金員を支払え。

訴訟費用は被告の負担とする。

との約束手形訴訟による判決並びに仮執行の宣言を求める。

請求の原因

１　原告は被告が振出した別紙手形目録記載の手形を所持している。

２　被告は銀行取引停止処分となり原告が満期の日に支払場所に支払のため右手形を呈示しても支払わないことが明らかである。

３　よって,原告は被告に対し平成〇年〇月〇日限り金〇〇円と呈示の日の翌日から右支払済まで年６分の割合による商法所定の遅延損害金の支払を求める。

〔書式23〕異議申立書

異議申立書

平成〇年〇月〇日

〇〇地方裁判所御中

申立人　乙野工業株式会社

右代表者代表取締役　乙野二郎 ㊞

原告　金森産業株式会社

被告　乙野工業株式会社

上記当事者間の御庁平成〇年（手ワ）第〇〇〇号約束手形金請求事件につき，平成〇年〇月〇日言渡された手形判決は不服ですので異議を申立てます。

実印を持参すれば支払ってくれます。

銀行取引停止処分になっていないときは、事前に持出銀行から「不渡事故解消届」を交換所に提出してもらう必要があります。

転付命令が第三債務者に送達されるときまでに、他の債権者が差押え、仮差押えの執行または配当要求をしたときは、転付命令は効力を生じないことになります。

差押えが競合すると、銀行は預託金を法務局に供託しなければなりません。この供託金は、差押債権者間で、裁判所の手により配当手続きに入ります。各債権者間の債権額に応じて平等に配分されることになります。この手続きには日数もかかるので、早めに進めることです。

振出先が倒産したので取立訴訟をしたいが

▼期日未到来でも訴を起こせる

商品の売掛代金の支払いとして手形を受け取り、所持しております。とこ

〔書式24〕強制執行停止決定申立書

印　紙

強制執行停止決定申立書

平成○年○月○日

○○地方裁判所御中

申立人　乙野工業株式会社

代表者代表取締役　乙野次郎㊞

〒１１１－１１１１　○県○市○町○丁目○番○号

申立人（被告）　乙野工業株式会社

右代表者代表取締役　乙野次郎

電話・ＦＡＸ０００－○○○－○○○○

〒１２３－４５６７　○県○市×町×丁目×番×号

被申立人（原告）　金森産業株式会社

右代表者代表取締役　金森一郎

第１　申立ての趣旨

申立人および被申立人間の○○地方裁判所平成○年（手ワ）第○号約束手形金請求事件の仮執行宣言付手形判決に基づく強制執行は，右判決に対する異議申立事件の本案判決あるまでこれを停止する。との裁判を求める。

第２　申立ての理由

１　申立ての趣旨記載の約束手形金請求事件について平成○年○月○日御庁において申立人敗訴の仮執行宣言付約束手形判決が言渡された。

２　しかし，右約束手形判決は左記の理由で取消されるべきものである。申立人はこれを理由に本日御庁において右約束手形判決に対して異議申立をなした。以下，手形抗弁としての理由を記する。（省略）

３　申立人は被申立人から右仮執行宣言付手形判決に基づいて，いつ強制執行を受けるかもしれないので，申立ての趣旨記載のとおりの裁判を求める。

ろが、私が所持している手形の満期はまだ来てないのですが、振出人のほうが銀行取引停止処分になってしまいました。

　なんとかして代金を回収したいのですが、期日が到来しないと手形の取立訴訟はできないのでしょうか。


期日未到来でもできる　相手が倒産したのに満期日が到来していなかったり、一枚の手形は不渡りとなったけれども、あとの数枚は期日未到来だったり、こういうケースはよくあることのようです。

　期日が到来しても支払拒絶されることが明らかなときは、将来の給付の訴えという型の訴訟をします。

　自分の所持している手形が不渡処分を受けているときは、期日に支払拒絶が確実であると証明できますが、所持していないときは、興信所の不渡情報を証拠とすることができます。

　なお、訴訟中に期日が到来したときは、口頭弁論期日において、請求の趣旨および原因を変更し、満期到来の場合と同じに改めることができます。

手形訴訟で敗訴したときの異議申立ての方法は

▼不服申立てと執行停止の手続き

　商品を買った代金の支払いのため手形を渡したところ、商品はまるで使い物にならないことがわかりました。そこで支払いを拒絶し、手形を不渡りにしたところ、相手から手形訴訟を提起され、裁判所から指定された日時に出頭したのですが、一回で終結され敗訴になってしまいました。納得ができないので争いたいと思いますが、どのような方法があるのでしょうか。


不服申立てと執行停止　手形・小切手訴訟は簡易迅速に処理する建前から、証拠提出の制限があり、大半は一回で終結され判決が言い渡されます。

　そこで判決に対して不服であれば、判決が送達された日から二週間以内に、判決をした裁判所に不服の申立てをすることができます。この期間を徒過すると判決は確定してしまうので、いつ送達されたのか確かめて忘れないようにしてください。

　異議申立書は書面にして、正副二通作成します。異議申立ての印紙は五〇〇円で、これに送達費用として所定の郵券を予納します。

　しかし異議申立てがあれば、手形判決は失効するというわけではなく、手形判決に当然に付与されている「この判決は仮に執行することができる」という仮執行宣言によって、強制執行を受ける可能性があります。

　そこで異議申立てと同時に強制執行を停止しなければなりません。この場合には「強制執行停止決定申立書」を作成し、その裁判所に提出します。通常は異議申立てと同時に提出しますが、異議申立後、相手方が強制執行してくるおそれがあり、また執行が完了するまでに停止の申立てをすることができます。

　この申立書を提出するときは、主張を

裏付ける疎明資料のコピーを一緒に提出します。疎明資料とは、裁判所に確信を生じさせなくとも、もっともらしいと思わせる程度であればよいのです。しかし、即時取り調べができるものでなくてはなりません。第三者の証言などは、陳述書の形式で署名押印をしてもらって提出したり、申立人本人や関係者の見聞も上申書にして提出することができます。

裁判所は、申立人本人と面会して、申立書のとおり決定するに際して、供託する保証金の額を決定します。額の決定に当たって、申立人の主張が通る可能性があるかどうか、不渡りを免れるための預託金を積んでいるかどうかなど、一切の事情を考慮して、保証金の額を決定します。

裁判所で決められた金額を法務局に供託して、裁判所から停止決定が出たら、その旨の上申書を執行機関等に提出しておく必要があります。

不服申立てと審理　異議申立てがあると、通常訴訟の手続きによる審理が開始されます。従来、約束手形訴訟で制限されている証拠の提出が解除され、一度終結した審理が再開されたと同じになります。振出人と受取人（所持人）の直の関係に立つときは、これは通常の民事紛争と同じような形態になります。

たとえば、商品の代金、請負代金の報酬の支払いのために支払った場合、商品に瑕疵があったり、請負契約に債務不履行があったりしますと、それが争点になって、検証、鑑定などの証拠調べも行われることになります。

しかし、第三者に手形が流通した後の所持人と振出人の争いですと、約束手形や小切手の性質から抗弁も制限があり、不服申立てをしても通りにくいですし、審理も簡単に進行してしまいます。

異議申立後の判決に対する不服申立ては控訴となり、一審が地方裁判所の場合は高等裁判所へ、一審が簡易裁判所の場合は地方裁判所へ控訴をすることになります。控訴の申立ては異議申立後の判決をした裁判所にすることになっています。

手形訴訟を弁護士に頼むときの注意と費用は

▼実情を包み隠さず説明する

不渡手形の取立てを弁護士に依頼するときはどんな点に注意したらよいのでしょうか。また、費用はどれくらい用意したらよいのでしょうか。

依頼の注意点　手形訴訟はこれまでにも説明してきたように、大変に特色があります。簡単なようで、紛争がもつれて長期化することもあります。特に後者の場合は、手形受取人と振出人、手形所持人と直前の裏書人間の直接の関係の場合に見られます。これは手形取得の原因となったいろいろな契約が問題となるからです。その契約関係が単純か複雑か、高度に専門的であるかどうかなどによって影響されるからです。

このような関係の手形の取立てを依頼するときは、もとになった原因関係、それがもつれた実情、経過をなるべく整理して、要領よく弁護士に説明する必要があります。手形だからと簡単に考えないでください。これは一般の民事事件に共通した事柄ですが、独りよがりや法律的判断を加えて話すと、主張の仕方や判断を間違ってしまうことがあります。不利な場合でも事実をなるべく正確に話すことが、最後は損害の少ない有利な解決が得られるものです。

また、法律的判断をする際に、自分では不利と思っていた事実が有利であったり、裁判の勝敗に何の影響もない事実であったりします。また、その事実を隠しているために、全体の主張の辻褄が合わず、法律上の主張がおかしくなることがあります。

約束手形訴訟だけを依頼するときは、原告は手形を所持していること、形式上の記載が整っていれば、相手の証拠提出の抗弁が制限されていますので、それほど事実の説明を詳しくする必要はありません。

弁護士の費用

弁護士の費用については、以前日本弁護士連合会が報酬等基準規程を定めていました。現在は弁護士と話し合いで決めることになっています。通常、事件を依頼するときは着手金を支払い、事件が解決したら報酬金を支払うことになっています。着手金、報酬金の決め方は、訴訟の目的物の価額が基準となっています。相手方の出方によってはいろいろな手続きが展開されますので、その概要を説明してもらって、費用や報酬を約束するのが妥当と思います。弁護士に対しては遠慮せずに自分の希望を申し出て、額や支払方法を約束すればよいでしょう。

ついでに、約束手形に関する手続きの概要を記しておきますので、弁護士に依頼するときの参考にしてください。

① 約束手形訴訟（ほぼ手続きは簡単に終わります） 仮執行宣言に基づいて強制執行の手続きをします。相手方はこれに対して異議申立てをして、強制執行停止します。原告は、訴状提出に先立ち仮差押えの手続きをすることがあります。

② 通常手形訴訟 相手方が手形判決に不服で異議申立てをしたときは、通常の訴訟審理が開始されます。

③ 控訴手続き ②の通常手形訴訟の判決があって、それに不服があれば、控訴の手続きがあります。

④ さらに不服なときは上告となります。

このように、もつれると多くの手続きをふまねばならず、審級や手続きごとに弁護士費用を払うことになると高額になりますので、事件の解決を任せることを念頭に着手金や報酬金を決めることが大切です。弁護士から手続きの説明をしてもらい、費用や報酬を率直に相談することが肝心です。

裁判所に予納する費用は一九一ページのとおりですが、弁護士の着手金・報酬は訴額にもよりますが、額面の一五%プラス・マイナス・アルファーを基準に話し合いをして合意で決めることです。

第5章

手形の偽造・変造・盗難・紛失と対策

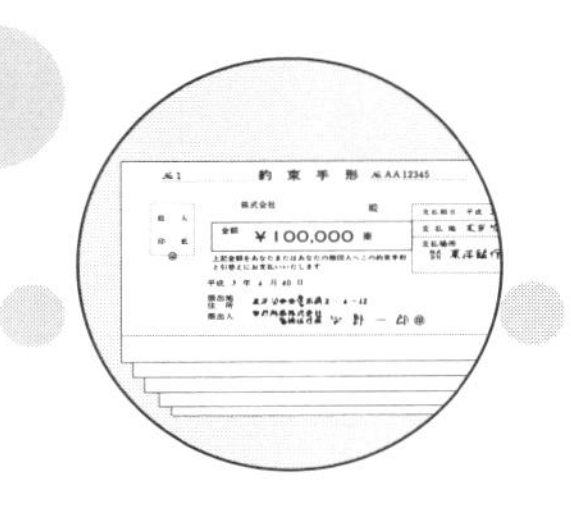

- 基本ポイント―偽造手形・変造手形
- 偽造手形の責任関係と手形金の請求法
- 変造手形の責任関係と手形金の請求法
- 手形が盗難・紛失した場合の緊急措置集

偽造手形・変造手形

弁護士　真室光春
弁護士　安斉　勉

どんなとき手形の偽造となるか

・手形の偽造となる場合

本人が本人名義で振出し・裏書・保証という手形上の債務負担行為（手形行為といいます）を行なうかぎり、その本人は手形上の責任を負うことは当然です。しかし、手形行為は、本人でなければできないというものではなく、本人から本人名義で手形行為をすることをまかされた者（権限を持っている者）が、まかせた本人名義で、手形行為をした場合も有効であることは疑問の余地はありません。このように、手形行為において、手形行為者（振出人・裏書人・保証人）が手形上の責任を負うためには、実際に、手形を作成する者に、手形行為者と表示される本人から、その本人名義で手形行為を行なう権限が与えられていなければなりません。ところが、他人名義で手形行為を行なう権限のない者が、その他人名義を使って手形行為を行なうとすれば、それはまさに手形の偽造となります。

・手形の偽造方法にはなにがあるか

手形偽造方法でもっとも多いのは、手形行為者（振出人・裏書人・保証人）の署名・記名を偽造するもの、記名捺印のときに偽造印章を押捺し、または、記名に使用するゴム印を偽造し押捺するものなどですが、本物の印章を盗用捺印するもの、または記名捺印時に、本物の記名ゴム印・本物の印章を盗用する（社内で偽造される手形などの場合に多くみられますが、被偽造者が、手形行為を行なう権限を与えていないのですから、外見上本物と寸分違わなくても偽造手形です）とか、すでに署名または記名捺印済みの白紙手形用紙を盗用するものなどで、実在する人または法人名義を偽り手形行為を行なうケースです。これに対し、架空人または架空法人名義を使用する偽造（無名偽造）があります。無名偽造手形は、架空人を債務者とするもので、架空人に対しては、取立不能・無効ですが、偽造者本人の不法行為責任、刑事責任はまぬがれません。偽造手形は、一般に詐欺事件の手段として利用されるのが普通ですので、相手をだますためには、手形行為者として表示される被偽造者は、社会的に信用のある人、または法人である場合が多いといえます。

・偽造された者の責任はどうなるか

偽造手形の場合、名義を偽られた本人には、原則として手形上の責任はありません。手形行為は、手形上の責任を負うという本人の意思表示ですが、偽造手形には、この本人の意思が表示されていないので、当然無効といえます。偽造手形であっても被偽造者が偽造と知りつつ、これを、はじめから自分の手形行為であると認める（追認という）ときは、手形行為の始めにさかのぼって、手形上の責任を負うことになります。追認によって、手形作成者（偽造者）に欠けていた権限が、はじめから与えられていたと同じ結果となるわけです。実際上、子供や兄弟が、父とか兄名義で勝手に手形行為をするケースは少なくなく、こんな場合、いっそ開き直って偽造を問題とする事例は少なく、身内のこととして、内々に追認することが多いといえます。

・被偽造者に不注意のあったとき

第三者（偽造者・被偽造者以外の人）の眼からみて、たとえ真実は偽造手形であっても、外観上被偽造者が、偽造者に手形行為権限を与えていたと受け取れる場合で、しかもそう受け取ることに過失がないときは、被偽造者本人は、手形上の責任を負わなければならないことになります。よくあることですが、日常、印鑑とか、手形帳を偽造者に預けてある（夫が妻に預けるときなど）場合、この預かっている者が、ほしいままに預託人名義で手形偽造をしたときなどに、第三者保護の見地から、被偽造者に手形責任を負わせることは当然と考えられます。

・手形偽造者の責任はどうなるか

手形偽造者はその名義が手形上に表示されていませんが、被偽造者を手形上の責任を負うべきものと表示した以上、偽造者自身手形上の責任を免れることはできません（Aの代理人でないBが「A代理人B」と表示して手形に署名した場合の無権代理人Bの責任について定めた手形法八条の類推適用）。ただし、その手形が偽造されたものであることを知って取得した悪意の手形所持人に対しては、責任を負う必要はありません。

・偽造手形の署名者の責任はどうなるか

たとえば振出人名義が偽造の手形に対し、裏書または保証した場合、また裏書偽造手形（振出人名義は真正）に対し、さらに裏書の上、第三者に譲渡した場合など、偽造手形に、真正な手形行為を行なった場合の真正手形行為者の責任は、ちょっと考えると、真正手形行為は、偽造無効の手形行為を前提になされたものですから、この手形行為も無効と思いがちです。

しかし、手形は、署名または記名捺印したかぎり、この本人は、手形上の文面（文言ともいいます）に従い手形上の義務を負う約束になっており、偽造の事実を知っている、いないにかかわらず、手形上の責任は免れません。ですから、手形所持人から、手形債務の履行を求められたときは、振出人の記名捺印が偽造されている手形であるとか、前の裏書が偽造だからといっても、これに裏書した裏書が真正ならば、この裏書人は義務は免れないわけで、これを手形行為独立の原則といいます。

どんなとき手形の変造となるか

・手形の変造となる場合

無権限者が他人名義を勝手につかい、振出・裏書・保証した手形を偽造手形とよぶことは前述のとおりですが、これによく似たもので、本質的に異なるものに、変造手形があります。

真正に行なわれた手形行為の内容が、無権限の他人によって、勝手に変更された手形を変造手形といいます。

偽造手形は手形行為者本人名義を偽る場合ですが、変造手形は、行なわれた手形行為自体の内容を偽るものです。つまり偽造手形は、手形債務者を偽るものであるのに対し、手形債務の内容を、他のものに変えるのが変造手形であり、偽造手形は被偽造者の責任の有無等が問題となるのに比べ、変造の場合は、この手形上のすべての手形行為者の責任に、どんな変動が生じるかが問題となります。

・手形の変造と白地手形の補充権

白地手形は、手形要件が未完成で、後に未完成要件が補充されて完成されれば、手形として完成有効となる手形です。手形を振り出す際、手形金額・受取人・満期日などがまだ決まっていないときでも、振出人の署名または記名捺印が行なわれるかぎり、無効手形ではなく、未完成手形で、未完成白地の補充権を与えられた者が、補充することを認められているわけです。手形署名者は完成手形に対し、補充文言に従って手形責任を負うことはいうまでもありません。ところで、補充権は通常限定されています。金額の限度とか、いつまでに補充するかとか、当事者間の合意や取引上の取り決めにより限定されるわけですが、補充権者が補充権を濫用することが少なくありません。

この補充権が濫用された場合、濫用した本人が所持人の場合は悪意所持人として争うこともできますが、一般には濫用を理由として手形上の義務を免れることはできません。

これに対し変造手形は、完成手形の内容を権限のない者が変更するわけで、補充権濫用の場合と異なり、変造前の署名者の責任・変造者の責任・変造後の署名者の責任と、それぞれの場合を区別して考える必要があります。

・変造前と変造後の手形署名者の責任

変造前に手形に署名した者は、いぜんとして変造される前の手形の記載（これを原文言といいます）に従って責任を負います。変造されたことを理由に、手形義務をすべて、免れることはできません。もっとも、手形署名者が、記載内容の変更を承諾したときは、変造者は変造権限を与えられたことになり、この結果、変造された手形は、いわゆる変造手形ではなくなり、署名者は変造後の文言に従い、手形義務を負うことはいうまでもありません。この署名者には、偽造手形のときと同じように変造の追認権もあります。

変造後の手形署名者は、変造されたあとの記載（変造後文言といいます）に従い、手形義務を負うことになります。

・手形変造者の責任

手形変造者は、手形上に署名したときは、変造後の手形の記載内容に従い、手形責任を負いますが、手形上に署名しないかぎり、手形責任はありません。しかし、その変造によって損害を受けた者に対し、民法上の不法行為責任を負い、また刑法上の有価証券変造罪の責任は免れないことになります。

・手形の変造を争う方法

変造手形の変造の有無は、外形でいちおう判断されます。誰が見ても変造とわかる場合は、変造前の手形債務者は変造後の記載内容に責任がないわけですが、変造の時期の前後で、責任の有無がわかれるので、所持人は、義務者の署名が、変造後であることを証明しなければ、変造後の文言による責任追及はできません。逆に、外見上変造の事実が判定困難なときは、所持人は変造なしとして義務者に請求して結構です。この場合は、変造されたことを主張する義務者は、変造が義務者の署名後になされたことを証明しなければなりません。

・手形の偽造・変造を防ぐ方法

偽造防止の第一は、手形帳・小切手帳・印鑑の保管を第三者に任せず、必ず自分自身ですることです。また、印章偽造を防ぐため、偽造困難な印章を用意し使用することです。つぎに振出し、裏書の機会に、署名または記名捺印を同時に行ない、事前に署名または記名捺印した手形・小切手を作らないことです。さらに、手形帳・小切手帳・印鑑の盗難・紛失時はただちに銀行・警察に届け出て、偽造手形・小切手の出現を防ぐことです。

変造の場合は、変造できないように、記載を正確・明瞭にし必ず抹消訂正個所を作らないように、抹消訂正時には、加除字数を正確に明示し押印するという訂正方法をとることです。

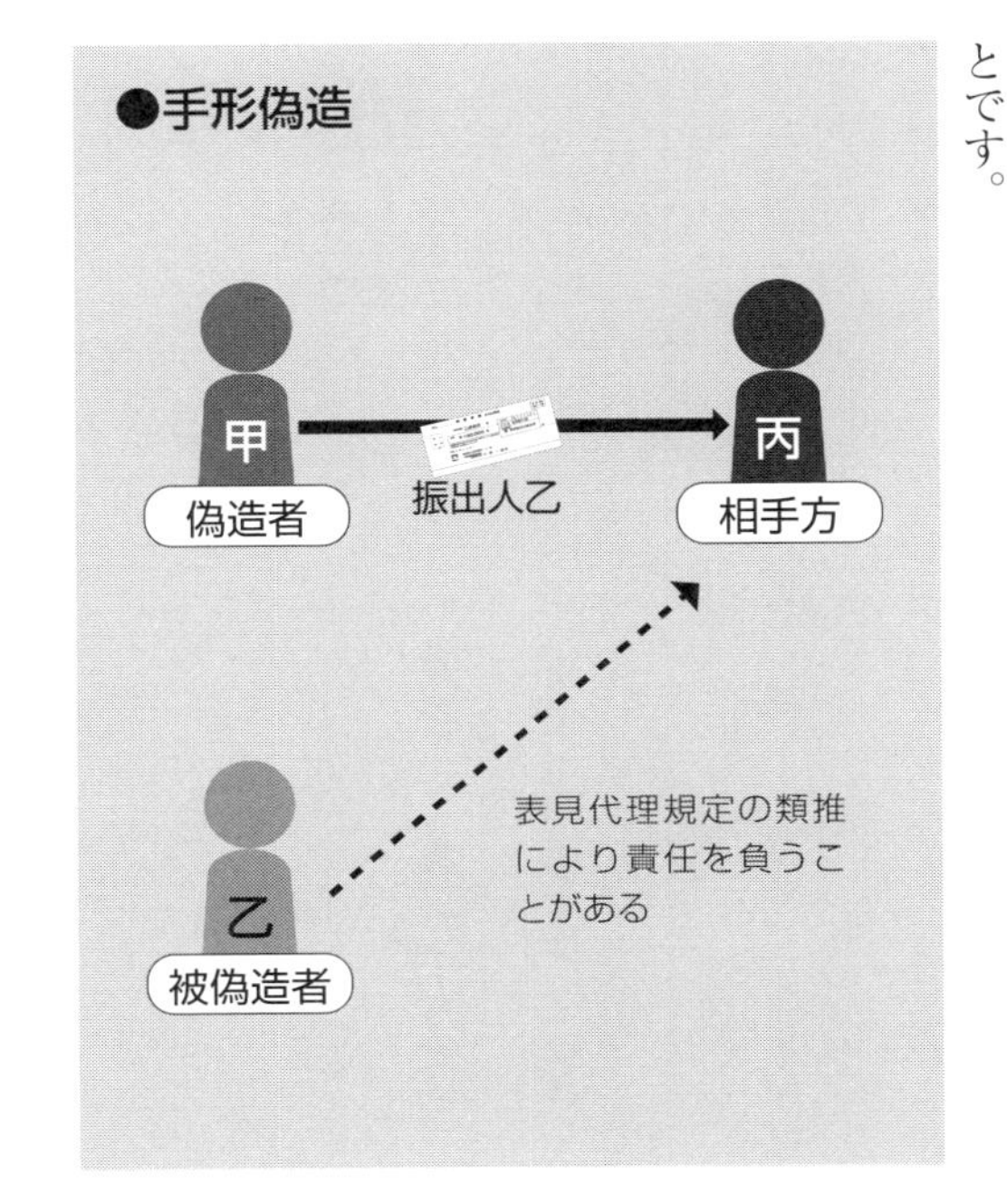

第5章 手形の偽造・変造・盗難・紛失と各種対策

偽造手形の責任関係と手形金の請求法

弁護士 真室光春
弁護士 安斉 勉

社員の偽造した手形の責任を会社は負うのか

▼振出し権限の有無で異なる

社員が社長の机から手形用紙と印鑑を盗み出し、会社振出しの手形を作成し、この手形を高利貸しのところで割り引きました。高利貸しの取立てに対し、会社はどう対処したらよいでしょうか。

被偽造者の責任　社員の作成した手形は、振出名義人会社の意思、すなわち会社代表者である社長の意思で作成されたものではなく、手形用紙と社長の印鑑を盗用冒用して作られ、高利貸しに交付されたもので、振出権限のない者により振り出された、いわゆる偽造手形です。

手形が有効であるためには、何といっても手形行為が、行為者の意思表示としてなされることが肝要で、具体的には行為者本人の署名または記名捺印が必要とされ、たとえ記名捺印が他人の手でなされるときでも、その他人の手形行為を行為者本人名義で行なう権限がなければなりません。

ところが、偽造手形の場合、振出人自身の手形上の債務負担の意思表示があるわけでもなく、したがって、被偽造者には、偽造手形に対し、原則として責任はありません。

会社としては、社員の手になる偽造手形であることを証明し、高利貸しの請求を拒絶すべきです。

被偽造者＝会社に偽造手形上の責任がないことは右のとおりですが、問題は、手形偽造者が社員であるという点です。手形法上会社の手形上の責任は否定されても、民法上の会社の責任はまた別個のものです。

民法七一五条によれば事業主は、その事業執行にあたり、被用者＝社員が第三者に加えた損害を賠償する義務があるとされていますが、本件偽造手形の場合は、社員が社長の机から盗み出した手形用紙・印鑑が使用されており、また高利貸しのところでの手形割引きも会社と無関係になされているので、事業執行中の加害行為とはみなしがたいといえます。

　しかし、たとえばこの社員が経理担当者であり、役員とか管理職の地位にあり、日常会社の行なう手形行為すなわち振出し・裏書・保証に際し手形作成業務を担当し、社長印とか手形用紙を保管している場合、この社員の作成行使した手形を、偽造手形の一事をもって簡単に無効と割り切ることはできません。

　このような社員は、第三者から見れば、会社名義で手形行為を行なう権限が、会社から与えられているように見え、かつそのように見ることに過失がないのであれば、会社は偽造手形だから一切責任を負わないと主張できなくなります。


偽造されたときの具体的対策　手形偽造が発覚した場合、会社は銀行に対し届出をし、支払いをくいとめなくてはなりません。場合によっては異議申立預託金を預託して不渡りとし、さらに裁判に持ち込むことが大切です。しかし偽造立証は容易ではありません。

　偽造者から、詳細な自筆の始末書をとることも当然で、後日裁判で、偽造者から正直な証言を得られないときには、この始末書をつきつけて真実を明らかにします。

　さらに刑事責任を追及するためにも、この自筆始末書がものをいいます。また、偽造者自身が、会社被害を弁償するというときは、できるだけ誠実に交渉し、会社の損害を可能なかぎりくいとめる努力が大切で、なんでもかんでも刑務所に入れろといった単純な対応は禁物です。

　偽造手形をねたにゆすられ、示談に走ることは、よく見かけますが、こんな弱腰では、悪を追放することは困難です。

　このような場合には、機を失せず警察当局に届け出て、司直の手にゆだねることが必要です。

　最近の暴力金融業者の中には、偽造明白な手形でも力づくで取り立てる事例が少なくないので特に注意してください。

夫が妻名義で手形を振り出すと偽造になるのか

▼知っていたかどうかで異なる

　私は過去に手形不渡事故を起こし、私名義で手形取引を行なうわけにいきません。そこで今回、妻名義で銀行と当座取引契約をむすび、妻名義で手形取引をしようと思います。この場合、万一手形不渡りを出したときは、どんな責任が私に及びますか。


妻に内緒ならば手形偽造になる　妻名義で行なう銀行との当座取引契約、それを前提になされる妻名義手形の振出し、裏書などのあなたの手形行為は、妻の承認なしになされるかぎり、偽造手形の行使となります。

　その場合、刑事上は有価証券偽造罪・偽造有価証券行使罪で処罰対象となります。

　しかし、手形不渡りなどで具体的に第三者や妻に損害、迷惑をかけないかぎり、刑事責任の追及を受けるおそれはまずないでしょう。

つぎに、妻があなたの妻名義手形取引を承認している場合、これはもはや偽造手形ではなく、妻自身の真正な手形です。ですから、不渡事故を起こしたときは妻自身は手形債務者として、またあなた自身も裏書人のときは手形債務者として、妻と合同して手形義務を負うことになります。あなたの裏書がない場合は、取引の相手方から手形上の責任を追及されることはありませんが、原因関係上の債権（たとえば売買代金請求権）を行使されることになるでしょう。

妻が、あなたの行なった妻名義の手形行為を知らないときは、妻は手形所持人に対し、偽造手形であると主張し、手形責任を免れることができます。

これに対し、あなたは手形上の責任を負うことになります。

その根拠は、無権代理人の責任について定めた手形法八条の類推適用によるものです（最高裁昭和四九年六月二八日）。

もっとも、この類推適用によらないでも、あなたが従来も妻名義の手形を振り出し、その際、手形上は妻名義となっているが、これは自分のことを表す名称にしているなどと説明しているようなときは、妻名義の署名はあなた自身の署名とみなされることになり、あなたがまさに振出人本人として手形上の責任を負うことになります（最高裁昭和四三年一二月一二日）。

名板貸しのケース

商法上名板貸し（ないたがし）という制度があり、自己の商号を使用し営業することを他人に許諾した商人は、その者を事業主と誤認し取引をした者に対し、当該取引では、名前をかりた実際上の事業主と連帯して、債務弁済義務を負うとされています（商法一四条、会社法九条）。

そこで妻が夫に自己の氏名を使って手形取引をしてもよいとしている場合は、手形所持人はこの夫婦に対し連帯して手形債務を履行せよと請求できることになります（名板貸責任の類推適用）。

以上、まとめますと、たとえ夫婦の間であっても、相手の承諾を得ないで、相手名義で手形行為をすることは手形偽造に当たります。

そして、被偽造者は、この偽造手形について原則として責任はありません。一方偽造者は、被偽造者が手形上の責任を負うかのように表示したことについて責任がありこの責任は代理権がないにもかかわらず代理人として手形行為をした者について定めた手形法八条を類推適用して導くことができます。それに刑事責任も追及できます。

また、被偽造者名義手形をたびたび行使し、他人に対し被偽造者名義とあるが、これは自己の通称と称したようなときは、被偽造者こと偽造者として手形義務が生じることもあります。

被偽造者とされる者が事前・事後に自己名義の手形行為を承認または追認すると、それはもはや偽造手形ではなく、真正な手形となり、手形義務は承認または追認した者に及びます。そして手形法以外に、商法・会社法上の名板貸責任が生じる場合もあります。

息子の振り出した手形に私名義の偽造裏書があるが

▼無効だが息子は偽造の共犯に

私は裁判所から突然手形訴訟の訴状とともに呼出状を送られました。息子の振り出した手形に裏書しているから、息子と合同して手形金を支払えというのです。息子の話だと原告におどかされ無理矢理私の名義の裏書をさせられ、印鑑は息子のものが同姓であるので、これを押印したというのです。私は、手形金を払わなければなりませんか。

問題は親の対処の仕方

まことに残念なことですが、この種の事例は枚挙にいとまがありません。不肖の子供が、自らすすんで、もしくは相手に強要されて、自分が振り出した手形上に、父親名義の記名捺印を行ない、裏書人として父親を引きずり込んだり、ひどい場合は、父親名義で記名捺印し、手形を振り出し、それに子供が裏書の上、相手方に交付するなどのことがあとをたちません。

それだけではありません。ほとんどが暴力団とか高利貸しなど、まっとうでない相手に強要されたり、金融ブローカーにだまされて、父親名義で手形振出し、裏書が行なわれるわけで、これは実際上、手形を振り出す子供に資力信用はなく、万一の場合は、その父親に子供の借金などの責任をとらせようという考えから、無理を承知で、父親の承諾、承認もないのに、父親名義の手形偽造を行なわせるわけです。

そして、万一手形が不渡りとなれば、この偽造裏書なり偽造振出しを利用し、父親をもまき込んだ手形取立ての行動に移るわけで、そのような場合、手形所持人は、無理を承知で被偽造者の責任追及をするわけです。

一方、責任追及を受ける父親は、この自己名義手形の振出しなり裏書が偽造であると知りながら、所持人から息子の偽造責任を追及されるのをおそれ、心ならずも所持人に妥協し、無念の涙を呑みながら息子の不始末を追認し、手形金を支払うことが少なくありません。

こんな事例は、親子肉親の情を利用した犯罪的なものですが、実際上、はなはだ多いといえます。

問題は、このような不法な債権者（手形所持人）に、親子の私情を超えて敢然と立ち向かえるかどうかということです。

事の本質は明白で、偽造手形について、被偽造者は責任を負わないという原則を貫き、敢然と振出し、裏書の偽造を主張、支払いを拒絶するか、妥協して、息子の偽造（時によっては、所持人の指示強要により偽造がなされますが、そのときは息子と所持人は、いわば偽造の共犯ということもありえます）行為を追認するか、二途に一途しかありません。

被偽造者の法廷戦術

まず手形訴訟が提起されていることは呼出状から明白です。同封の注意書をよく読んで、定められた期日に、答弁書を出し、法廷にきちんと出なければなりません。

答弁書も出さず法廷を欠席すると、原告である手形所持人の請求を認めたことになり、欠席判決で、敗訴となります。この敗訴判決には仮執行宣言がつき、確定をまつまでもなく強制執行を受けます。

口頭弁論期日には、偽造であることを裁判官に申し立てます。そうなると原告所持人の側で、偽造ではなく真正に手形行為がなされたものであることを証明しなければなりません。

逆に、被偽造者は、手形所持人および自分自身の尋問を請求し、自己名義裏書は、息子に権限がなく、かつ所持人の強要により偽造されたという事実を証明すればよいのです。

この手形訴訟には、息子自身の手形責任追及も同時に行なわれ、訴えられることもあります。息子にも、この偽造を主張してもらうことは当然です。

もっとも、息子の手形責任は、現実に債務のあるかぎり免れるわけにはいかないでしょうが、強要を立証したり、弁済を立証できるときは、当然、悪意の所持人（強要者本人）に対抗できるので、これまた法廷に欠席したりしてはなりません。

手形偽造者や偽造後の裏書人の負う責任は

▼偽造者・裏書人とも責任あり

当社は得意先から代金決済のため、A社振出し、B受取り、そして裏書はBCDと続き最後が当社得意先Eとなっている手形を受け取りました。A社といえば信用のある大会社ですが、念のため、手形受領後この手形のことを照会したところ、A社はまったく関知せず、どうやらFが、A社の手形用紙を持ち出し、A社振出手形を偽造したらしいことがわかりました。この手形ははたしてA社から支払われるものでしょうか。また偽造者F、裏書人らBCDEの責任追及はできますか。

被偽造者には責任はない　このA社は、まったく本件手形のことは関知しないとのことですから、この手形はA社にとり偽造手形となります。どのような調査によったのかわかりませんが、所持人はどうやら、この手形偽造者がFであることを突きとめたようです。あるいは裏書人を逆にたぐり、誰が偽造者かを調べ、それは手形面上には名前の出ないFであることを突きとめたということでしょうか。

そして、この調査で、FがA社と無関係であること、またA社名義手形を偽造したFの動機は、外観上偽造手形を信用できるもっともらしいものに仕立てることにあったと納得したときは、残念ながら、このA社振出手形により、A社から手形金を取立てることはできなくなります。

裏書人・偽造者の負う責任　A社振出偽造手形は、被偽造者A社に対しては手形金を請求できませんが、裏書人BCDEに関しては偽造された手形上の記載に従い、裏書責任を追及できます。

これは、手形の振出し・裏書・保証という手形行為は、手形上に各行為者がその旨の債務を負担しますという趣旨で署名または記名捺印することで完成し、それは、たとえ振出偽造の手形の場合でも、偽造された文言に従い、手形上の責任を負うことを意思表示しているのです。

このことを手形行為独立の原則といい、手形に特別に認められたものです。取引の安全、権利者保護の目的からも、この手形行為独立の原則は不可欠といえます。

もし、この原則が認められていないならば、民法上の一般原則によることになり、その場合は、偽造手形表面上の債権自体無効であり、この無効の権利を譲渡されても、権利行使はできないことになります。

ですから、偽造手形の場合は、裏書人に対し手形上の権利行使はできないという重大な結果を招くので、手形法上、特別に手形行為独立の原則を設け、偽造手形であっても、その偽造であることを知ろうと知るまいとに関係なく、偽造後に手形行為をする者は、偽造されたものを前提に手形行為をしたものとみなされ、偽造文言に従い手形上の責任を負うことになっています。

つぎに、偽造者Fですが、手形受取人・裏書人のいずれにもならず、自分の署名または記名捺印をA社振出手形上にしていません。この場合、Fの責任追及は、従来はこの手形では困難で、民法上の不法行為責任の追及によるとされていました。この損害賠償請求での損害額は、偽造手形により実際にこうむったものに限られ、しかも偽造手形と損害との間に、相当因果関係のあることを証明しなければならない面倒なものでした。

しかし、その後、手形法八条に定める無権代理人の規定を類推適用して、手形上の責任を偽造手形振出人にも直接負わせるべしとの判例（最高裁昭和四九年六月二八日）が出たので、Fに対し、直接手形金請求をすることが認められるようになりました。

偽造手形で振出人からの取立てができるか

▼ケースによって取立ても可能

当社は甲社振出し、乙丙丁裏書の手形を得意先丁から譲渡され、甲社に支払いを求め呈示しましたが、偽造を理由に支払いを拒絶されました。甲社によると経理部長が、保管中の手形用紙、印鑑を冒用し偽造した手形なので責任はないというのです。この手形取立てはあきらめなければなりませんか。

偽造手形でも責任追及可能

偽造手形だから払えないといわれてあきらめる必要はありません。ご質問の場合は、甲社の振出手形が偽造であるというので、偽造部分は振出人の署名または記名捺印ということになります。この場合、被偽造者は、手形上の責任を負わなくてよいということが原則ですから、甲社の主張は、いちおう筋が通っているといえます。しかし、偽造にもいろいろあり、振出人名義が実在しない人、または実在しない法人の場合は無名偽造といい、これは絶対的に、架空名義人から取り立てることはできません。

これに対し、実在人または実在法人名義を偽造しているときは有名偽造で、場合によっては、被偽造者は責任追及を受けることになります。このことは、裏書偽造の場合でも同じです。

責任を追及する方法　甲社振出手形をじっくり調べてみましょう。甲社名義の記名捺印個所を見ると、甲社が真正に振り出した手形に使用されているのと同じ社名・代表者名のゴム印が押捺されており、代表者の印鑑も本物が使用押印されています。それもそのはずで、ゴム印・代表印を保管していた経理部長が振出偽造したというのですから、本物と変わるところがありません。

また、使用されている手形用紙も、甲社取引銀行から交付されている統一手形用紙（現在、市販手形用紙を使用するケースはなく、すべて銀行協会で決定したフォームに従った統一手形用紙が使われています）が使用されています。用紙・記名捺印すべて本物が使用され、外観上は真正な手形と変わるところがありません。これではこの手形所持人が偽造を疑う余地はないといえます。

つぎに、甲社の説明では、偽造者は経理部長だといいます。経理部長の職務権限が問題となりますが、会社手形用紙・手形行為用甲社名・代表者名ゴム印・代表者印鑑の保管をまかされていたことは明白であり、通常甲社手形振出しの際は、手形作成の事務を担当していたことも推定されます。

さらに、このような重要な印鑑までも保管していたことは、甲社は経理部長に甲社の手形振出権限を与えていたとも推測されます。

これらの点を総合すれば、この甲社手形は、そもそも偽造手形などではなく真正な手形とみてさしつかえない場合といえるのではないでしょうか。しかし、この経理部長が、本当に権限もなく甲社の手形振出しをしたとしても、前記の事情を総合すれば、所持人が、この経理部長に甲社振出手形の振出権限があると信じ込むことは当然で、またそう信じ込むことに過失はないといえますので、経理部長は、いわゆる甲社表見代理人に当たり、甲社は偽造の主張をもって、経理部長の振出行為を争えなくなります。

また、偽造手形を理由に、支払いを得られないときでも、甲社の被用者経理部長が業務執行に際し手形偽造を行なったものであることを証明することにより（民法七一五条の使用者責任）、使用者である甲社に、こうむった損害（偽造手形相当額）の賠償を請求できます。

手形偽造の刑事責任を問うにはどうするか

▼刑事告訴の手続きをとる

元従業員が退職後、当社名義の約束手形を偽造し、高利貸しのところで割り引いたようです。高利貸しはこの偽造手形取立てのため、毎日当社に顔を出し、そのため当社はたいへん迷惑をしています。当社としては、偽造した元従業員を刑事告訴し、彼の口から偽造の事実をはっきりとさせたいのですが、偽造者の刑事責任はどうなりますか。

手形犯罪の取締りは　手形・小切手は通常有価証券とよばれ、たいへん高度な流通性をもち、一般に現金と同じ

〔異議申立書〕

平成　年　月　日

異議申立書（特例扱）

社団法人　東京銀行協会
東京手形交換所　殿
（手形信用部）

支払銀行・支店名　　押切印

下記の不渡届に対し、交換所規則第66条第1項ただし書きの規定により、特例扱いの異議申立をいたしますので同規定（提供金免除）を適用してください。なお、新事実が判明する等の事由により免除請求の維持が困難となった場合は、遅滞なくこの異議申立を取下げます。

振出人等	(株)　(株) (有)　(有) (資)　(資) 取締役社長　代表取締役 専務取締役　代表社員	交換日	平成　年　月　日
		種類	小切手、約手、㊞手形、為手
		金額	百万　千　円
支払銀行	銀行 信用金庫　支店 信用組合	不渡事由	偽造、変造
持出銀行	銀行 信用金庫　支店 信用組合	添付資料	1．告訴状写および同受理証明書等 2．振出人等の陳述書 3．当座勘定取引証明書 4．届出印鑑写 5．偽造、変造手形の写
（交換所使用欄）			

（注）1．各欄については、必要事項を記入し、該当する事項を○で囲む。
2．添付資料のうち、1は交換日から起算して10営業日まで、2から5の資料は交換日までに提出する。

〔異議申立提供金免除請求承認通知書〕

平成　年　月　日

異議申立提供金免除請求承認通知書

（持出銀行）　銀行
信用金庫　支店　殿
信用組合

社団法人　東京銀行協会
東京手形交換所
（手形信用部）

下記の不渡届に対し、支払銀行から交換所規則第66条第1項ただし書きの規定により、異議申立提供金免除の請求が行われておりましたが、本日開催の不渡手形審査専門委員会で、当該請求が承認されましたので通知いたします。

振出人等	(株)　(株) (有)　(有) (資)　(資) 取締役社長　代表取締役 専務取締役　代表社員	交換日	平成　年　月　日
		種類	小切手、約手、㊞手形、為手
		金額	百万　千　円
支払銀行	銀行 信用金庫　支店 信用組合	不渡事由	偽造、変造
持出銀行	銀行 信用金庫　支店 信用組合		
備考			

ように理解されています。したがって、この流通を保証するために、法制度も複雑になっていますが、手形・小切手をめぐる刑事犯罪も、複雑巧妙になってきて、いわゆる知能犯の名のもとに、取締り当局も、手を焼くことが少なくありません。

手形・小切手にかかわる犯罪は、偽造だけではありませんが、典型的なものは刑法第一八章に定められている有価証券偽造の罪で、その内訳は、有価証券偽変造罪（刑法一六二条一項）、有価証券虚偽記入罪（同条二項）、偽造有価証券等の行使・交付罪（同法一六三条一項）です。偽変造ともに行使の目的が要件の一つになっています。

有価証券偽造罪は、他の財産犯罪と密接につながっており、偽造手形を、本物とだまして割り引かせると、偽造・行使・詐欺（だまして偽造手形を現金化する）の各犯罪を犯したこととなります。また、盗んだ手形に虚偽記入し、行使した場合は、窃盗罪も犯すことになります。

窃盗罪・詐欺罪・背任罪・恐喝罪・横領罪・遺失物横領罪など、刑法上の他の犯罪と一体となるケースが、有価証券偽変造罪の特徴です。

偽造処罰の根拠としては刑法上、一般法規として私文書偽造罪（一五九条。懲役三月以上五年以下）があります。他人の財産的権利義務に関する証書を、作成権限のない者が作成（行使目的が必要）することを防止するのが目的ですが、とくに有価証券偽造罪を独立に規定し、その刑罰は、懲役三月以上一〇年以下と、私文書偽造の場合よりはるかに厳しくなっているのは、有価証券が単なる私文書の域にとどまらず、通貨に代わる決済手段であり、信用供与、資本調達手段として、重要であるからです。

偽造の証明には刑事告訴をする　元従業員により手形偽造された会社としては、手形上の義務はありません。また偽造ではないということを証明する義務は、支払いを求める、所持人の側にあります。しかし、これに対し偽造を主張する側は反証をあげることは当然ですが、そのもっとも手近な方法は、偽造者本人に偽造を自認させることです。しかし、

●刑法の条文

（有価証券偽造等）

第一六二条　行使の目的で、公債証書、官庁の証券、会社の株券その他の有価証券を偽造し、又は変造した者は、三月以上十年以下の懲役に処する。

2　行使の目的で、有価証券に虚偽の記入をした者も、前項と同様とする。

（偽造有価証券行使等）

第一六三条　偽造若しくは変造の有価証券又は虚偽の記入がある有価証券を行使し、又は行使の目的で人に交付し、若しくは輸入した者は、三月以上十年以下の懲役に処する。

2　前項の罪の未遂は、罰する。

（詐欺）

第二四六条　人を欺いて財物を交付させた者は、十年以下の懲役に処する。

2　前項の方法により、財産上不法の利益を得、又は他人にこれを得させた者も、同項と同様とする。

逃亡したり所在をくらますことが普通で、偽造者をして自認させることは、多くの場合困難です。そこで、刑事告訴をすることで、手形は元従業員の偽造であることを間接的に証明する効果があります。なぜならば、実は偽造ではないにもかかわらず、偽造だとして刑事告訴することは、虚偽告訴罪に該当しますから、逆に言えば元従業員を有価証券偽造罪で告訴したということは、本当に偽造されたものと一応推認されるということです。

また、偽造手形を理由に、手形の支払いを拒むとき、通常は異議申立提供金を積むのですが、刑事告訴がすでに行なわれていることを証明すれば、この提供金は積まなくてもよく（二一七ページ書式参照）、また、いったん積んでも手形交換所の承認があれば、この提供金は取り戻せるわけで、この返還請求にも刑事告訴のなされたことを証明する必要があります。この証明方法は、告訴状の写しと当局の告訴受理証明書を、手形交換所に提出して行ないます。

手形偽造者が不明だが告訴することができるか
▼犯人が不明でも告訴はできる

当社の手形が偽造され、取立てにまわってきました。コンピューターで、すぐ偽造とわかり、支払わないですみましたが、放置できないので刑事告訴したいと思います。偽造者が目下のところ不明ですが、それでも告訴はできますか。

刑事告訴のやり方は　捜査当局は、犯罪ありと思料するときは、いつでも捜査に着手しますが、風聞密告などと共に、告訴・告発が捜査の端緒として重要です。告訴とは、被害者が、加害者の処罰を求める意思表示で、告発は被害者以外の者からなされる点で、告訴と異なります。

告訴を受理する機関は、検察官または司法警察員（巡査はいらず巡査部長以上）で、特別な場合を除き、管轄については限定されていません。犯罪地や、犯人の住居地を管轄する検察庁または警察署に出向き、告訴したいといえば告訴受理権限のある担当官に引き合わせてもらえます。

方式は口頭・書面いずれでもできますが、口頭のときは、告訴調書を作ってもらいます。電話での告訴は許されません。しかし正確を期すために、通常は告訴状を提出するよう要請されます。どこの誰が犯人か不明のことがよくあります。こんな場合でも、告訴は自由にできます。犯罪があれば犯罪者はいるわけで、氏名不詳者でも捜査の結果判明することが少なくありません。

告訴状の書式は　告訴状は、特に定まった書式はありませんが、告訴人・被告訴人（氏名不詳のときは被告訴人住所・氏名不詳と記載します）・犯行日時・犯行場所・犯罪内容をできるだけ詳細に記載し、捜査の便宜手がかりを提供するようにつとめます。

そして、重要なことですが、被告訴人の処罰を求める趣旨を明示しなければ有効な告訴とはいえません。厳重に調べてくださいというのでは不備で、厳重に処罰してくださいと明記します。宛先は、○○警察署長殿とか○○地方検察庁御中とするのが普通ですが、検察庁御中よりも○○地方検察庁検事正殿のほうが、法にかなっているといえます。用紙も別に制限がありませんが、通常Ａ４、横書きの罫紙を使用するのが便利です（左のサンプル参照）。

刑事告訴状

○○地方検察庁　検事正　殿

令和○年○月○日（注・提出日）

住　所

告訴人　氏名（注・法人の場合は法人名、代表者名明記）　㊞

職業、電話番号（注・捜査当局の連絡に便利）

上記告訴人は、下記の者を、下記告訴事実に基づき、下記罪名で刑事告訴しますので、厳重取調の上処罰して下さい。

被告訴人の表示

住　所（注・不詳時は不詳と記載）

氏　名（注・不詳時は不詳と記載。手掛りとなる事実がわかれば性別身長年齢など特定）

罪名　有価証券偽造、同行使罪

告訴事実

被告訴人は、告訴人振出名義の約束手形を偽造し、これを割引くことで金員を入手しようと企て、行使の目的をもって令和○年○月○日頃、○○に於て、かねて用意した約束手形用紙一通に、ほしいままに、振出人として、告訴人住所氏名を記載し、偽造した印章を押印し、手形金壱百万円、満期日令和○年○月○日、支払場所○○銀行○支店なる約束手形一通を作成し以て告訴人名義有価証券一通を偽造し、前同日頃右偽造に係る約束手形を金融業何某に交付割引を得たものである。

証　拠　（略・証拠としては、当該手形、偽造であることを主張する告訴人の上申書その他が考えられる）

第5章　手形の偽造・変造・盗難・紛失と各種対策

変造手形の責任関係と手形金の請求法

弁護士　真室光春
弁護士　安斉　勉

手形の額面が変造されているが請求できるか

▼振出人は変造前の責任を負う

甲振出しの手形は、額面一〇〇万円でしたが、受取人乙は、勝手に、この額面を五〇〇万円と変更し、これを丙に裏書譲渡しました。そして転々と流通し最後に所持人である私の手許にまわってきました。

　私としては、この手形の変造などは知らず、五〇〇万円の額面手形として受け取ったわけで、当然、甲にも五〇〇万円請求できると思いますが、間違いでしょうか。

手形・小切手の変造と責任　手形・小切手の変造とは、署名または記名捺印以外の手形の内容（額面・満期日・支払場所など）を、権限のない者が、勝手に変更することです。手形額面一〇〇万円を、五〇〇万円に勝手に変更したこの手形は、変造手形です。

　このように変造手形は、変造前の手形が有効に振り出されているので、偽造手形のときのように被変造者は無責任ということにはならず、手形法六九条では「（為替）手形ノ文言ノ変造ノ場合ニ於テハ其ノ変造後ノ署名者（または記名捺印者）ハ変造シタル文言ニ従ヒテ責任ヲ負ヒ変造前ノ署名者ハ原文言ニ従ヒテ責任ヲ負フ」と明記されています。

　簡単にいえば、手形の変造の前後にわけて、被変造者は、変造される前の文言（記載）により、手形責任を負うことになります。

　ご質問の場合ですと、甲は変造前の記載、額面一〇〇万円については手形支払義務がありますが、変造後の額面五〇〇万円との差額四〇〇万円については責任を負わなくてよいわけです。

　このことは、所持人の変造についての善意悪意とは、なんら関係がありませんので、あなたは甲から一〇〇万円しか払ってもらえません。

手形変造後の署名者（手形行為者、裏書人が普通）は、変造した文言（記載）により責任を負わなければなりません。

この手形の場合、受取人乙が、額面一〇〇万円を五〇〇万円と変造したので、乙以下すべての署名者は、変造後の額面五〇〇万円に対し、手形行為者の責任を負うわけです。

これも偽造手形の項でのべたように、手形行為独立の原則のあらわれで、手形が変造されたときは、変造前のものは無効となるのではなく、変更前の文言で義務を負い、一方変造後の署名者は、変更の有無と関係なく、変造後の文言により義務を負うわけです。


変造手形の取立方法　所持人としては、この変造手形を取立てにまわしても、振出人甲からは、変造前の文言による支払い、すなわち一〇〇万円しか支払ってもらえません。残金四〇〇万円は、甲から支払拒絶されるので、この場合は、所持人としては、自己の前者すべてに対し（振出人以外の裏書人となります）遡求手続きを行なうことになります。

受取人（変造者）乙、裏書人丙、丁……と所持人までのすべての裏書人は、変造後の文言すなわち五〇〇万円に従い責任があります。

所持人としては、甲から一〇〇万円受け取っていますので（受け取っていないときは五〇〇万円）、四〇〇万円について乙丙丁……に請求ができるわけです。

なお、変造前の文言に争いがあるときには、所持人は、その文言はこうであるということを立証する義務があります。

また変造方法によっては、変造されたことはわかっても、原文言が判読できないことがあります。インク消しで原文言を抹消した変造のときなどです。

この場合でも、所持人は、原文言を証明しないと請求はできないわけで、判読不能のときは、原文言不明で、たとえ甲振出人が原文言を記憶していても、手形上判読できないときは、甲振出人は手形上義務を負わなくてよいし、自ら進んで払わなくてもよい手形の責任を果たすこともありません。

手形の満期日が変造されているが請求できるか

▼変造前の満期日から三年以内

私が受け取り所持している甲振出手形では、満期日が当初令和一年五月三一日となっていたものが、令和四年五月三一日と三年間も先に変造されているようです。この変造は受取人乙が行なったもので、乙はこの手形を丙に譲渡、丙から丁……と流転して私の所持となりました。受け取ったのは令和一年六月一〇日です。甲乙丙……に対するこの手形の効力はどうなりますか。

手形満期日が変造されたら　甲振出手形を令和一年六月一〇日に入手されたとのことですが、甲の振出時の満期日は令和一年五月三一日となっていたものとのこと、それを三年おくらせ、令和四年五月三一日と変造したのが、受取人乙だというのです。
甲が手形振出しに当たり、満期日を令

和一年五月三一日と記載しています。変造前の署名者（または記名捺印者）は、変造前の文言により責任を負うことは、手形法六九条から明白ですので、振出人甲にとっては、この手形の満期日は、当初記載の令和一年五月三一日に到来し、変造後の令和四年五月三一日に到来するものではありません。

つまり、甲振出変造手形は、すでに支払期日は令和一年五月三一日に到来しているわけで、所持人であるあなたは、至急甲に対し、この手形を呈示し、手形金の弁済を求めなければなりません。

もし、気づくのが遅く、たとえば変造後の満期日令和四年五月三一日より後に請求したとすれば、振出人の手形債務は満期日以後三年の経過で消滅時効が完成するので、甲からは時効を援用されると、この甲振出手形は甲に対しては取り立てることができなくなります。

甲振出手形裏書人乙丙丁……は変造後の文言（満期日令和四年五月三一日）に従って責任をとるので、今すぐ支払いを求め呈示したところで、この呈示は無効ですから、もちろん支払いは受けられません。期限の利益は債務者のためにあり、所持人が勝手に繰上げ請求をすることは許されないわけです。とにかく令和四年五月三一日まで待つほかありません。

しかし、前にのべたように振出人甲に対しては期限到来後であり請求は許されるので、甲が手形金を支払った時は、乙丙丁……に対する遡求権は発生せず、令和四年五月三一日まで待つまでもなく解決するといえます。

不注意な変造例　変造の際の不注意で原文言が判読できないときは、変造前の手形行為者は、手形債務を免れることは先にのべました。

また、たとえば振出日を一月三〇日から三月三〇日に変造した場合ですが、満期日が三月二九日であったりすると、振出日が満期日より後になり無効となります。こんな場合、原文言が判読されるかぎり、変造前の署名者には、原文言にもとづき請求は可能ですが、変造後の裏書人には、無効手形に対する裏書として、裏書人に対する請求は許されなくなります。手形振出人が、受取人に手形要件の変更を許容したり、あるいは無断変造を後になって追認した場合は、変造は変造でなくなり、いずれの場合も、変造後の文言により、責任を負います。偽造手形の追認が許されるのと同じです。

受取人名が偽造された手形でも請求できるか

▼振出人に請求をできる

私は振出人甲、受取人乙、裏書人乙、丙丁…の約束手形の所持人です。満期日に支払いを求め呈示したところ、振出人甲は、この手形はもともとA宛に振り出したものだ。その証拠に、受取人がAとなっている手形のコピーがある。この手形はAが紛失したと申し出ており、拾得した誰かがAを抹消し受取人を乙と変造したにすぎない。この手形は甲→A→乙→丙…と移転しており、所持人は請求できないなどと主張しています。甲の言い分は正しいのでしょうか。

裏書連続の意味は　手形では権利移転は裏書譲渡が原則で、実際上の権利移転の実情と合致しなくても、形式上裏書が連続しているかぎり、所持人は正当に権利を取得したと推定され、保護を受けることになります。

では、形式的裏書の連続とは、どうなっていればよいのでしょうか。振出人甲から受取人乙、第一裏書人乙、第二裏書人丙、…そして所持人に至る裏書署名が、受取人乙→裏書人乙→同丙→同丁……→所持人と手形上に表示されていればそれでよいので、時々起こる問題は、受取人乙が、丙に譲渡するとき、自分の裏書を忘れるケースです。

この場合ですと、受取人乙と裏書人丙との間に裏書譲渡人乙の裏書がなく、乙丙間の裏書は連続を欠き、所持人はこのままでは振出人に請求できなくなります。

甲社の主張は、

「この手形受取人はAである。そのAの第一裏書人としての裏書がなく、本来の受取人ではない乙が第一裏書人となっている。甲→A→乙→丙…→所持人であるべきであるのに甲→乙→丙…→所持人となっているから、裏書の連続を欠く」

というのです。この手形上、受取人として表示されたAは乙に抹消変更ずみで、第一裏書人は乙となっています。Aを乙に変造したことは明らかです。

しかし、受取人乙と変造された後の裏書の連続は、形式上明らかです。

手形法一六条一項は「手形ノ占有者ガ裏書ノ連続ニ依リ其ノ権利ヲ証明スルトキハ之ヲ適法ノ所持人ト見ナス」とあり、ここでいう裏書の連続は、裏書の形式によりこれを判定すれば足りると判例はいっています（最高裁昭和四九年一二月二四日）。

そして、約束手形の受取人欄の記載が変造された場合であっても、手形面上、変造後の受取人から現在の手形所持人へ順次連続した裏書の記載のあるかぎり、手形所持人は適法な所持人と推定されると、この判例は指摘したうえ、手形法六九条は、変造されても、いったん有効に成立した手形債務の内容に影響を及ぼさないことを明示したもので、手形面上、原文言の記載がいぜんとして現実に残存しているものとみなす趣旨ではないとのべることにより、右六九条は、責任負担関係のみを示しており、裏書の連続性とは無関係といっています。

このようなわけで、甲振出人はA宛に振り出した手形で、Aの裏書がないから裏書の連続性を欠くと主張しても無意味であり、変造後の受取人乙は、第一裏書人ともなっていて、甲→乙→丙…→所持人と、形式上裏書は連続しており、所持人は適法の所持人としての推定を受けるので、甲振出人の主張は、とうてい認めるわけにはいきません。

甲振出人がこの手形の支払いを拒めるのは、この手形はAが紛失したものであり、そのことを裏書人乙も丙も、そして所持人であるあなたも知っていたということを甲が立証し得た場合のみですから、乙、丙が仮に悪意であっても、あなたが善意の第三者であれば甲から支払いを受けられます。

白地の金額欄に約束以上の金額を記入されたが

▼善意の第三者に対抗できない

友人に頼まれ、決済は友人の方で責任をもってするからといわれ、融通手形を交付しました。このとき「金額欄は割引先と交渉して決まるのでブランク（空白）にしてほしい。しかし一〇〇万円以内であることは確実だ」というので、最高一〇〇万円までの金額の記入を約束して金額欄白地の手形を振り出してあげました。

ところが友人は勝手に二〇〇万円と金額を記入し、第三者のところで割り引きました。私としては、この二〇〇万円の責任を負わなければなりませんか。また友人の責任追及はできるでしょうか。

手形金額の変造とはちがう　すでに記載されている手形額面一〇〇万円を二〇〇万円と変造されたときは、振出人は変造前の文言で、責任（一〇〇万円）を取ればよいのですが、手形額面を白地（なにも記載しないので白地といいます）のままで、しかも署名して振り出した手形は、無効ではなく、白地手形といって、未完成の手形といわれます。

白地部分が手形要件であり、元来こんな白地手形は、要件を欠くものとして無効との見方もありましたが、商慣習として実際上も多いため、無効として取り扱わず、この白地手形は、手形取得者が、白地を補充して、呈示するまでに手形要件を完成してあれば、完成した手形と同じ取扱いを受けるものとされています。

白地手形の白地補充権は、補充権を与えた者と補充権を与えられた者の合意により、補充内容は一定の限界範囲に止まるとか、手形振出しの原因となった事実関係から当然予期し得た範囲に限定されることはいうまでもありません。

しかし、この白地手形の補充権をもっている者が、前記のような振出人との合意とか、暗黙のうちでできた了解などに違反し、授権者の意思に反する補充を行なうこともありえます。

このような場合を、白地補充権の濫用とよんでいますが、もともと白地であったところを補充することによって、はじめて手形要件を完成するのですから、元来あった文言を書き換える変造の場合とは、ことなるわけです。

白地補充権が濫用されたら　白地補充権の濫用の場合にも、善意の第三者には対抗し得ないことはいうまでもありません（手形法一〇条）。

不完全な手形を振り出した者は、たとえ意にそわない白地補充をされた場合でも、補充結果については責任をとらざるをえません。

ただし、手形所持人が、補充権濫用者の場合は、悪意の所持人となりますので、濫用の事実を証明し、濫用された結果を争うことになりますが、こんな場合はまれといえます。

民事上、白地補充権濫用の場合でも、振出人は善意の第三者に対抗できず、濫用結果にもとづき義務を果たさなければならず、その結果、損害をこうむるわけで、その損害については補充権濫用者に対し損害賠償を請求できますし、そのほかに刑事責任の追及も許されます。

この場合は、権限をこえて勝手に補充権を行使したとし、濫用部分について有価証券虚偽記入罪を構成するという説と、有価証券偽造罪に当たるとする説の両説があります。

代理人が権限をこえて手形を振り出した場合と同じですので、有価証券偽造罪を構成するとの説にたち、有価証券偽造罪で刑事責任追及を行なうことができると考えます。

白地手形は補充権の濫用を招来します。濫用されても文句はいえないのが普通ですから、将来に禍根を残す心配のある白地手形の振出しは、絶対にやめるべきです。

●手形の偽造と手形法八条の類推適用

—最高裁昭和四九年六月二八日第二小法廷判決

[事案の概要]

訴外有限会社甲商店の代表者Yは、架空人である「乙製作所代表A」の名称を使用して本件約束手形を振り出した。

Yが本件手形の振出人として右記名称を使用したのは、受取人として記載された有限会社甲商店がXらに本件手形を裏書する際、第三者振出しのいわゆる商業手形であるかのように見せかけて、その信用を高めるためであった。

Yは、受取人である甲商店からXらに対し商品取引代金の支払または手形割引のために裏書交付する際に、甲商店が振出人から商取引の代金決済のために取得した旨を説明し、Xらも、振出人と受取人は別人であると考えて本件手形を取得した。

Xらは、Yに対し、手形法八条に準じて手形振出しの責任を負うと主張して、本訴を提起した。

第一審及び原審のいずれにおいてもXらが勝訴した。Yが上告。

[判旨] 上告棄却。

「Yは、本件手形振出にあたり、仮空人である『乙製作所代表A』名義を冒用したものであって、偽造手形を振り出したものと認めるべきものであるところ、偽造手形を振り出した者は、手形法八条の類推適用により手形上の責任を負うべきものと解するのが相当である。

けだし、手形法八条による無権代理人の責任は、責任負担のための署名による責任ではなく、名義人本人が手形上の責任を負うかのように表示したことに対する担保責任であると解すべきところ、手形偽造の場合も、名義人本人の氏名を使用するについて何らの権限のない者が、あたかも名義人本人が手形上の責任を負うものであるかのように表示する点においては、無権代理人の場合とかわりはなく、したがって、手形署名を作出した行偽者の責任を論ずるにあたり、代理表示の有無によって本質的な差異をきたすものではなく、代理表示をせずに直接本人の署名を作出した偽造者に対しても、手形法八条の規定を類推適用して無権代理人と同様の手形上の担保責任を負わせて然るべきものと考えられるからである。

そして、このように解すると、手形の偽造署名者に対しては、不法行為による損害賠償請求という迂遠な方法によるまでもなく直接手形上の責任を追求し得るし、また、手形偽造者が本来の手形責任を負うべき債務者として追加されることによって、善意の手形所持人は一層手厚く保護され、取引の安全に資することにもなるものと思われるのである。

第5章 手形の偽造・変造・盗難・紛失と各種対策

手形が盗難・紛失した場合の緊急措置集

弁護士 真室光春
弁護士 安斉　勉

手形用紙の盗難や手形を紛失したときの対策は

▼盗難紛失の届出と除権決定

当社では最近手形に関係した事故が相ついでいます。一つは社長の机の中から手形用紙綴と手形振出しに使用することを取引銀行に届け出た印鑑がなくなっていた事故です。もう一つは得意先甲社から集金した小切手・手形を入れた鞄を、タクシーの中に置き忘れた事故で、共に警察に届出だけはしましたが、まだ喪失したものは見つかりません。当社のとるべき対策を教えてください。

手形用紙が盗まれたら　手形・小切手は有価証券であり、転々として人手に渡り、流通することが予定されています。それだけ盗難・紛失などで手形・小切手を喪失した者は、将来思いがけない債務を負担しなければならなくなったり、小切手を紛失したときは、拾った者に先をこされ、結局、小切手金の支払いは受けられず、文字通り損害をこうむることになりますので、こんな事故のときは、機敏に以下のような処置をとらなければなりません。

おたずねの場合は紛失というより盗難といったほうが正しいでしょう。盗難品を利用し、あなたの会社名義手形を振り出されると、多くの人が迷惑をこうむりますが、あなたの会社は、盗難偽造手形として振出しを否認し、手形上の責任は免れますが、たとえば、この犯人が、会社従業員で、しかも会社手形振出事務に従事していた者であれば、受取人が、会社名義手形（実は偽造手形）を受け取るときに別に不審にも思わず、この犯人に手形振出権限があるものと信じこんだとしても過失はありませんので、この場合、犯人は会社の代理人と見なされ（表見代理人とよばれます）会社は、偽造手形に対して責任をとらされる破目におちいります。

そこで、このような盗難紛失事故のときは、偽造手形の流通防止策、偽造手形の支払防止策を至急取らなければなりません。

まず支払場所とされている取引銀行に盗難紛失を届け出て、印鑑は改印し、偽造手形の取立てに対し、支払いをしないよう銀行に依頼します。そして、偽造手形が支払呈示されたら、支払いを拒絶した上で、手形金額と同額の異議申立預託金を銀行に預託して、銀行から手形交換所に対し、異議申立提供金を提供して、異議申立手続きをとってもらいます。なお、新聞に盗難紛失公告を出しても、法律的には意味がありません。

なお、警察には、事故発見と同時に、盗難・紛失を届け出るのは当然の措置ですが、その際、盗難または紛失届出の受理証明を警察から受けることも忘れないでください。

手形・小切手を紛失したとき

手形用紙綴、印鑑の盗難紛失も大事件ですが、受取手形・小切手の紛失は、もっと重大といえます。

振出人が正当に振り出した手形・小切手が、受取人以後の段階で、盗難紛失したとしても、支払いを求め呈示されるかぎり、本来支払いは拒めません。

しかし、とにかく、呈示を受けたときは、不渡届異議申立預託金（これは、紛失した者が調達しなければなりません）を預託して、支払いを拒絶してもらうよう振出人に依頼するとともに、振出人と協力し、紛失手形・小切手の支払場所、支払人に指定された銀行に、呈示がなされても紛失手形として支払いを拒絶するよう届け出ます。警察への届出はいうまでもありません。そして、終局的には紛失手形・小切手は無効であることを裁判所に申し立て、紛失手形・小切手を無効とする除権決定を得ないかぎり、振出人も二重払いのおそれがあるので、あなたの会社に対する支払いもストップとなります。

そして除権決定の確定をまち、この判決を呈示し、振出人から改めて支払いを受けることになります。

手形の盗難・紛失と銀行への届出

手形や小切手が盗難にあったり、紛失したときは、警察へ届け出るとともに、支払銀行に連絡し、所定の事故届を提出して、支払いをストップしなければ危険なことはいうまでもない。

しかし、銀行では当座取引先以外の者からの事故届は受け付けないので、受取手形や小切手の場合には、振出人（為替手形の場合には引受人）に頼んで事故届を出してもらわなければならない。

この事故届の出ている手形・小切手は、支払呈示されると、銀行はこれを不渡りにする。したがって、支払呈示期間内に呈示され不渡届が出されたときは、支払義務者は手形金額と同額の異議申立預託金を銀行に預託し、銀行を通じて異議申立提供金を手形交換所に提供して異議申立てをしなければ、不渡処分を受けてしまう。まず異議申立てをして、その支払いをストップする必要がある。

その上で、公示催告の申立てを裁判所にし、手形・小切手を無効にしてもらい、第三者から受け取った手形であれば、再発行をしてもらうなり、支払いを受けることになる。

よく、盗難や紛失した手形・小切手について、その無効を宣する新聞公告があるが、そのような効力はなく、また、善意取得を防止するには不完全といえる。

ただし、除権決定を得るためには、簡易裁判所に対し公示催告申立てを行ない、官報の公告、公示催告期間をおくなど、面倒で時間がかかるという難点があります。

盗難紛失の際に警察への届出はどうするか

▼事件発生地の警察署へ

手形・小切手の盗難にあうとか紛失した場合の警察届出の方法と、その際に注意すべきことなどを教えてください。

届けるべき警察署は　警察署は、管轄区域といって受けもっている地域が定められており、原則として他警察署の管轄区域には捜査権は及びません。甲地を管轄するのは甲警察署、乙地を管轄するのは乙警察署としますと、甲地域で発生した盗難事件は甲警察署で捜査に当たり、乙警察署に届け出ても、管轄権がないため、甲警察署へ届け出るようにと指導されます。

盗難事件は、事件発生地を管轄する警察署に届け出ることになります。犯人が判明している時は、犯人住所地の管轄警察署でも扱ってくれます。

ですから、盗難にあったときは、最寄りの交番におもむき、被害を申告し、交番の指示で本署に行くか、直接管轄警察本署に届け出ます。

手形・小切手の盗難・紛失届出に当たっては、いつ被害にあったのか、発見した日時はいつか、被害場所はどこか（正確な所番地まで必要）、被害者は誰か（会社か個人か）、被害品は何か（手形・小切手のときは、手形・小切手の番号）、手形・小切手の要件（額面・支払期日・支払場所・振出人・振出地・支払地・受取人・裏書人、小切手では支払人銀行など）をはっきりさせてから出頭しなければなりません。

届出人は、被害者本人が望ましいことはいうまでもありませんが、代理人でもさしつかえありません。

警察では、届出と同時に被害者の取調べをする場合も少なくありませんので、別に発見者がいる時などは、この証人も同道してもらいます。また、手形・小切手のコピーなどがある時は、当然証拠ですので持参します。印鑑（認印）も忘れずに持っていきます。

あらかじめ書面をつくり持参する必要はありません。原則として係官に口頭で届け出ます。係官は被害届を作成するか、届出用紙を渡し、必要な事項を被害者に記載させ、署名捺印を求めます。

被害届の主な記載事項は「次のとおり○○被害がありましたからお届けします」とあるところに、届出人住所氏名、電話番号を記載し、あとは指示された個所に記載していきます。被害者の住所職業、氏名、年齢、被害の年月日、被害の場所、被害の模様、被害金品（品名、数量、時価、特徴、所有者）、犯人の住所、氏名または通称、人相着衣、特徴等、参考事項（遺留品、その他参考となるべき事項）を記入するようになっています。

紛失した場合の届出の仕方　手形・小切手紛失の場合は、警察署に紛失届を提出します。この方は書式を統一している警察署と、そうでないところがありますが、用紙の準備のある時は、所定用紙に記入し、それがない時は、ヒナ型書式によりしかるべき用紙に記載しますが、届出人の住所氏名、紛失人の住所職業、氏名、年齢、紛失の年月日等だいたい被害届に準じて作成されます。

この紛失届出も含め、届出を受理した警察署は、署長名義で届出受理証明を発行してくれますが、この証明は使用目的、提出先を明示して、証明を願い出たのに対し、届出のあったことを証明するという形式でなされます。

したがって、使用目的は、紛失手形・小切手の除権決定を得るためであれば「公示催告の申立てのため」と記入し、その場合、提出先は簡易裁判所とか、単に裁判所とします。

手形・小切手が盗まれたので無効にしたいが

▼除権決定の手続きをとる

先日当社の集金係社員が電車の中でスリ被害にあい、自分の財布と取引先から受け取った小切手を盗まれました。本人自身、スリ被害のあったことを警察に届けるといっていますが、小切手振出人である建築会社にスリ被害にあったことを伝えたところ、売掛金をここで改めて支払っても、盗まれた小切手が振り込まれれば、それも払わなければならないおそれがあり二重払いとなると困るので、盗難小切手が無効であることの証明を裁判所にしてもらってこいといわれました。

除権決定を取る　盗難小切手であっても、盗んだ本人が、その事実をかくし、第三者に回すときは、その第三者はこれが盗難小切手とは知らず、また知らないことに、何の過失もない、いわゆる善意の第三者ですから、この小切手の支払呈示をしさえすれば、当然支払人から小切手金の支払いを受けることができ、たとえ振出人が盗難を理由に支払いを拒むときでも、不渡届を手形交換所（銀行協会）に出すことで、振出人の銀行取引ができなくなるように仕向けることもできます。

盗難小切手振出人は、不渡届を出されても、銀行取引を続けたければ、不渡届に異議を申し立て、同時に異議申立預託金を預託しなければなりません。つまり、盗難小切手でも善意の第三者の手に入ったときは振出人は責任を免れません。

そのようなわけで、小切手振出会社は、あなたの会社に対し、紛失小切手に見合う売掛金の支払いを留保し二重払いのおそれのないように裁判所に手続きをせよといっているものです。

裁判所に対し手続きをせよとのことですが、この建築会社のいっている手続きは、手形・小切手（これらの有価証券に限らず、他の有価証券にも同じように適用されます）喪失の際に通常とられる公示催告手続き・除権決定を得るような手続きをいっているのです。

手形・小切手紛失（盗難も含みます）の場合、紛失した者は、手形・小切手の所持人ではなくなり、権利行使ができなくなります。そこで、権利者としての地位を確認してもらうことで、紛失した手形・小切手の支払いを改めて受けられるようにしようというのが除権決定の一つの目的です。

　また、紛失手形・小切手に、すでに裏書をしている場合、紛失後に裏書した者から手形遡求をされるおそれがあります。この紛失後の裏書人に対する遡求義務発生を防ぐ目的も、除権決定制度にはあります。裁判所は、この場合、支払場所を管轄する簡易裁判所です。申立ては、書面または口頭で行う方法のほか、インターネットを利用して申立てることも可能となっています。この申立ての中味は公示催告の申立てと除権決定の申立てを含みます。

　まず、公示催告の申立てにもとづき、裁判所は、その掲示板に法律で定まった一定事項（たとえば「紛失した手形・小切手の所持人は、定められた公示催告期日までに、裁判所に届け出よ。届出のないときは当該手形小切手を無効とする除権決定を下すことがある」といった趣旨のものです）を公告し、同時に官報に掲載します。

　そして、公示催告期間内に、所持人から届出がない場合は、改めて除権決定の申立てをすることなく、裁判所より、当該手形・小切手を無効と宣言した除権決定がなされます。この除権決定は官報に掲載して公告されます。決定言渡後三〇日の期間内に不服申立てが許されますが、上訴することは許されません。したがって、決定は宣告と同時に発効します。

除権決定の効果　除権決定により、紛失手形・小切手は無効となります。その結果、この手形・小切手を譲り受けた者が善意であっても、善意取得の保護は受けられなくなります。

　また、紛失者（除権決定の申立人です）は、除権決定を振出人に呈示し、請求することで、紛失した手形・小切手金と同額のものを支払ってもらえます。この場合、支払義務者は、手形・小切手の呈示と同じように除権決定の呈示を求めます。

　除権決定制度では公告から公示催告日までの期間が二か月以上と定められ、この催告期間内に紛失手形が善意の第三者に渡ったとき、または除権決定前に同じことが起こったときは、手形・小切手振出人は、支払請求呈示に対し除権決定申立中だとして対抗できず、支払義務が生じるという難点がありますが、これ以外に手段はないので、必ず公示催告手続きをとるべきです。

紛失手形の除権決定をとる手続きはどうするか

▼簡易裁判所に申し立てる

　手形を紛失しました。振出人は、至急除権決定をとるようにいっています。この除権決定申立手続きは、どのようにしてすればよいのですか。また、その際の書式なども教えてください。

除権決定の申立手続き　紛失手形の支払場所を管轄する簡易裁判所に対し、除権決定を求めるための公示催告の申立てを行ないます。申立ては通常書面で行いますが、A四判横書きの書式に従うことになっています。また、実務上は申立書のほかに、官報公告用の有価証券目録等の提出を求められますので、事前に裁判所へ必要書類や官報公告の費用、予納する郵便切手について問い合わせることを勧めます。

裁判所は、申立書を形式的に審査し、二か月以上の公示催告期間を決め、紛失手形の所持人に権利申出をせよと命じる公示を、裁判所掲示板に掲示し、また、官報に掲載公告します。

公示催告期間内に、権利届出のないときは、除権決定（紛失手形は無効であるという決定）を宣告し、これをさらに官報に公告掲載します。除権決定は、郵便による送達などの方法で告知されて効力が生じます。最後に、除権決定が宣告されると、その手形・小切手は無効となりますが、この判決があっても、決定よりも前に手形・小切手を善意取得した者は、その権利を失わないというのが判例です（最高裁平成一三年一月二五日）。したがって、この場合にはせっかく除権決定を得たとしても、権利行使ができないことになります。

除権決定には上訴は許されず、手続違反等については三〇日以内に不服申立てをしないと争いえなくなります。

【公示催告書】

記載例

捨印　※捨印を押してください。

印紙貼付欄
貼付印紙額1,000円
印紙は消印しない。
収入印紙

収入印紙　円
郵便切手　円
受付印欄
提出日を記入してください。

東京簡易裁判所　※印紙 1000 円分を貼り，消印はしないでください。

令和○○年○○月○○日

公示催告申立書

＊該当するものを○で囲んでください。
約束手形・為替手形・小切手・債券・（　　　）公示催告申立事件

申立人
住所（〒×××－××××）
東京都千代田区霞が関○丁目○番地○○号　必ず，捨印してください。
名称（氏名）株式会社×××××
代表者代表取締役　○　○　○　○　㊞　TEL 03(****) ****
法人の場合，代表者印　FAX 03(****) ****

送達場所等の届出（必ず記入してください。）
申立人に対する書類の送達は，次の場所に送付してください。
☑ 上記住所のとおり
□ 上記住所以外（下に記入してください。）
住所　（〒　　－　　　）
名称（氏名）　TEL（　）　FAX（　）

申立の趣旨　別紙目録記載の有価証券について公示催告を求める。

申立の原因　申立人は，別紙証券目録記載の有価証券の最終所持人であるが，下記の事由により上記有価証券を喪失し，現在に至るも発見できないので，除権決定を求めるために公示催告の申立てをする。

1　喪失年月日　令和○○年○○月○○日午前10時頃
2　喪失場所　株式会社×××××
3　喪失事由　盗難・紛失・遺失・滅失・罹災・焼却

添付書類　（該当□欄に✔をし（　）内の該当項目を○で囲む。）
☑ 証明書（振出・譲渡・裏書・発行・交付・売渡・引受・　　　）1通
☑ 陳述書　1通
☑ 届出証明書（　盗難・遺失）　1通
□ 罹災証明書　通
☑ 商業登記事項証明書　1通
□　通

注：①証券目録のコピーを申立書の下に重ねて左側を２カ所，ホッチキスで留めてください。
②各ページの上部に捨印を押してください。

出典：裁判所ホームページ

図解◉手形小切手等の喪失者による公示催告の申立て

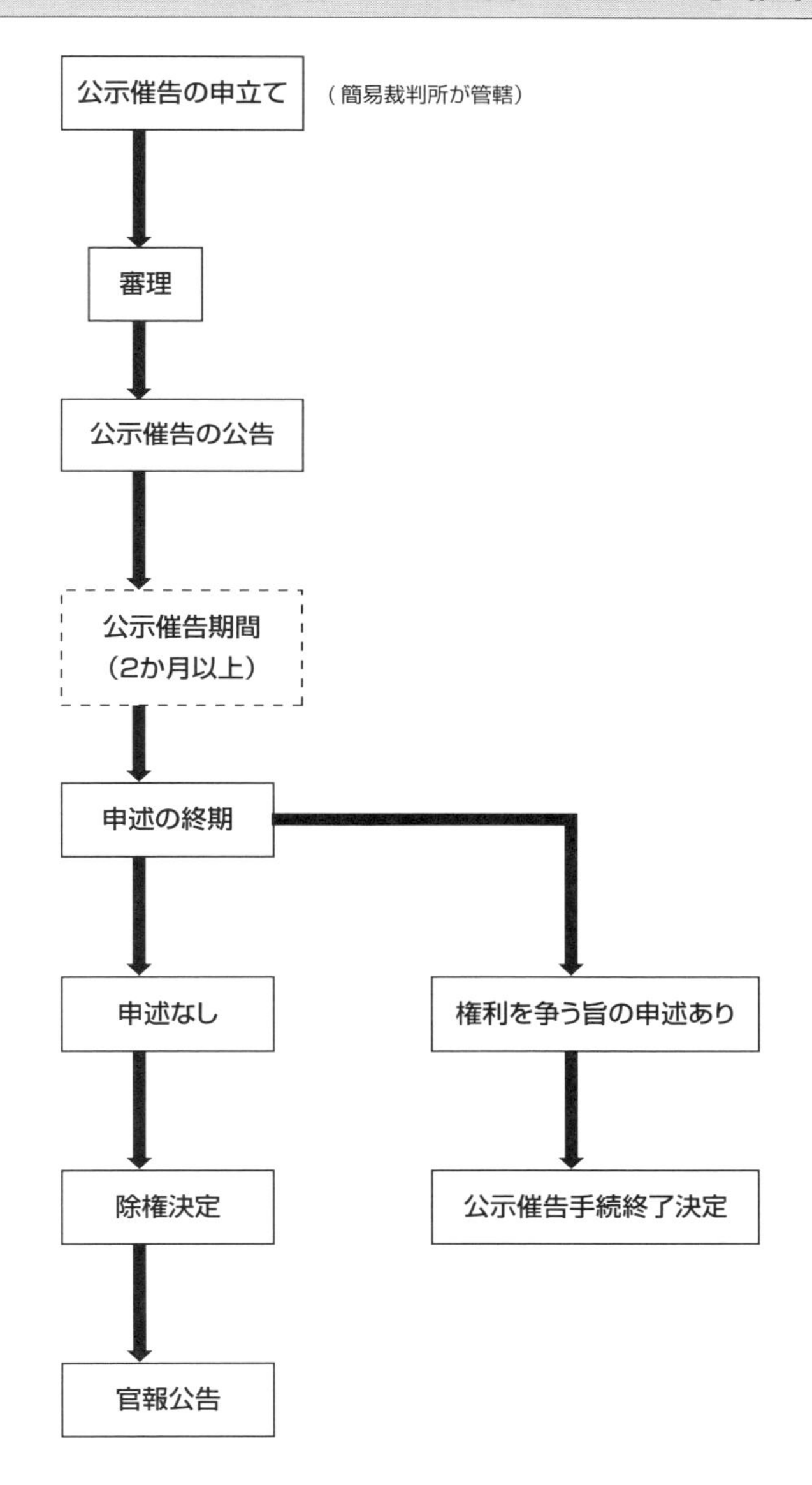

※除権決定の手続きに違反がある場合は、「除権決定の取消し」を簡易裁判所に申し立てることができる。

記載例　証券目録（約束手形１枚、裏書なし）

官報公告定型番号第25号

（別紙）	目　録
約束手形	１通
手形番号	／ＡＢ123456
／金額	／1,000,000円
／	
／支払期日	／令和１年10月31日
／支払地	／東京都○○○区
／支払場所	／株式会社○○○○○○○銀行○○○
／／支店	
／振出日	／令和１年７月31日
／振出地	／東京都○○○区
／振出人	／株式会社○○○　代表取締役　甲野
／／太郎	
／／	
／／	
／	
／／	
／受取人	／申立人
／／	
／最終所持人	／申立人
／／	

日　分

行

※ 数字は１マスに２文字入れてください。

記載要領

1　年月日、手形番号、金額は、アラビア数字とし、１升に２文字を記載する。

2　手形の種類を明らかにするため、「手形」欄に「約束」・「為替」の文字を記載し、また、不要の欄は二線で抹消する。

3　数通の手形を公告する場合には、最初の目録用紙に「約束手形５通」のように記載し、それぞれの目録用紙の手形番号欄の左に（　）を付し、括弧内に当該手形が何通目であるかを示す数字を記載して２通目以下の目録の「手形　通」の欄は、二線で抹消する。なお、この場合において、記載事項の同一のものが多いときには、最初の１通のみに定型の目録用紙を使用し、２通目以下については、継続用紙に、各証書の個々に記載する必要のある事項のみを記載して作成する。

4　受取人、最終所持人の欄には、受取人、最終所持人が申立人であるときは、申立人と記載する。ただし、申立人が複数の場合には、申立人の氏名を記載する。

5　特に間違いやすい、Ｉアイ、１イチ、０ゼロ、Ｏオー、乙オツ、Ｚゼット等は、例えば、「乙」を朱色の○で囲み、「甲乙の乙」のように欄外に朱書して指定する。

（Ａ４）

出典：裁判所ホームページ

第6章

小切手と為替手形に特有な法律知識

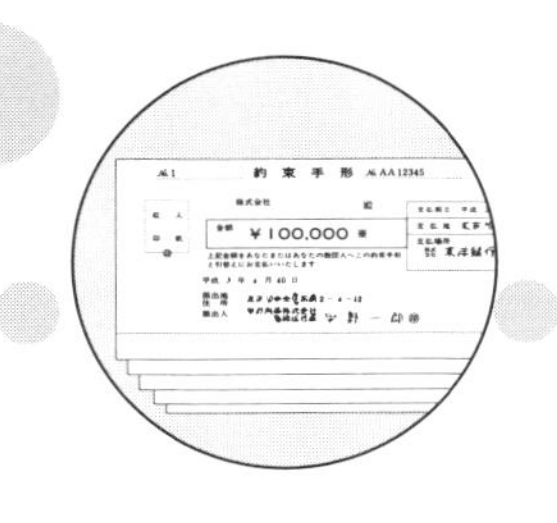

約 束 手 形

￥100,000

- 基本ポイント―小切手と為替手形
- 小切手に特有の法律と要点知識
- 為替手形に特有の法律と要点知識

基本ポイント6

小切手と為替手形

弁護士　竹原茂雄

小切手と為替手形とはどう違うか

手形や小切手は、商取引の決済や支払いの手段として、広く使われています。取引代金の支払いに現金の代わりに使われる小切手に対し、手形は代金延払いや金融を受ける信用の道具としての機能が主なものです。また、為替手形は送金や取立ての手段として利用されてきました。

・約束手形との相違点はどんなことか

小切手と為替手形は支払委託証券です。約束手形は手形面に記載された金額を、振出人が自分で支払うことを約束するものですが、小切手と為替手形は振出人がその支払いを第三者（支払人）に委託します。所持人は支払人に呈示し、支払人から支払いを受けるわけです。一方、約束手形は振出人に呈示し、振出人から支払いを受けます（次ページ図）。ただし、現在使われている約束手形のほとんどは、銀行を支払場所、支払機関とする第三者方払いのものです。これは、銀行を支払場所にしておかないと手形交換所での決済ができないからで、受取人や所持人からは信用がない手形だとみられてしまいます。なお、小切手と為替手形は必ず支払人が必要です（法律上の要件）が、約束手形は第三者方払いにすることは要件ではありません。

・支払委託とは、どんなことか

小切手や為替手形は、その振出しにより、支払人に対して、振出人の計算で券面上の金額の支払いをする権限を与え、受取人に対しては、受取人が自身のために支払いを求める（券面金額の支払いを受領する）権限を与えるという効果があります。振出人の計算で支払いをするとは、支払人が支払いをすれば、あたかも振出人が支払いをしたのと同じような効果を生じる、ということを意味します。これが、小切手や為替手形に表章された支払委託の性質です。

・小切手と為替手形はどこが違うか

小切手は、支払手段としての利用方法しか認められていません。現金の代わりに振り出すのですから、その裏付けとなる資金が、支払人のところになければならないのです。小切手法は、小切手が手形のように信用の道具として利用されないよう、様々な手立てを講じています。

一方、為替手形は約束手形と同様に、信用の道具として使うことが認められています。小切手は実際に資金がないと振り出せませんが、為替手形は今現在資金がなくても、将来資金が入る予定があれば、それを当てにして振り出すことができるのです。

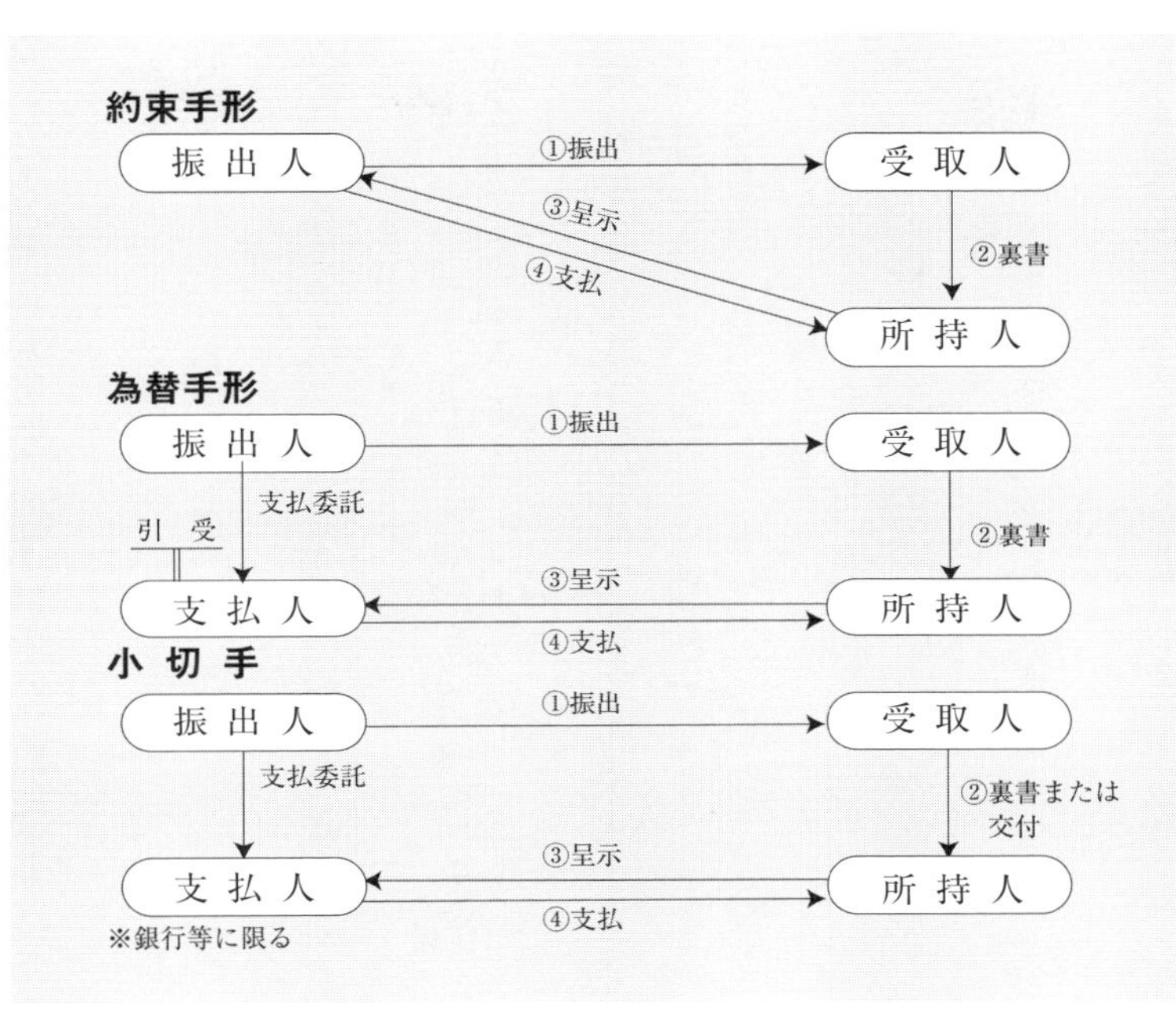

小切手はどう利用されるか

小切手は安全かつ迅速な支払手段として使われています。現金と違い、たとえ盗まれても換金されない限りは、ただの紙切れだからです。

小切手を換金するには、所持人が小切手を直接支払銀行に持ち込むか、預金口座のある取引銀行から手形交換所を通じて支払銀行宛に小切手を取立てに回します。ただ、どちらにせよ、換金された金額は所持人の預金口座に入金されますから、口座を通さずに小切手を現金化することは、通常できないのです。小切手が換金される前なら、振出人から事故届を支払銀行に出してもらい、支払いを拒絶することもできます。また、換金したことにより、犯人の身元がわかることもあります。このように、支払いに小切手を使えば、盗難や紛失による被害の防止に役立つのです。

・小切手の振出しはどうするか

小切手の支払人になれる者は、銀行またはこれに準ずる者です（小切手法三条、五九条。法律上、為替手形の支払人は銀行に限らない）。そのため、小切手を振り出すには、支払人となる銀行と当座勘定取引契約を締結し、銀行から小切手帳の交付を受けなければなりません。法律上、小切手要件を満たせば、私製の小切手用紙でもかまわないはずですが、小切手の取立ては手形交換所を通じて行うため、現実には、統一手形用紙の要式のものしか使えないのです。

なお、当座勘定取引契約は、主として、小切手の支払いを銀行に委託する小切手契約と、小切手の支払いに充てる資金を受け入れる当座預金契約からなります。小切手は、現金の代わりに振り出されるものですから、その支払資金が支払人のところになければなりません。支払銀行は当座預金（利息は通常付かない）に資金を受け入れ、振出人は小切手を振り出し、銀行に支払いを委託することによって、この資金を清算するのです。

・小切手要件とはどんなものか

小切手には、手形と同じように必ず記載しなければならない事項があり、これを小切手要件といいます（小切手法一条）。その内容は、次のとおりです。

① 小切手であることを示す文字
② 一定の金額を支払うべき旨の委託
③ 支払人の名称（銀行またはそれに準ずる金融機関）
④ 支払地
⑤ 振出日と振出地
⑥ 振出人の署名

この要件を欠いた（欠けつという）小切手は、外観上は無効となります。ただし、支払地や振出地は他の記載事項から類推できれば要件を記載したとみなされますし（同法二条）、また要件の記載洩れがあっても、受取人や所持人が後から白地部分を補充すれば、その小切手は原則有効です（同法一三条）。

・小切手の特質にはどんなものがあるか

小切手は、現金の代わりに使われる支払いの道具です。しかし、金銭の支払いを目的とする有価証券であることは手形と変わらないため、その使い方によっては信用証券としての役割を持たせることもできます。そこで、小切手法では小切手が信用証券化しないよう様々な歯止めを設けていて、これが小切手の特質ともなっているのです。

〔特質１〕 一覧払いで、呈示期間が短い

小切手は所持人から呈示されたら、ただちに券面金額を支払わなければなりません。現金の代わりですから、当然です。これを、小切手の一覧払い性といいます。しかし、所持人も、小切手が振り出された日の翌日から一〇日以内に、呈示しなければなりません。この期間内に呈示しないと、所持人は小切手上の債務者全員に対する請求権を喪失してしまいます。呈示期間経過後に呈示した場合、支払人から支払いを拒否されても仕方ないのです。しかし、実務では、振出人から支払委託の取消しがない限り、支払銀行は呈示期間経過後でも呈示があれば、小切手金の支払いができることになっています（取引約款）。

〔特質２〕 引受けが禁止されている

小切手には約束手形の振出人や為替手形の引受人のような絶対的に支払義務を負う者は存在しません。振出人も、償還義務者の一人にすぎないのです。小切手に為替手形の

ような引受けの制度を認めると、小切手は引受人の信用によって流通することになってしまい、結局信用証券化してしまいます。そこで、支払証券である小切手については、引受けが禁じられています（同法四条）。

小切手の支払人は為替手形の引受人と違って、ただたんに支払いの任にあたる者にすぎません。振出人から小切手の支払いに充てる資金の交付を受けていなければ、支払いを拒絶すればよいのです。支払人がこれにより責任を負うことはありません。なお、小切手法では、引受けに代わり支払保証という制度が設けられています。小切手の券面上に、「支払いをします」「支払保証」などという文言を支払人が記載し、署名するものですが、実務では通常使われていません。支払保証が必要なときは、支払資金を振出人の当座預金に入金させた上、支払銀行が自己宛小切手（預手という）を振出人に交付する方法が行われています。

〔特質3〕 支払人は銀行に限られている

小切手には、手形のように絶対的な支払義務者が存在しないため、そのままでは所持人の地位がきわめて不安定なものになってしまいます。そこで、支払人になれる者は、銀行またはこれに準ずる者に限られているのです。信用のある銀行が支払人になれば、一般人がなるよりトラブルが少ないという考えなのでしょう。

〔特質4〕 呈示のときに資金があること

小切手を振り出すには、その支払いに充てる資金が銀行の預金口座（当座預金）になければなりません。小切手は、現金の代わりに振り出すものですから、振出しの際、資金がなければいけませんが、実務上は呈示の時にあればよいことになっています（同法三条）。

為替手形と約束手形はどう違うか

為替手形は、主に送金とか取立ての手段として使われてきました。たとえば、遠隔地との取引では支払いに現金を使うのは危険です。

しかし、その遠隔地に、代わりに代金を支払ってくれる人がいれば、その人を支払人とする為替手形を振り出し、これを遠隔地の受取人に送れば、現金を送らずにすみます。また、XがYには商品を仕入れた買掛債務があり、ZにはY売掛債権を持っているという場合、Xが、Zを支払人、Yを受取人とする為替手形を振り出せば、取立てと支払いの手間が省けます。もっとも、現在では、外国貿易は別として、国内の取引では為替手形はほとんど使われません。というのは、銀行振込みなど、より便利な送金方法が利用できるからです。インターネットを使えば、どんなに遠くても、通常瞬時に相手の銀行口座に送金できます。また、取立てにしても、Zからの入金を引き当てにして、Yに約束手形を振り出した方が簡明です。

・為替手形と約束手形との違いは何か

為替手形は支払委託証券なので、約束手形とは異なり、振出人と支払人が別々に存在します。しかし、為替手形にだけある引受けの制度を除けば、後は約束手形とほとんど同じです。

たとえば、約束手形の振出人の行為のうち手形発行者としての地位に基づくものは為替手形の振出人に、また主たる債務者としての地位に基づくものは為替手形の引受けをした支払人(引受人という)の行為だと考えればいいでしょう。

なお、為替手形の手形要件のうち約束手形と異なるものは、次のとおりです(手形法一条)。

◎為替手形文句　為替手形であることを示す文言です。

◎支払委託文句　為替手形は支払委託証券なので、手形上には、その旨を示す文言が必要です。

◎手形当事者　約束手形は振出人と受取人の二人ですが、為替手形は振出人と受取人と支払人の三人になります。

・為替手形の引受けとは

約束手形の振出人は主たる債務者です。たとえ所持人が手形の呈示を怠って裏書人に遡求できなくなったときでも、振出人は支払義務を免れることはできません。約束手形の振出人は絶対的義務者といえます。

しかし、為替手形の振出人は裏書人同様、たんに遡求を受ける償還義務を負うにすぎません。為替手形では引受けをした支払人(引受人)が主たる債務者になるからです。

この引受けは、為替手形の券面金額を主たる債務者として支払うという意思表示です。引受けにより、支払人は約束手形の振出人と同じ絶対的支払義務者となります。

支払人が引受けをする理由は様々です。振出人に対して商品の買掛債務があるからかもしれませんし、金銭を振出人から借り受けているのかもしれません。また、為替手形の支払いに充てる資金を振出人から交付されている場合もあるでしょう。しかし、為替手形の所持人と支払人の間では、このような事情は一切関係ありません。支払人は為替手形の引受けをした以上、たとえ支払人が振出人に対して何ら債務を負担していない場合でも、またあらかじめ支払資金の交付を受けていなくても、手形金を支払わなければならない絶対的義務を負うのです。為替手形は、引受人の信用によって流通しているといってよいでしょう。

支払人に手形金を支払うべき事情がない場合は、引受けをしなければよいのです。引受けをしなければ、支払人は為替手形について何の義務も負わないですみます。

・為替手形の振出人の責任は

為替手形の支払人が引受けをせず、また引受けをしても支払いをしなかったときは、振出人は裏書人と同じく所持人などに対して償還義務を負います。もちろん、原因関係上の債権を行使されることもあります。

図解◉小切手の役割と流れ

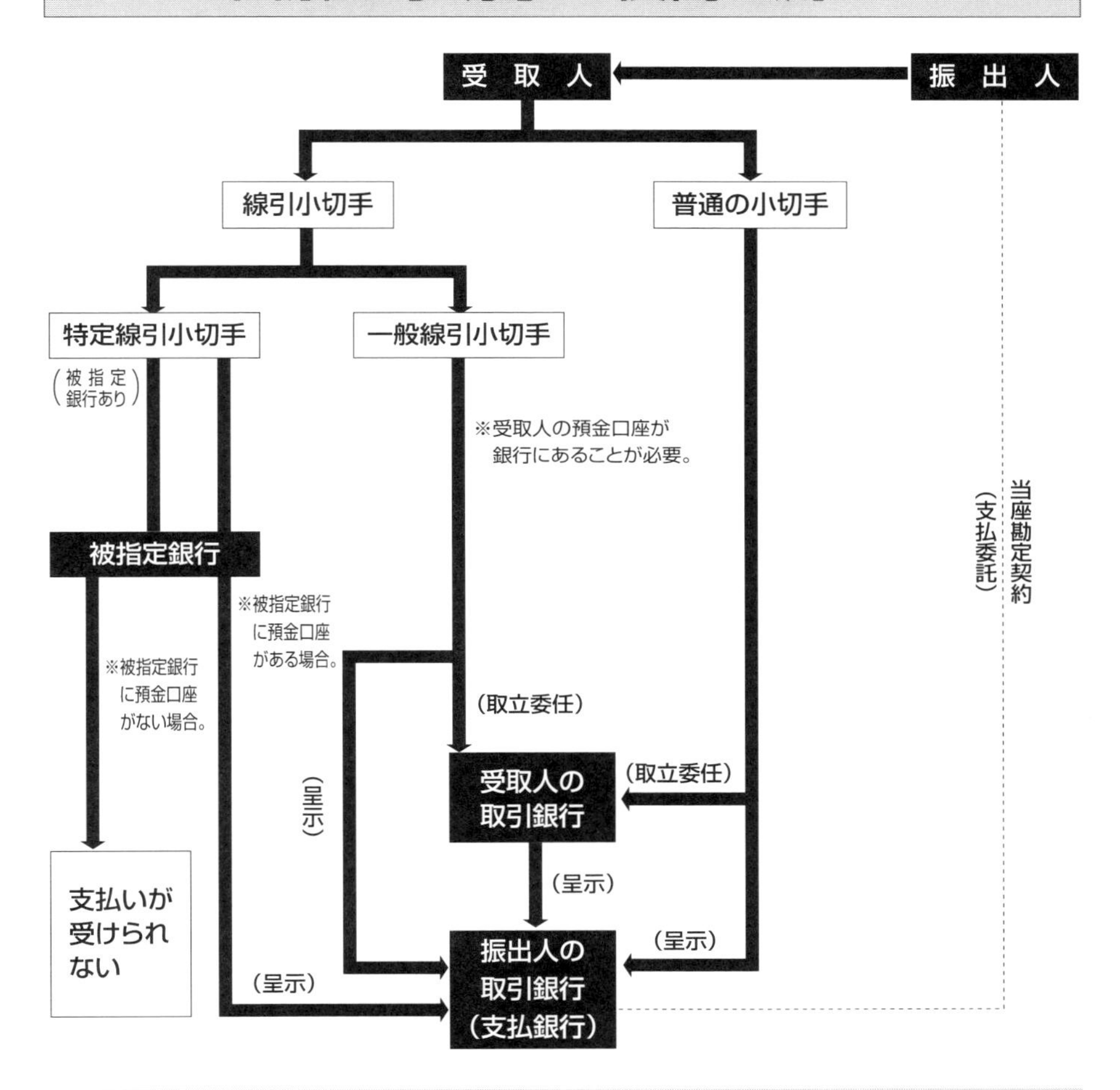

小切手のポイント

▶小切手の換金の仕方

小切手の換金では、どこの銀行へ行って換金してもらうかの注意が必要。一般の小切手の場合は、小切手所持人の取引銀行でも換金が可能だが、線引小切手だとそうはいかない。

▶一般線引小切手と特定線引小切手

線引小切手には、一般小切手と特定線引小切手があり、一般線引小切手の場合は、支払銀行に預金口座がないかぎり、自分の預金口座のある銀行（取引銀行）を通じてしか支払いが受けられない。特定線引小切手だと被指定銀行に預金口座がないかぎり、支払いを受けられない、

第6章 小切手と為替手形に特有な法律知識

小切手に特有の法律と要点知識

弁護士 竹原茂雄

小切手を譲渡するにはどうすればよいか

▼小切手の方式により異なる

小切手を第三者に譲渡できますか。また、小切手を譲渡するには、どんな方法がありますか。

小切手の方式により方法が異なる　小切手も手形同様、譲渡はできますが、支払人に呈示すればすぐ現金化できるので、小切手の譲渡はあまり行われません。ただ、受け取った小切手で自身の債務を支払おうという場合、小切手を取立てに回して現金化していたのでは（早くても二、三日かかる）、債務の返済が間に合わないというときなど、小切手を譲渡して支払いにあてることもあるようです。

小切手には、①記名式または指図式、②記名式で指図禁止のもの、③持参人払式、の三つの方式がありますが（小切手法五条）、譲渡方法も、その方式によって異なります。最も利用される持参人払式（券面に、「この小切手と引替えに持参人にお支払い下さい」、または「○○殿またはその持参人にお支払い下さい」の文言）は、相手に小切手を交付するだけでよく、裏書などの特別な方式は必要ありません。

記名式（「○○殿にお支払い下さい」の文言）、指図式（「○○殿またはその指図人へお支払い下さい」の文言）は裏書によって譲渡しなければなりません（同法一四条一項）。ただし、小切手には裏書欄がありませんから、「表記の金額を××殿へお支払い下さい」の文言、日付を記載し、裏書人が署名捺印した紙片（補箋）を小切手に付けた上で、相手に交付することになっています（同法一六条一項）。しかし、小切手の裏面に署名捺印すれば、裏書とみなされます（同条二項）ので、一般的にはこの方法が使われているようです。なお、記名式でも指図禁止の場合、裏書による譲渡はできず民法の指名債権譲渡の方式によらなければなりません。

線引小切手にする効果はどんなことか

▼小切手の支払先が限定される

小切手に線引をしておくと、盗難や紛失をした場合、安全だと聞きました。本当ですか。

線引があると支払先が限定　持参人払式小切手は、小切手を所持してさえいれば、誰でも銀行に呈示して支払いが受けられます。盗難や紛失にあったものでも事故届が出てないかぎり、支払銀行は小切手の支払いを拒絶しません。この場合、不正取得者に支払われてしまうと、後から責任を追及しようとしても、相手の特定は困難となります。

線引は、このようなトラブルを防ごうと考えられた制度で、小切手の支払先を限定するものです。支払先の限定により、不正取得者の身元調査も可能ですから、線引小切手は不正使用の防止にもなり、盗難や紛失の際も安全だといわれます。

線引で払えるのは銀行の取引先だけ　線引された小切手を呈示された支払銀行は、銀行または自行の取引先以外に支払うことはできません（小切手法三八条）。

一方、その小切手の所持人も支払銀行が取引先でなければ、他行に取立委任して換金することになります。しかし、取立委任を受けた銀行も、線引小切手を自行の取引先と銀行からしか受け取れないのです（同条三項）。

ここでいう取引先とは、一見客のことではありません。銀行には、その身元がわかっていますから、たとえ盗難や紛失にあった小切手が支払われたとしても、告訴や損害賠償請求により不正取得者の責任を追及できるわけです。一方、不正取得者も容易に身元がわかるとなれば、換金はできません。線引があると、このような不正に取得した小切手で支払いを受けることへの予防にもなるのです。

なお、支払銀行や取立銀行が線引規定に反する支払いや取立てをして、振出人や正当な権利者に損害を与えた場合は、この損害を賠償しなければならないことになっています（同条五項）。これにより賠償責任者が負う損害限度額は、小切手の券面金額までです。この損害賠償責任は学説上、小切手法でとくに定められた無過失の賠償責任と解されていますが、判例では銀行に過失がなければならないとするものもあります（東京地判・昭和三〇・九・七）。

小切手の線引方法は具体的にどうするか

▼小切手の表面に二本の平行線

小切手に線引するには、具体的に、誰がどんなふうにするのですか。

線引は誰ができるか　小切手の線引には、一般線引（次ページ図1）と特定線引（次ページ図2）の二種類があります。実務では、小切手の振出人は線

図1

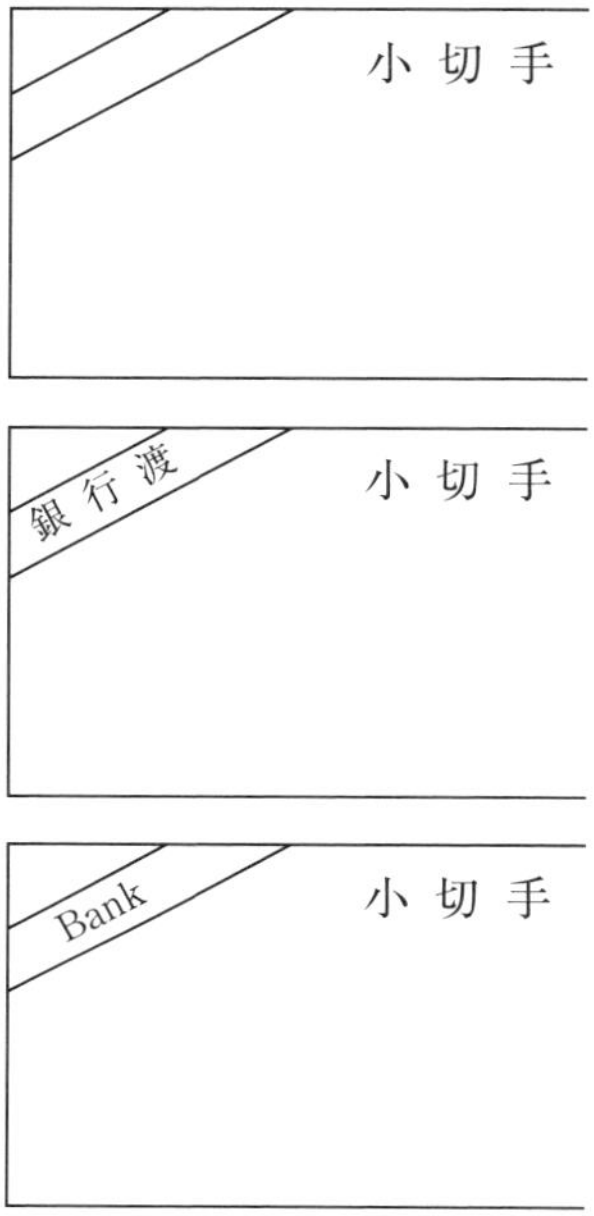

小切手

銀行渡　小切手

Bank　小切手

図2

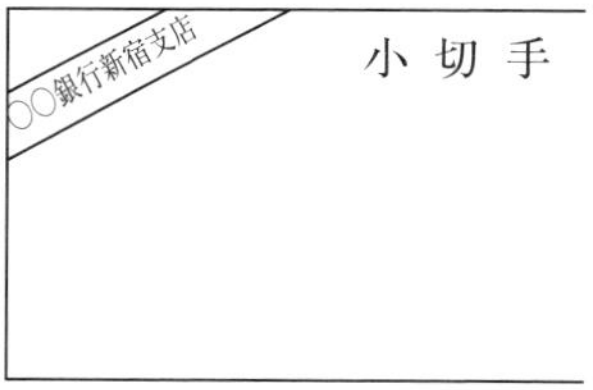

○○銀行新宿支店　小切手

引するのが常識になっていますが、振出人が線引していないときは、所持人が線引することも可能です（小切手法三七条）。この場合、振出人の同意は必要ありません。

なお、持参人払式の他、記名式や指図式の小切手でも線引はできます。

具体的な線引方法　小切手の表面に二本の平行線を引けば一般線引小切手になります。平行線の間に、銀行または同じ意味の文字を入れる場合もありますが、どちらも効果は同じです。一般線引小切手にすると、支払銀行は自行の取引先と銀行にしか支払うことができません（同法三八条一項）し、所持人も自分の取引銀行にしか換金を頼めません。

二本の平行線の間に、特定の銀行名を入れると、特定線引小切手になります。

特定線引小切手の支払先は右指定の銀行に限られ、その銀行と支払銀行が同一のときは、支払銀行は自行の取引先だけに支払うことができます（同条二項）。特定線引の指定銀行と支払銀行が別の場合は、手形交換で決済するしかありません。しかし、すべての銀行がすべての手形交換所に加盟しているとは限らず、指定銀行が支払銀行加盟の手形交換所に加盟していないこともあります。この場合、指定された銀行はその手形交換所加盟の他の銀行に取立てを委任することができます（同条四項）。

なお、一般線引小切手は平行線の間に指定の銀行を書き込めば特定線引小切手に変更できますが、特定線引の銀行名を消して一般線引小切手にすることはできません（同条三七条四項）。また、線引を消して普通の小切手に変えることもできません。この場合、抹消はされなかったものとみなされます（同条五条）。

線引小切手をすぐ現金化できないか

▼裏面に振出人の届出印を押す

現金が至急必要なので、取引先から受け取った線引小切手を、すぐ現金化したいのですが、できませんか。

振出人の裏判があればいい　一般的に、小切手帳を銀行から交付されると、振出人は用心のため、小切手用紙すべてに、すぐ線引してしまうことが多いようです。しかし、線引小切手は通常、換金に二、三日かかってしまいます。受取人がすぐ現金化したいときなど不便です。

そこで、このような場合の便法として、

小切手の裏面に振出人の届出印を押してもらい、現金化する方法が使われます。銀行の当座勘定規定にも、「線引小切手が呈示された場合、その裏面に振出名義人の届出の署名または押なつがあるときは、その持参人に支払うことができるものとする」という主旨の文言があります。

あなたの場合も、振出人に線引小切手の裏面に、銀行への届出印を押なつしてもらえば、すぐ現金化ができます。

裏判の意味は賠償請求権放棄　支払銀行が取引先と銀行以外の者に線引小切手を支払った場合、これにより損害を受けた者に対し、支払銀行は賠償責任を負うことになっています（小切手法三八条五項）。ただし、当座勘定規定は、振出人が線引小切手に裏判を押した場合には線引の効力が排除され、支払銀行への損害賠償請求権を放棄すると、定めています。たとえ損害が生じても、振出人は賠償請求できません。

判例は当事者間ではこの特約は有効としており（最判・昭和二九・一〇・二九）、契約当事者たる被害者は銀行に対して本条違反の責任を問うことはできません。

裏判のある線引小切手の支払いをしたのは線引違反には違いないのですから、これによって損害を受けた第三者に対し、支払銀行は賠償責任を免れないでしょう。同規定もこのような場合を想定しており、線引違反による賠償をしたときは、支払銀行は裏判を押した振出人に対し、求償ができるものと規定しています。

先日付の小切手を現金化したいが

▼すぐ現金化はできるが…

先日付の小切手を振出日まで取立に回さない約束で受け取りましたが、資金不足なので、すぐ現金化したいと思います。この小切手でも、支払いを受けることができますか。

振出日前でも支払いは可能　小切手の振出日欄に、実際に振り出した日ではなく、将来の日付を記入したものを先日付小切手といいます。振出日が事実と異なりますが、小切手要件を備えているかぎり、有効な小切手です。この先日付小切手は記載された振出日前に呈示しても、支払いを受けることができます。

先日付小切手は普通、当面の支払資金がない振出人が、受取人に対して振出日以降に呈示するよう頼んで振り出されることが多いようです。受取人がこの約束を守って、振出人がその間に支払資金を調達できれば、何の問題も生じません。

しかし、小切手法では、先日付小切手でも呈示されれば、支払銀行はその呈示の日に支払わなければなりません（同法二八条二項）。支払銀行が小切手の支払いを拒絶すれば、所持人はただちに振出人に遡求権を行使し、償還請求ができます。振出人は、振出日前に呈示されたという理由で、その償還請求を拒むことができません。

日付前の呈示と損害賠償　小切手の受取人が振出人との約束を守らず、先日付の振出日より前に呈示することがあります。この場合、たとえば資金不足で不渡りになるなど損害が生じたときは、振出人が受取人に対して損害賠償を請求できるかどうかが問題になります。

　これについて、「振出日前に呈示しない約束は、小切手の本質を無視するもので無効。この約束に反しても受取人は賠償責任を負わない」とする説と、「約束違反の責任を負う」とする説があり、下級審では後者の説にたった裁判例がありますが（東京地裁昭五二・一〇・六）、今のところ、どちらが優勢ともいえません。

　あなたの場合も、振出日前に小切手を呈示して支払いを受けることはできます。ただし、資金不足だと小切手は不渡りとなり、満足を得られません。

　また、振出人との今後の関係に悪影響が出ることは避けられませんし、賠償請求されることも覚悟しなければいけないと思います。

振出日から二週間経った小切手を現金化できるか

▼支払委託の取消しまでは可能

小切手の支払いを受けようとしたら、振出日から二週間が過ぎていました。今からでも支払いを受けられますか。


支払拒絶の依頼がなければいい　日本国内で振り出し、かつ支払う小切手は、振出日の翌日から起算して一〇日以内に呈示しなければなりません（小切手法二九条一項）。しかし、この呈示期間経過後でも、振出人から支払拒絶の依頼がなされていないかぎり、小切手を呈示すれば支払いを受けられることになっています（同法三二条二項）。呈示期間の短い小切手は、期間経過後の呈示をいちいち拒絶していたのでは、かえって取引に混乱をきたすからです。ただし、小切手を呈示する前に、振出人から支払銀行に対し、「支払委託を取り消す」との届出（支払拒絶の依頼）がなされていると、その小切手は支払いを受けられません。

　もっとも、いつでも自由に支払委託を取り消せるとなると、確実に支払われるかどうかわからず、小切手の流通が阻害されてしまいます。そこで、小切手法では、「支払委託の取消しは呈示期間経過後においてのみ効力を生ずる」と、定めてあり（同法三二条一項）、呈示期間中は支払委託が取り消されても、原則として小切手の支払いが受けられるのです。


期間後は小切手上の請求権消滅　呈示期間経過後でも、振出人から支払拒絶の依頼がなければ小切手の支払いは受けられます。しかし、だからといって呈示期間内に呈示しなくてもよいというわけではありません。所持人が一〇日以内に呈示を怠ると、小切手上の請求権がなくなります。振出人や裏書人に対して遡求できず、償還請求権を行使できなくなるのです。もちろん、簡易な小切手訴訟の手続きも利用できません。

　したがって、小切手を受け取ったら、ただちに取立てに回して支払銀行に呈示してください。

　なお、小切手が盗難にあったり、紛失した場合、小切手の振出人は支払委託を取り消しておけば、呈示期間経過の前後を問わず、支払銀行は支払いを拒絶してくれます。小切手法上は、呈示期間中の支払委託の取消しは、その期間経過後にしか効力を生じませんが、実務では期間中も支払いを拒絶しているのです。

預金小切手の盗難はどうすればよいか

▼支払銀行に至急事故届を出す

銀行から帰る途中、受け取った預金小切手を盗まれてしまいました。預金小切手の支払いを拒絶してもらうには、どうすればいいですか。

振出銀行へ事故届を出す　預金小切手（預手）は、銀行が客から依頼され、現金の受入れと引換えに振り出し、依頼客に交付する小切手のことです。盗難にあった場合は、すぐ振出銀行に事故届を提出してください。ただし、預手の所持人が正当な権利者であるかぎり、呈示を受けた銀行では一般の小切手と違って、支払いを拒むことができません。

一般の小切手は、事故届を出して支払委託を取り消すと、支払銀行は支払いを拒絶してくれます。しかし、預手は銀行が振出人と支払人を兼ねていますから、その発行依頼者と銀行との間に支払委託の関係はなく、発行依頼者から事故届が出されても、正当な権利者への支払いを止める効果はありません。

預手の事故届は注意を促すのみ　預手の事故届は銀行に対し、無権利者に支払わないよう注意を促し、小切手金の支払いを慎重にすることを求めたものにすぎません。銀行の支払いを差し止める効力はないと考えられています。しかし、事故届の提出がまったく無意味かというと、そうではありません。

預手の支払いに際し、正当な権利者でない所持人に支払ったとしても、悪意、重過失がなければ銀行は免責されます。ところが事故届により、所持人が正当な権利者でないと知っていたり、ちょっと注意すればその事実が簡単にわかるのに支払ってしまったときは免責されません。この場合には、銀行は発行依頼者からの利得償還請求に応じなければなりません。事故届によって、銀行の注意義務が加重されたことが考慮されるからです。

小切手が不渡りのときの証明方法は

▼三つの方法がある

小切手が不渡りになった場合、振出人や裏書人に遡求するには支払拒絶の事実の証明が必要だそうですが、どうすればいいですか。

小切手法では三方法に限定　小切手が不渡りだった場合、所持人が振出人や裏書人に遡求するには、小切手要件を備えた完全な小切手を呈示期間内に支払銀行に呈示することのほか、支払拒絶の事実を証明しなければなりません。なお、その証明の方法は、つぎの三つの方法に限られています（小切手法三九条）。

①　公正証書による拒絶証書

②　支払銀行の支払拒絶宣言（呈示の日と日付を付した宣言を小切手上に記載）

③　手形交換所の支払拒絶宣言（手形交換所が、小切手が適法時期に呈示

されたが支払いがなかったことを証明）

一般的には、もっとも簡単な支払銀行の支払拒絶宣言による方法が利用されることが多いようです。この支払拒絶宣言には、小切手の呈示の日、「この小切手は本日呈示されましたが、資金不足につき支払いいたしかねます」などの支払拒絶する旨の文言、それに日付が記載され、銀行の支店長が記名捺印をします。

なお、現在では、銀行が取引先に交付する統一小切手用紙の券面に、「拒絶証書不要」の文言が必ず印字されているので、拒絶証書や支払拒絶宣言を作成しなくても遡求できることになりました。

小切手に支払保証をしてもらいたいが

▼実務では利用されていない

小切手に支払保証をしてもらう方法があるそうですが、支払保証というのはどんな制度ですか。

保証の責任は呈示期間だけ　支払保証とは、支払人が、小切手が呈示期間内に呈示された場合にかぎって、小切手の支払いを保証する制度です。小切手の場合、為替手形のように引受けによって、支払人（支払銀行）が絶対的義務を負担することは禁止されています（小切手法四条）。また、支払人は小切手保証もできません。そこで、支払保証という制度が設けられました（同法五三条）。

支払保証のやり方は、小切手の券面に支払保証する旨の文言、日付を記載し、支払保証人が署名し、捺印するだけです。そして、支払保証人は小切手が呈示期間経過前に呈示され、拒絶証書、不渡宣言などにより支払拒絶の事実が証明された場合にかぎり、支払いの義務を負うことになります。しかし、所持人が呈示期間を守らずに呈示したときは支払いをする必要はありません。ここが、為替手形の引受人や約束手形の振出人と違う点です。

預金小切手は保証の代わり　現在では、支払銀行に支払保証を依頼しても応じてはくれません。当座勘定取引契約で支払保証はしないとの合意がなされているからです（当座勘定規定）。

というのは、支払銀行が取引先からの依頼で小切手に支払保証をしても、それだけでは、その小切手の支払資金を確保できません。もし、小切手が呈示されたとき、振出人の当座預金に十分な資金がなければ支払金を引き落とすことができないからです。支払保証した支払銀行は、自ら小切手の支払いをしなければならず、損害を受けます。たとえ、支払保証した小切手の資金を別口の口座にしておいたとしても、振出人の債権者がこれを差し押さえたとき、その資金が債権者に帰属するか、それとも銀行のものか、という問題が生じるのです。

そこで、銀行では、支払保証の依頼があると、自己宛小切手（預金小切手）を振り出すことにしています。この小切手は、依頼人から受け入れた現金と引換えに銀行自身が振出人となって振り出すのですから、その小切手の支払資金は銀行のものです。すでに支払資金として確保されている以上、差押えを受ける心配もありません。

小切手請求権の時効期間はいつまでか

▼振出人への請求は六か月

小切手の支払いを拒絶されました。小切手上の債務者に償還請求しますが、どのくらいで時効にかかりますか。

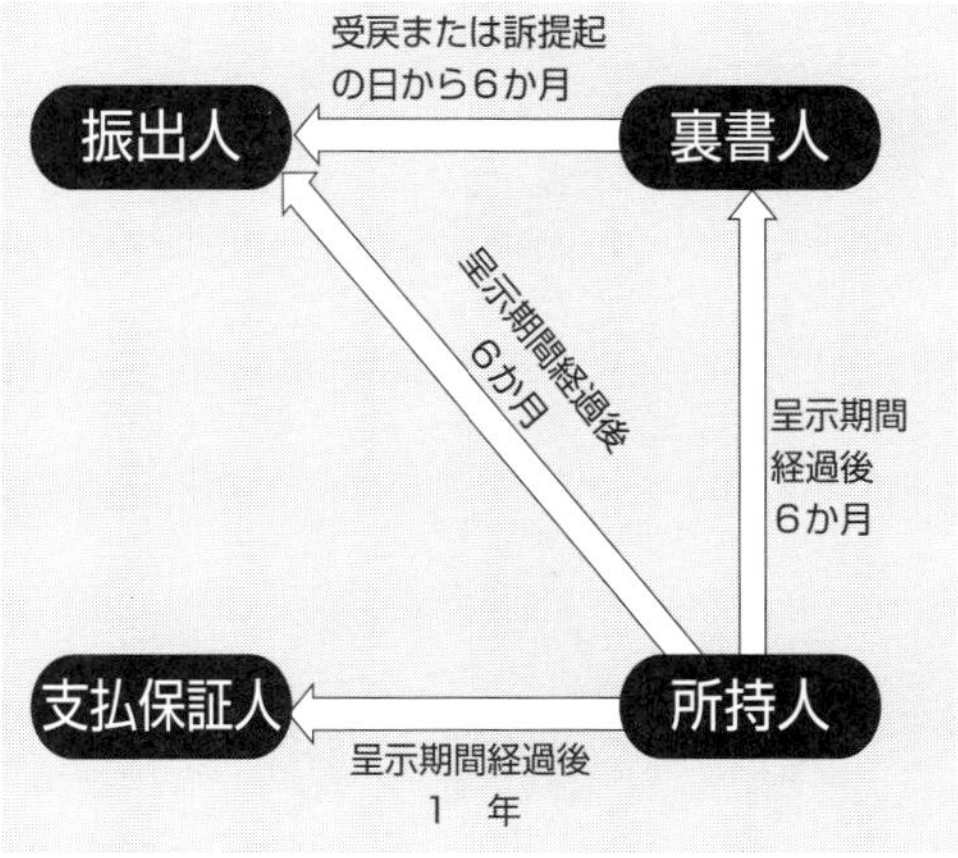

受戻または訴提起の日から6か月
振出人
裏書人
呈示期間経過後6か月
呈示期間経過後6か月
支払保証人
所持人
呈示期間経過後1年

六か月から一年と短期　小切手上の請求権の時効期間は、手形に比べ短くなっています。これは、小切手が短期間のうちに決済されるべき支払証券だからで、主な時効期間はつぎのとおりです。

①小切手の振出人、裏書人、その他債務者（保証人など）に対する償還請求権の時効期間は、呈示期間経過後六か月です（小切手法五一条一項）。

小切手の所持人が、小切手要件の記載された完全な小切手を呈示期間内に支払銀行に呈示したのにもかかわらず支払いを拒絶されたときは、振出人、裏書人、保証人に対して遡求権を有し、償還請求ができます。ただし、呈示期間経過後も六か月間請求しないと時効にかかります。

②支払人から支払いを拒絶された小切手の支払いをなすべき債務者（裏書人など）が、他の債務者に対して再遡求するときの償還請求権の時効期間は、その小切手の受戻しをなした日、または訴の提起を受けた日から六か月です（同条二項）。

たとえば、裏書人が所持人からの償還請求に応じて、支払いと引換えに小切手を取り戻したときは、裏書人は小切手の振出人に再遡求できます。その再遡求による償還請求権は、小切手を取り戻した日から六か月で時効により消滅します。

③支払保証人に対する請求権の時効は、呈示期間経過後一年です（同法五八条）。

④小切手の支払人（支払銀行）は支払いを拒絶しても、小切手の所持人に対して何の義務も負担しないので、時効の問題は生じません。

簡単な時効中断方法は催告手続き　時効になりそうな場合、一定の法律手続きにより時効の進行を止めることも可能です。時効中断事由には、①請求、②差押え、仮差押え、仮処分、③承認、があり（民法一四七条）、請求は、裁判上の請求、支払督促の申立て、訴え提起前の和解申立て、破産、催告に分かれます。催告は、配達証明付内容証明郵便でするのが確実ですが、六か月以内に何らかの裁判上の手続きを取らないと、時効中断の効力はなくなります（時効が進行）。なお、時効の中断をする場合、小切手の呈示や所持は必要ではありません。

第6章

小切手と為替手形に特有な法律知識

為替手形に特有の法律と要点知識

弁護士　小河原　泉
弁護士　竹原茂雄

為替手形とはどんな手形なのか

▼支払人が引受けをする

手形といえば、約束手形は何度か目にしたことがありますが、その他にも為替手形という手形があるそうです。この為替手形は、どのような手形で、またどんな機能を持っていますか。

為替手形は支払委託証券　約束手形は振出人自身が一定の金額の支払いを約束する形式の手形ですが、為替手形というのは、振出人が支払人（第三者）に宛てて、受取人その他の手形の正当な所持人に対し、一定の金額を支払うよう頼む（委託という）形式の手形です。すなわち、約束手形では発行者である振出人は手形金額を支払わなければならない債務者でもありますが、為替手形の振出人は手形の発行者というだけで、支払いをするのは第三者である支払人です。

ただし、支払人は振出人から支払いの委託を受けただけでは、手形上の責任が生じません。引受けという手続きにより、初めて手形上の支払義務が生ずることになります。なお、約束手形の当事者は、基本的には振出人と受取人の二人ですが、為替手形では、振出人と受取人と支払人との三人が存在するのが原則です。

為替手形の機能　為替手形の機能としては、つぎの三つが考えられます。

①　送金機能

為替手形は遠隔地への送金手段、とくに国際的送金手段として用いられます。

為替手形で送金をする仕方は、甲地のAが乙地のBから商品を買い、その代金を送金しようとする場合には、Aはまず甲地の銀行Cに現金を払い込み、Cから乙地にあるCの支店またはその取引銀行Dを支払人とする為替手形を振り出してもらいます。つぎにAは、その為替手形をBに送付し、BがそれをDに呈示してDから支払いを受けるわけです。

これは、ちょうどBがAから直接代金の送付を受けたのと同じことです。このような為替を売為替といいます。

② 取立機能

商品の売主が買主から商品代金を取り立てる場合、為替手形が使われることがあります。

これは、乙地の売主Bが甲地の買主Aを支払人とする為替手形を振り出して、手形を乙地の銀行Dに割り引いてもらうという方法です。BはAから代金の送付を受けたのと同じことになるわけです。なお、Dに割り引いてもらう代わりに、Dに取立てを委任する場合もあります。このような為替を買為替といいます。

③ 信用機能

これは、手形の流通証券性、無因証券性によって、手形の所持人が保護される点に着目して認められた機能です。自己宛の引受け済みの為替手形を割り引くか、その手形を担保にして融資、つまり手形貸付けの方法で行われます。これを手形の信用供与機能といいますが、為替手形より約束手形が多く用いられます。

為替手形と約束手形はどんな点が異なるのか

▼為替手形の当事者は三人

為替手形と約束手形は、どのようなところが違うのか、わかりやすく説明してください。

約束手形との相違点は 為替手形と約束手形は、どちらも振出人が作成して受取人に渡し、受取人がそれを他人に裏書する方法で流通させることを予定した証券です。しかし、為替手形は支払委託証券であり、他方の約束手形は支払約束証券であることから、つぎのような違いがあります。

① 手形当事者

為替手形の当事者は、振出人、受取人、支払人の三人ですが、約束手形は振出人と受取人の二人です。

② 資金関係

為替手形では、振出人と支払人との間で支払委託、すなわち振出人が支払人に対し、その手形を支払ってくれるように約束をして、その支払いのための資金を預けるなど資金関係が問題になります。しかし、約束手形では、そのようなことは全然問題になりません。

③ 主たる義務者

為替手形の支払人は手形上、当然には支払う義務を負うわけでなく、引受けをして初めて手形金額の支払いをする義務が生じます。一方、約束手形は、振出人が当初から支払義務があることになっていますので、引受けの制度はありません。

④ 償還義務

為替手形の振出人は、手形の支払義務者ではなく発行者ですが、ただ支払人が満期に手形金額を支払わないとき、また支払人が引受けを拒絶したときは、為替手形の所持人は振出人に対し手形金額の請求ができることになっています。振出人のこの義務を償還義務または遡求義務といいます。

一方、約束手形の振出人は、もともと支払義務者であるため、償還義務という問題は起こりません以上が為替手形と約束手形の主な相違点ですが、約束手形のことを頭に入れて為替手形のことを考える場合、約束手形の振出人の支払義務は為替手形の引受人、約束手形の裏書人の償還義務は為替手形の振出人のそれとほぼ同じと考えれば、為替手形が理解できるかと思います。

為替手形の振出人と受取人・支払人の関係は

▼支払人に支払委託をする

為替手形が振り出されたとき、振出人、受取人、支払人のそれぞれの関係がどうなるか、教えてください。

振出人と支払人受取人の関係　為替手形の振出しは、手形用紙に必要事項（手形要件）を記載し、これを受取人に交付することです。これは、約束手形の振出しとは実質において異なっており、その本質は支払いの委託を目的とします。

①　振出人と支払人の関係

振出人は支払人に対して、手形金額を受取人または手形の所持人に支払うよう委託するのが、為替手形の本質です。

この支払委託についての法的性質は、学者の間でもいろいろ議論されていますが、振出人は支払人に対して、振出人の計算（負担）において支払いをなし得る権限を与え、したがって、支払人が手形の所持人に手形金額を支払えば、その結果を振出人が負担しなければならないことになるわけです。

②　振出人と受取人の関係

振出人は受取人に対して、手形金額を請求、受領する権限を与えるものとされ、この権限は振出人に代わって請求、受領するものではなく、受取人が自分自身のため請求、受領するものだといわれています。ただし、支払人としては後で説明する引受けという行為をしないかぎり、受取人に対して支払う義務は生じません。

振出人の担保責任　為替手形の振出人は、約束手形の振出人とは異なり、主たる支払義務者ではなく、その手形の引受けおよび支払いを担保する償還義務者にすぎません（手形法九条一項）。

手形の引受けおよび支払いを担保する償還義務者というのは、支払人の引受けまたは支払いがない場合、振出人が手形金額および満期以後の年六分の率による利息（これと違う利息文言が記載されているときはその利息）を償還義務として支払わなければならないということです。

なお、この振出人の担保責任のうち、引受けを担保しない旨の手形上の記載は有効です（同条二項前段）が、支払いを担保しない旨の記載をしても、その記載はないものとみなされます（同項後段）。

これは為替手形上、誰も支払いをする人がいなければ、その手形は信用ゼロで流通力も失って、手形としての用をなさなくなるからです。

荷為替手形は為替手形とどう違うのか

▼前者は運送証券が担保になる

荷為替手形というのがあるそうですが、為替手形と同じものですか。

運送証券による手形の担保　為替手形には取立ての機能があることはすでに説明しましたが、荷為替手形とは、為替手形と一緒に、運送人に対する売買した品物の引渡請求権を表わす船荷証券または貨物引換証（これらを運送証券という）を交付させ、その運送証券により手形上の権利が担保されている為替手形のことをいいます。

商品の売主Bが買主Aを支払人として振り出した為替手形を銀行Dが割り引き、その際、受け取っていた運送証券をDの支店または取引銀行Cに為替手形と一緒に送付し、CがAから手形金を取り立てます。Aが、Cの手形金取立てに応じて支払いをしますと、Cは運送証券をAに渡し、Aは運送業者に運送証券を渡して商品を受け取ることになります。

なお、Aが支払拒絶をしますと、DはBに対して償還請求をし、その支払いがあるまで運送証券をAに渡さないので、Aは商品を入手することができません。また、Dは、その運送証券を処分して、割引の対価を回収することもあります。

これは、Aを支払人として手形を振り出す場合のことですが、その手形の割引を依頼された銀行にとっても、遠隔地にいるAがどれだけ信用できる相手なのかわかりません。そのため、Aを支払人とした為替手形は割引が受けにくい場合が多いのです。

これは、運送証券の効力が、その証券に記載されたとおりの絶対的効力が認められないことがあり（たとえば運送品を受け取ってもいないのに発行された貨物引換証〔空券といいます〕を呈示しても、品物の引渡しを請求できません）。また、商品の相場の変動などで、資金を完全に回収できないこともあるからです。

荷為替信用状と貨物引換証　荷為替手形でも担保が十分でないことがありますので、Aがその取引銀行から信用状を発行してもらい、これを荷為替手形にさらに付け加えて、Bに送付する方法がとられることがあります。

この信用状を荷為替信用状といいます。この信用状を出した銀行は、為替手形の受取人Bとその手形の不特定の受取人である銀行に対して、引受けおよび支払いを担保するので、その手形はより確実なものとなり、割引が受けやすくなるわけです。

これに対し、貨物引換証というのは、運送人が運送品を受け取ったことを証明し、目的地においてその品物を引き渡す義務を負担していることを表わしている有価証券のことをいいます。

この証券は裏書によって譲渡することができ、運送品を処分するときは、その証券を処分することによって、運送品を処分したのと同じことになり、その処分により証券を引き渡したときは、運送品の上に行使する権利（所有権、質権など）取得に関して運送品自体を引き渡したのと同一の効果が認められます。

この他、貨物引換証に似た船荷証券というのがあります。これは、海上運送における運送品を引き渡す義務を負担する有価証券をいい、陸上輸送における貨物引換証に該当するものです。なお、船荷証券は、貨物引換証とは比較にならないくらい多く利用されています。

当座勘定規定（ひな型・抜粋）

第1条（当座勘定への受入れ）

①　当座勘定には、現金のほか、手形、小切手、利札、郵便為替証書、配当金領収証その他の証券で直ちに取立てのできるもの（以下「証券類」という。）も受入れます。

②　手形要件、小切手要件の白地はあらかじめ補充してください。当行は白地を補充する義務を負いません。

③　証券類のうち裏書等の必要があるものは、その手続を済ませてください。

④　証券類の取立てのため特に費用を要する場合には、店頭掲示の代金取立手数料に準じてその取立手数料をいただきます。

第2条（証券類の受入れ）

①　証券類を受入れた場合には、当店で取立て、不渡返還時限の経過後その決済を確認したうえでなければ、支払資金としません。

②　当店を支払場所とする証券類を受入れた場合には、当店でその日のうちに決済を確認したうえで、支払資金とします。

第3条（本人振込み）

当行の他の本支店または他の金融機関を通じて当座勘定に振込みがあった場合には、当行で当座勘定元帳へ入金記帳したうえでなければ、支払資金としません。ただし、証券類による振込みについては、その決済の確認もしたうえでなければ、支払資金としません。

第4条（第三者振込み）

①　第三者が当店で当座勘定に振込みをした場合に、その受入れが証券類によるときは、第2条と同様に取扱います。

②　第三者が当行の他の本支店または他の金融機関を通じて当座勘定に振込みした場合には、第3条と同様に取扱います。

第5条（受入証券類の不渡り）

①　前3条によって証券類による受入れまたは振込みがなされた場合に、その証券類が不渡りとなったときは、直ちにその旨を本人に通知するとともに、その金額を当座勘定元帳から引落し、本人からの請求がありしだいその証券類は受入れた店舗、または振込みを受付けた店舗で返却します。ただし、第4条の場合の不渡証券類は振込みをした第三者に返却するものとし、同条第1項の場合には、本人を通じて返却することもできます。

②　前項の場合には、あらかじめ書面による依頼を受けたものにかぎり、その証券類について権利保全の手続をします。

第6条（手形、小切手の金額の取扱い）

手形、小切手を受入れまたは支払う場合には、複記のいかんにかかわらず、所定の金額欄記載の金額によって取扱います。

第7条（手形、小切手の支払）

①　小切手が支払のために呈示された場合、または手形が呈示期間内に支払のため呈示された場合には、当座勘定から支払います。

②　当座勘定の払戻しの場合には、小切手を使用してくだ

さい。

第8条（手形、小切手用紙）

① 当行を支払人とする小切手または当店を支払場所とする約束手形を振出す場合には、当行が交付した用紙を使用してください。

② 当店を支払場所とする為替手形を引き受ける場合には、預金業務を営む金融機関の交付した手形用紙であることを確認してください。

③ 前2項以外の手形または小切手については、当行はその支払をしません。④手形用紙、小切手用紙の請求があった場合には、必要と認められる枚数を実費で交付します。

第9条（支払の範囲）〈省略〉

第10条（支払の選択）〈省略〉

第11条（過振り）

① 第9条の第1項にかかわらず、当行の裁量により支払資金をこえて手形、小切手等の支払をした場合には、当行からの請求がありしだい直ちにその不足金を支払ってください。

② 前項の不足金に対する損害金の割合は年　％（年365日の日割計算）とし、当行所定の方法によって計算します。

③ 第1項により当行が支払をした後に当座勘定に受入れまたは振込まれた資金は、同項の不足金に充当します。

④ 第1項による不足金、および第2項による損害金の支払がない場合には、当行は諸預り金その他の債務と、その期限のいかんにかかわらず、いつでも差引計算することができます。

⑤ 第1項による不足金がある場合には、本人から当座勘定に受入れまたは振込まれている証券類は、その不足金の担保として譲り受けたものとします。

第12条（手数料等の引落し）

① 当行が受取るべき貸付金利息、割引料、手数料、保証料、立替費用、その他これに類する債権が生じた場合には、小切手によらず、当座勘定からその金額を引落すことができるものとします。

② 当座勘定から各種料金等の自動支払をする場合には、当行所定の手続をしてください。

第13条（支払保証に代わる取扱い）

小切手の支払保証はしません。ただし、その請求があるときは、当行は自己宛小切手を交付し、その金額を当座勘定から引落します。

第14条（印鑑の届出）

① 当座勘定の取引に使用する印鑑は、当行所定の用紙を用い、あらかじめ当店に届出てください。

② 代理人により取引をする場合には、本人からその氏名と印鑑を前項と同様に届出てください。

第15条（届出事項の変更）〈省略〉

第16条（印鑑照合等）

① 手形、小切手または諸届け書類に使用された印影または署名を、届出の印鑑（または署名鑑）と相当の注意をもって照合し、相違ないものと認めて取扱いましたうえは、その手形、小切手、諸届け書類につき、偽造、変造その他の事故があっても、そのために生じた損害については、当行は責任を負いません。

② 手形、小切手として使用された用紙を、相当の注意を

もって第8条の交付用紙であると認めて取扱いましたうえは、その用紙につき模造、変造、流用があっても、そのために生じた損害については、前項と同様とします。

③　この規定および手形用法、小切手用法に違反したために生じた損害についても、第1項と同様とします。

第17条（振出日、受取人記載もれの手形、小切手）

①　手形、小切手を振出しまたは為替手形を引受ける場合には、手形要件、小切手要件をできるかぎり記載してください。もし、小切手もしくは確定日払の手形で振出日の記載のないものまたは手形で受取人の記載のないものが呈示されたときは、その都度連絡することなく支払うことができるものとします。

②　前項の取扱いによって生じた損害については、当行は責任を負いません。

第18条（線引小切手の取扱い）〈省略〉

第19条（自己取引手形等の取扱い）〈省略〉

第20条（利息）

当座預金には利息をつけません。

第21条（残高の報告）

当座勘定の受払または残高の照会があった場合には、当行所定の方法により報告します。

第22条（譲渡、質入れの禁止）

この預金は、譲渡または質入れすることはできません。

第23条（解約）

①　この取引は、当事者の一方の都合でいつでも解約することができます。ただし、当行に対する解約の通知は書面によるものとします。

②　当行が解約の通知を届出の住所にあてて発信した場合に、その通知が延着しまたは到達しなかったときは、通常到達すべき時に到達したものとみなします。

③　手形交換所の取引停止処分を受けたために、当行が解約する場合には、到達のいかんにかかわらず、その通知を発信した時に解約されたものとします。

第24条（取引終了後の処理）

①　この取引が終了した場合には、その終了前に振出された約束手形、小切手または引受けられた為替手形であっても、当行はその支払義務を負いません。

②　前項の場合には、未使用の手形用紙、小切手用紙は直ちに当店へ返却するとともに、当座勘定の決済を完了してください。

第25条（手形交換所規則による取扱い）

①　この取引については、前各条のほか、関係のある手形交換所の規則に従って処理するものとします。

②　関係のある手形交換所で災害、事変等のやむをえない事由により緊急措置がとられている場合には、第7条の第1項にかかわらず、呈示期間を経過した手形についても当座勘定から支払うことができるなど、その緊急措置に従って処理するものとします。

③　前項の取扱いによって生じた損害については、当行は責任を負いません。

第26条（個人信用情報センターへの登録）〈省略〉

■訴訟の申立手数料額(貼用印紙額)

訴額		訴状・反訴状	控訴状	上告状
[万円]		円	円	円
10	10万円増すごとに1000円ずつ加算	1,000	1,500	2,000
20		2,000	3,000	4,000
30		3,000	4,500	6,000
40		4,000	6,000	8,000
50		5,000	7,500	10,000
60		6,000	9,000	12,000
70		7,000	10,500	14,000
80		8,000	12,000	16,000
90		9,000	13,500	18,600
100		10,000	15,000	20,000
120	20万円増すごとに1000円ずつ加算	11,000	16,500	22,000
140		12,000	18,000	24,000
160		13,000	19,500	26,000
180		14,000	21,000	28,000
200		15,000	22,500	30,000
220		16,000	24,000	32,000
240		17,000	25,500	34,000
260		18,000	27,000	36,000
280		19,000	28,500	38,000
300		20,000	30,000	40,000
320		21,000	31,500	42,000
340		22,000	33,000	44,000
360		23,000	34,500	46,000
380		24,000	36,000	48,000
400		25,000	37,500	50,000
420		26,000	39,000	52,000
440		27,000	40,500	54,000
460		28,000	42,000	56,000
480		29,000	43,500	58,000
500		30,000	45,000	60,000
550	50万円増すごとに2000円ずつ加算	32,000	48,000	64,000
600		34,000	51,000	68,000
650		36,000	54,000	72,000
700		38,000	57,000	76,000
750		40,000	60,000	80,000
800		42,000	63,000	84,000
850		44,000	66,000	88,000
900		46,000	69,000	92,000
950		48,000	72,000	96,000
1,000		50,000	75,000	100,000
以降10億円まで100万円増すごとに		＋3,000	＋4,500	＋6,000

■予納郵券(東京地方裁判所の例)

通常訴訟
合計　6,000円の切手
〈内訳〉
○ 500円切手 ⇨ 8枚
○ 100円切手 ⇨ 10枚
○ 82円切手 ⇨ 5枚
○ 50円切手 ⇨ 5枚
○ 20円切手 ⇨ 10枚
○ 10円切手 ⇨ 10枚
○ 2円切手 ⇨ 10枚
○ 1円切手 ⇨ 20枚
※ただし、当事者1名増すごとに 2,144円増
※財産上の請求でない請求および訴額の算定が極めて困難な訴えは、訴額＝160万円とみなされます。

●表の見方（例）訴額15万円の場合→20万円（まで）の欄になるので、訴状の申立手数料は2000円となります。

［な］

［は］

［ま］

［や］

［ら］

［わ］

用語さくいん

[あ]

[か]

[さ]

[た]

◆弁護士会の所在地一覧

弁護士会名	所　在　地	電　話
札　幌	〒060-0001 札幌市中央区北１条西10丁目 札幌弁護士会館７階	011(281)2428
函　館	〒040-0031 函館市上新川町1-3	0138(41)0232
旭　川	〒070-0901 旭川市花咲町4	0166(51)9527
釧　路	〒085-0824 釧路市柏木町4-3	0154(41)0214
仙　台	〒980-0811 仙台市青葉区一番町2-9-18	022(223)1001
福島県	〒960-8115 福島市山下町4-24	024(534)2334
山形県	〒990-0042 山形市七日町2-7-10 NANA BEANS８階	023(622)2234
岩　手	〒020-0022 盛岡市大通1-2-1 岩手産業会館本館２階	019(651)5095
秋　田	〒010-0951 秋田市山王6-2-7	018(862)3770
青森県	〒030-0861 青森市長島1-3-1 日赤ビル5階	017(777)7285
東　京	〒100-0013 東京都千代田区霞が関1-1-3 弁護士会館６階	03(3581)2201
第一東京	〒100-0013 東京都千代田区霞が関1-1-3 弁護士会館11階	03(3595)8585
第二東京	〒100-0013 東京都千代田区霞が関1-1-3 弁護士会館９階	03(3581)2255
神奈川県	〒231-0021 横浜市中区日本大通９	045(211)7707
埼　玉	〒330-0063 さいたま市浦和区高砂4-7-20	048(863)5255
千葉県	〒260-0013 千葉市中央区中央4-13-9	043(227)8431
茨城県	〒310-0062 水戸市大町2-2-75	029(221)3501
栃木県	〒320-0845 宇都宮市明保野町1-6	028(689)9000
群　馬	〒371-0026 前橋市大手町3-6-6	027(233)4804
静岡県	〒420-0853 静岡市葵区追手町10-80	054(252)0008
山梨県	〒400-0032 甲府市中央1-8-7	055(235)7202
長野県	〒380-0872 長野市妻科432	026(232)2104
新潟県	〒951-8126 新潟市中央区学校町通一番町１	025(222)5533
愛知県	〒460-0001 名古屋市中区三の丸1-4-2	052(203)1651 ㈹

弁護士会名	所　在　地	電　話
三重	〒514-0032 津市中央3-23	059(228)2232
岐阜県	〒500-8811 岐阜市端詰町22	058(265)0020
福井	〒910-0004 福井市宝永4-3-1 サクラNビル7階	0776(23)5255
金沢	〒920-0937 金沢市丸の内7-36	076(221)0242
富山県	〒930-0076 富山市長柄町3-4-1	076(421)4811
大阪	〒530-0047 大阪市北区西天満1-12-5	06(6364)0251(案内)
京都	〒604-0971 京都市中京区富小路通丸太町下ル	075(231)2378
兵庫県	〒650-0016 神戸市中央区橘通1-4-3	078(341)7061　(代)
奈良	〒630-8237 奈良市中筋町22-1	0742(22)2035
滋賀	〒520-0051 大津市梅林1-3-3	077(522)2013
和歌山	〒640-8144 和歌山市四番丁5番地	073(422)4580
広島	〒730-0012 広島市中区上八丁堀2-73	082(228)0230
山口県	〒753-0045 山口市黄金町2-15	083(922)0087
岡山	〒700-0807 岡山市北区南方1-8-29	086(223)4401　(代)
鳥取県	〒680-0011 鳥取市東町2-221	0857(22)3912
島根県	〒690-0886 松江市母衣町55-4 松江商工会議所ビル7階	0852(21)3225　(代)
香川県	〒760-0033 高松市丸の内2-22	087(822)3693
徳島	〒770-0855 徳島市新蔵町1-31	088(652)5768
高知	〒780-0928 高知市越前町1-5-7	088(872)0324
愛媛	〒790-0003 松山市三番町4-8-8	089(941)6279
福岡県	〒810-0043 福岡市中央区城内1-1	092(741)6416
佐賀県	〒840-0833 佐賀市中の小路7-19	0952(24)3411
長崎県	〒850-0875 長崎市栄町1-25 長崎MSビル4階	095(824)3903
大分県	〒870-0047 大分市中島西1-3-14	097(536)1458
熊本県	〒860-0078 熊本市中央区京町1-13-11	096(325)0913
鹿児島県	〒892-0815 鹿児島市易居町2-3	099(226)3765
宮崎県	〒880-0803 宮崎市旭1-8-45	0985(22)2466
沖縄	〒900-0014 那覇市松尾2-2-26-6	098(865)3737

＊本書の記述は、2019年４月１日時点の法制度情報に基づいています。

手形小切手のことならこの１冊

2007年12月20日　初版第1刷発行
2019年４月25日　第4版第1刷発行

発行人　伊藤　滋
印刷所　横山印刷株式会社
製本所　新風製本株式会社
本文ＤＴＰ　有限会社 中央制作社

発行所　株式会社 自由国民社
〒171-0033　東京都豊島区高田3-10-11　振替　00100－6－189009
☎〔営業〕03(6233)0781　〔編集〕03(6233)0786
http://www.jiyu.co.jp/